ullstein

JULIA ROGASCH, geboren 1983, wohnt mit ihrem Ehemann und ihren Töchtern in Hannover. Inspiriert vom Leben als Mama mit Job sowie ihrer großen Leidenschaft für Sylt und emotionale Romane, griff sie vor einigen Jahren ihren Kindheitstraum vom Schreiben wieder auf, und das erste Buch entstand. Es folgten weitere Sylt-Romane über die Liebe, das Glück, Schicksal, Familie und Freundschaft.

Von Julia Rogasch sind in unserem Hause außerdem erschienen:

Winterzauber in der kleinen Teestube am Meer
Der kleine Wintermarkt am Meer
Winterträume in der kleinen Manufaktur am Meer
Herzklopfen im kleinen Bonbonladen am Meer
Wintertee im kleinen Büchercafé am Meer
Frühlingsgefühle im kleinen Bonbonladen am Meer

JULIA ROGASCH

Winterträume in der kleinen Pension am Meer

Ein Sylt-Roman

Ullstein

Besuchen Sie uns im Internet:
www.ullstein.de

Originalausgabe im Ullstein Taschenbuch
1. Auflage Oktober 2025

Bei Fragen zur Produktsicherheit wenden Sie sich bitte an produktsicherheit@ullstein.de
Umschlaggestaltung: zero-media.net, München
Titelabbildung: © FinePic®, München
Gesetzt aus der Quadraat Pro powered by *pepyrus*
Druck und Bindearbeiten: ScandBook, Litauen

ISBN 978-3-548-07301-9

Meinen Herzensmenschen.
Meinen wundervollen Leserinnen und Lesern.
All denen, die an ihre Träume glauben.
Dir, denn mein Traum lebt durch dich.

1

Die Holzdielen unter meinen Füßen knarzten, und jeder Schritt durch den Frühstücksraum unserer Pension Meerglück fühlte sich so vertraut an. Das zarte Flackern, mit dem das Winterlicht des eisklaren Morgens durch die Sprossenfenster fiel, vorbei an den knorrigen Ästen des Apfelbaumes im Garten. Der Duft des frischen Tees in der Mischung Wintertraum, die bei unseren Pensionsgästen besonders beliebt war und deren Zusammensetzung meine Mutter Alma und ich geheim hielten, so, wie es mein Vater bis zu seinem Tod getan hatte. Nur unsere Familie kannte sie. Die Atmosphäre hier mit all ihren Gerüchen, Geräuschen und Lichtern erzählte Geschichten von früher und von Heimat.

Ich atmete die Stille am Morgen, die hier herrschte, bevor die ersten Gäste sich am kleinen, aber ausgesuchten Buffet bedienen würden. Noch schlief die Welt und erwachte erst langsam, begleitet von milchigem Sonnenlicht hinter zarten Winterwolken. Noch warme Brötchen, die nach Urlaub und Genuss dufteten, standen neben hausgemachter Marmelade, einer Auswahl an Käse und Wurst sowie Joghurt, Quark und frischen Früchten. In dieser Zeit, in der es auf Weihnachten zuging, boten wir immer auch winterliche Köstlichkeiten an. Unser Angebot erstreckte sich von gebackenen Vanillewaffeln mit einem Hauch Zimt über Christstollen bis hin zu selbst gemachtem Spekulatius-Aufstrich. Heute waren es die frischen Waffeln, die den Morgen begleiten sollten und die ich bereits im herzförmigen Waffeleisen gebacken hatte. Ihr Duft zog mir in die Nase und umwehte mich mit einem Hauch von Weihnachtsgefühl, was mich zufrieden lächeln ließ. Für einen Moment blendete ich aus, dass die Stille vor allem deshalb so präsent war, weil wir leider kaum Gäste hatten.

Mein Lächeln wurde jäh gedämpft, als mein Blick auf meine Mutter Alma fiel, die soeben die Tür zum Laden aufgeschlossen hatte, der unserer Pension angeschlossen war und in den ich von hier aus schauen konnte. Ihre Haltung war geknickt. Die Schultern hingen, die Miene war ernst. Sie drehte das Schild an der Tür von »Wir sind morgen wieder für Sie da« auf »Her(t)zlich willkommen« um. Eine Anspielung auf unseren Nachnamen »Hertz«, mit der wir gerne die Kunden und Gäste begrüßten.

Meine Mutter, die sich um den Laden kümmerte, während ich den Betrieb in der Pension aufrechterhielt, wirkte heute wieder einmal besonders nachdenklich. Die Hand kurz zum Gruß gehoben, fast halbherzig, als die Besitzerin der benachbarten Galerie ebenso in ihr Geschäft ging. Der Blick meiner Mutter schaute wie an ihr vorbei, als hoffe sie, dass sie keine Unterhaltung suche, das Lächeln um die Lippen schien zerbrechlich. Obwohl ich versucht hatte, ihr nach dem Gespräch mit unserem Bankberater vom Vortag wieder Mut zuzusprechen, wusste ich, dass seine Worte in ihr arbeiteten.

»Frau Hertz, Sie sollten ernsthaft darüber nachdenken, Kaufangeboten gegenüber offen zu sein.« Unsere finanzielle Lage war schwierig, und eine Immobilie wie unsere, auf Sylt, der Urlaubsinsel der Schönen und Reichen, war ein Vermögen wert. Nur half uns dieses Vermögen nicht viel, wenn es in Stein und Reet verwandelt am Rand der Dünen stand, statt auf unserem Konto zu liegen.

Ich seufzte. »Wir schaffen das«, sagte ich zu mir selbst und straffte instinktiv die Schultern, atmete tief durch und schloss die Augen. Wir würden das Erbe meines Vaters weiterführen. Wir würden nicht verkaufen!

»Moin, Clara«, klang es in diesem Moment, und unser Stammgast Heide trat in den Raum.

»Heide, Moin«, begrüßte ich die ältere Dame, die beim Anblick des Frühstücks die Hände aneinanderlegte und freudig lächelte.

Heide, die zwar um ihr genaues Alter ein Geheimnis machte, von der ich aber wusste, dass ihr geliebter Mann vor zwanzig Jahren starb, als sie beide bereits ihren siebzigsten Geburtstag gefeiert hatten, hatte immer etwas von einer Grande Dame, wenn sie auftrat. Schlohweißes Haar, dicht und perfekt frisiert, strahlend hellblaue Augen und jederzeit elegant gekleidet, machte sie immer etwas her und sah umwerfend aus. Sie verbrachte seit Jahren die Zeit vor Weihnachten hier bei uns auf Sylt. Wie ein Fels in der Brandung war sie immer da, so auch jetzt, während wir sonst aktuell so wenig Gäste in Empfang nehmen durften. Ich freute mich, dass sie dieses Jahr sogar über die Festtage blieb. So oft hatte sie in den letzten Jahren ihrem Ärger über ihre Kinder und Enkel bei uns Luft gemacht. Während Heide an Heiligabend und den Feiertagen meist allein zu Hause gewesen war und niemand auf die Idee gekommen war, sie zu sich einzuladen, hatte man sich zwischen den Jahren die Klinke in die Hand gegeben für schnelle Pflichtbesuche, denen die Wärme und Herzlichkeit fehlten. Allein zu sein war für Heide kein Problem. Das war es auch, was sie hier auf Sylt so genoss. Die Ruhe und Beschaulichkeit. Aber so sehr sie sich anfangs noch gefreut hatte, die Kinder zu sehen, war ihr irgendwann klar geworden, dass diese Besuche aus Berechnung und weniger aus echtem Interesse geschahen.

Mit einem schelmischen Glitzern ihrer jung gebliebenen Augen hatte sie uns deshalb erklärt, dass sie dieses Jahr erstmalig einfach nicht da sein würde.

»Da werden die lieben Erbschleicherlein aber ein langes Gesicht machen«, mutmaßte sie und lachte. »Hier fühle ich mich wohl, bin unter herzlichen Menschen. Warum soll ich mich also länger zu Hause rumärgern?«, hatte sie gesagt.

Und wir waren einfach froh, sie bei uns zu haben.

Jetzt drehte Heide sich strahlend einmal um die eigene Achse und schaute mich anerkennend an. »Was sieht das wieder fantastisch aus? Und wie es duftet! Ein Traum!«

»Das freut mich sehr, liebe Heide.« Mein Blick ging nach draußen, wo vor dem weißen Sprossenfenster zwar die Sonne schien, ich aber ahnte, dass der Wind, der durch die Spitzen der Kiefern rauschte und sie hin und her wogen ließ, eisig kalt war. »Ein heißer Tee gegen die Kälte draußen ist doch genau das Richtige, oder? Heute habe ich außerdem frische Waffeln gemacht. Und auch ein knuspriges Brötchen mit frischer Marmelade passt wunderbar dazu.«

»Hervorragend«, freute sich Heide. »Dafür liebe ich diesen Ort so sehr – weil ich es hier bei euch so gut habe. Da sollen mir die Mädels nicht immer wieder mit ihren Schönwetter-Sonneninseln kommen.« Sie winkte ab.

»Zum Glück! Ohne dich wäre der Winter hier nur halb so schön.«

Sie lachte leise. Ich wusste, dass Heides Freundinnen, ihre »Mädels«, die Winterzeit oft in südlichen Gefilden verbrachten, und staunte so manchen eisigen Winter, dass Heide das nie überzeugt hatte, auch eher die Wärme zu suchen.

»Na hör mal, schwitzen kann ich doch im Sommer! Im Winter

muss es draußen eisig sein, damit man es sich nach einem langen Strandspaziergang so richtig gemütlich machen kann.«

Während ich zu dem Tisch ging, an dem Heide immer saß, um ihr den Stuhl zurechtzurücken, rieb ich mir theatralisch die Arme.

»Ach, gegen so ein wenig Wärme hätte ich auch nichts einzuwenden. Die Sonne ist ja wenigstens da, aber wirklich viel Kraft hat sie leider nicht mehr um diese Zeit hier im hohen Norden. Da erscheint mir der sonnige Süden schon verlockend, wenn ich ehrlich bin. Aber umso mehr freue ich mich, dass *du* so gerne bei uns bist, Heide.«

»Mein Mädchen«, sagte sie. »Ich bin in meinem Leben so viel gereist. Das reicht. Sylt ist mein zweites Zuhause, und was soll ich denn noch in der Weltgeschichte? Hier ist es schön, hier fühle ich mich wohl. Ein gutes Buch, ein heißer Tee, dazu ein nettes Pläuschchen. Außerdem die vertraute Umgebung, der Wind vor der Tür und ich in einem warmen Zimmer mit Aussicht auf ein kuscheliges Bett, das ich zu jeder mir angenehmen Zeit aufsuchen kann – das sind die Glücksmomente, wie ich sie mittlerweile zu schätzen weiß.«

»Ich wünschte, viel mehr Leute würden das Familiäre wieder schätzen. Diese Atmosphäre ganz ohne viel Schnickschnack. Das Kleine, Individuelle und Gemütliche. Wie ich finde die perfekte Umgebung, um diese besondere Zeit zu genießen«, stellte ich fest, während Heide Platz nahm. Ich machte eine ausschweifende Handbewegung durch den ansonsten leeren Raum. »Du siehst, hier ist, was die Anzahl der Gäste angeht, deutlich Luft nach oben. Das ist seit Monaten so. Nur unsere Weihnachts- und Jahreswechsel-Stammgäste halten uns treu die Stange. Zum Glück. Wir bauen auf die kommenden Tage, wenn hoffentlich die Insel noch voller wird und auch noch einige kurzfristige Buchungen hinzukommen. Leider hält sich die Nachfrage für das neue Jahr derzeit nämlich auch noch deutlich in Grenzen. Wir haben weniger Reservierungen denn je. Damit starten wir mit einer düsteren Perspektive in die nächste Zeit.«

Bedauernd presste Heide die Lippen aufeinander. »Ich wünsche dir und der lieben Alma so sehr, dass die Buchungen wieder anziehen, Clara. Und mir selbst wünsche ich es auch, wenn ich ehrlich bin. Nirgendwo ist es so schön wie bei euch.«

Sanft legte ich Heide die Hand auf die Schulter und strich ihr über die feine Seidenbluse. Normalerweise unterhielt ich mich nicht mit den Gästen über unsere wirtschaftliche Schieflage. Aber mit Heide war das etwas anderes. Sie war wie ein Familienmitglied für uns, und wir konnten der aufrichtigen Frau alles anvertrauen. Sie konnte sich ausrechnen, dass, so sehr wir unsere weihnachtlichen Stammgäste schätzten, das leider auf lange Sicht nicht ausreichte, um das Meerglück aufrechtzuerhalten.

»Danke, Heide. Jetzt aber erst mal ein leckeres Frühstück für dich. Soll ich dir vom Buffet alles so wie immer zusammenstellen?«, erkundigte ich mich betont munter, um die Stimmung wieder zu heben.

Heide nickte. »Bestens, herzlichen Dank.«

Dann widmete sie sich zufrieden ihrer Zeitung.

2

Den Vormittag über hatte ich mit verschiedenen Rechnungen und dem Schriftverkehr für die Pension gut zu tun. Auch wenn wenig los war, mangelte es nie an bürokratischen Arbeiten, die zu erledigen waren. Die Zeit rannte, und ehe ich michs versah, war es Mittag.

Unser Laden Schönerlei mit handgefertigten Wohnaccessoires, der der Pension angeschlossen war, hatte über die Mittagszeit zwei Stunden geschlossen. Wir boten in unserer Pension aktuell nur das Frühstück an, weshalb die Zeit rund um die Mittagszeit auch für mich oft eine kleine Pause barg. Meistens verabredeten meine Mutter und ich uns, um eine Kleinigkeit zu essen und ein paar Meter zu gehen.

Mit meinem Jack-Russell-Mix Paul läutete ich heute die Mittagspause ein und betrat die Wohnküche, die meine Mutter und ich uns teilten. Ich wollte es mir dringend mit einer Tasse Tee gemütlich machen. Auf dem Herd köchelte eine würzig duftende Hackfleisch-Lauch-Suppe, die wir schon am Vorabend zubereitet hatten und die meine Mutter jetzt erwärmte.

»Hmm, ich habe den Eindruck, sie wird mit jeder Stunde besser, so köstlich duftet das«, schwärmte ich, und meine Mutter, die gerade den Holzlöffel zum Umrühren der dampfenden Köstlichkeit ansetzte, lächelte.

»Papas Lieblingsessen. Er hat das auch immer so ähnlich gesagt«, erklärte sie, und ich erkannte Wehmut in ihrem Blick. Sanft legte ich den Arm um sie, drückte sie an mich und lehnte meinen Kopf an ihre Schulter.

»Er sitzt in Gedanken mit uns am Tisch«, sagte ich und ließ den Blick ans Kopfende des Ecktisches wandern, dorthin, wo immer sein Platz gewesen war. Noch immer setzten meine Mutter und ich uns auf die Plätze neben seinem. Nie hatten wir das verändert. Wir bewahrten ihm seinen Platz in unserer Runde. So, wie er es sich immer gewünscht hatte, wenn wir zu seinen Lebzeiten manchmal darüber gesprochen hatten, wie es mal sein wird, wenn einer von uns nicht mehr bei uns sein konnte. Nie hatten wir das Thema von uns aus begonnen. Er war es gewesen, der kurz vor seinem Tod häufiger damit angefangen hatte, was mir heute wie der Hauch einer bitteren Vorahnung vorkam.

»Setz dich mal schon hin«, bat meine Mutter mich, und ich nahm Platz, als sie mir schon einen dampfenden Teller servierte. Dazu stellte sie einen Korb mit frischem Brot auf den Tisch und setzte sich zu mir.

»Guten Appetit«, wünschten wir uns zeitgleich und ließen uns die kräftig gewürzte, cremige Suppe auf der Zunge zergehen.

Auch wenn draußen die Sonne schien, zeigte uns das Klappern der Fensterläden deutlich, dass der Wind, der um unser Reetdachhaus zog, weiterhin scharf und eiskalt war.

»Bei diesem Wetter ist so eine heiße Suppe genau das Richtige«, stellte ich fest, und meine Mutter stimmte mir zu. »Wärmt Leib und Seele. Das tut immer gut.«

Nach dem Essen griff ich in die Schale mit Obst, die auf dem Küchentisch stand, um eine Mandarine zu essen. Der Duft, den ich unweigerlich mit der Weihnachtszeit verband, erfüllte schon nach wenigen Sekunden den Raum und betankte mich mit vorfreudigem Glück.

»Ich kann es kaum erwarten, dass Weihnachten wird«, erklärte ich und erntete einen verwunderten Blick meiner Mutter.

»Wie süß. Und das, obwohl diese Zeit auch immer mit viel Arbeit verbunden ist?«, hakte sie nach.

»Das stimmt. Das ist sie. Aber mit schöner Arbeit, wie ich finde. Es macht so viel Freude, unseren Gästen um Weihnachten herum hier eine gute Zeit zu bereiten. Ich finde, es ist eine große Ehre, wenn Familien oder einzelne Personen diese Tage, die doch immer etwas Magisches haben, hier bei uns und auf dieser doch winterlich schroffen, häufig recht unwirtlichen Insel erleben möchten.«

»Das hast du schön gesagt«, sagte meine Mutter und lächelte. »Und wenn wir ehrlich sind, tun sie alle auch uns immer gut, die Leute. So sind wir jederzeit gut beschäftigt und kommen weniger dazu, Papa und unsere gemeinsamen Weihnachtsfeste zu vermissen.«

Ich presste die Lippen aufeinander und spürte, wie mein Bauch krampfte bei den Worten, die so treffend zusammenfassten, was ich fühlte, wenn ich an Weihnachten dachte. Es stimmte, was meine Mutter sagte, denn ich empfand nicht nur Freude auf das Festliche und all das Drumherum. Es war die Aussicht darauf, die Gesellschaft unserer Gäste als Geschenk zu betrachten, das mir helfen würde, die dunklen, langen Tage des Winters rund um Weihnachten zu überstehen, ohne allzu traurig zu sein darüber, dass mein Papa uns in diesen Tagen besonders fehlte. Denn ich wusste, dass das erste Weihnachtsfest ohne meinen Papa emotional hart für uns werden würde.

»Es dürften nur ruhig noch ein paar mehr Leute sein, die sich hier einmieten«, stellte ich fest und hob die Augenbrauen. »Vor allem nach Weihnachten.«

»Ach, wo du es gerade sagst. Heute hat sich bei mir im Laden jemand nach einem Tipp für eine Unterkunft erkundigt. Ich habe ihm geraten, direkt bei dir vorbeizuschauen, und ihm gesagt, dass wir gerade noch freie Zimmer haben. War er da?«

Fragend hob ich die Schultern. »Nein, ich denke nicht. Jedenfalls habe ich ihn nicht getroffen.«

»Wie schade.« Ein verschmitztes Grinsen zuckte um die Lippen meiner Mutter. »Ich bin mir sicher, du könntest dich an ihn erinnern.« Geheimnisvoll hielt sie die Hand halb vor den Mund. »Er war genau dein Typ«, flüsterte sie.

»Ach, Mama!« Empört schüttelte ich den Kopf. »Ich brauche gerade nur dich und meinen Paul.« Lächelnd klopfte ich den Rücken meines Hundes, der vor mir unter dem Tisch saß und außerhalb seines Sichtbereiches eine kleine Leckerei vermutete. »Und unseren Laden und die Pension.«

»Ich weiß es ja, mein Schatz. Aber dennoch kann es mir doch auffallen, wenn jemand Interessantes ausgerechnet in den Laden stolpert und passenderweise nach einer Unterkunft sucht.«

»Selbstverständlich, Mama. Aber keine Sorge. Ich halte die Augen auf, und wenn ich jemandem begegne, der mein Interesse weckt, darfst du dir sicher sein, dass du es als Erste erfährst.«

»Das werde ich sowieso am Leuchten in deinen Augen erkennen.« Sie kicherte wie ein junges Mädchen, und ich freute mich über den Anblick meiner Mutter. So oft hatte ich sie in letzter Zeit traurig erlebt, vor allem, weil die Pension seit dem Spätsommer bis jetzt so schlecht ausgelastet und gebucht war.

Auch schon vorher hatte es einige schwierige Phasen gegeben, als meine Mutter festgestellt hatte, dass sie es in der Hauptsaison nicht mehr allein schaffte, sich um die Aufgaben in der Pension zu kümmern. Es war ihr körperlich alles zu viel geworden. Also hatten wir getauscht. Ich hatte das Putzen der Zimmer, das Bettenmachen und die Bewirtung der Gäste sowie die Organisation des Lagers übernommen, während sie sich um den Laden kümmerte. Es war ihr nicht leichtgefallen, sich das einzugestehen, doch ich war froh, dass ich sie mit der Betreuung des Ladens nicht ganz aufs Abstellgleis schicken musste. Schließlich war es der Laden, der uns derzeit über Wasser hielt. Er lief auch in der Nebensaison außergewöhnlich gut.

Nach den arbeitsreichen Sommermonaten war unser Lager beinahe leer und so hatten wir aus der Not der kaum ausgelasteten Pension eine Tugend gemacht und ich die freie Zeit genutzt, um in unserer kleinen Manufaktur neue Produkte zu fertigen, damit wir genug vorrätig hatten, wenn die trubeligeren Zeiten wieder losgingen.

Obwohl ich auch unsere Pension liebte und vor allem wusste, wie wichtig es meiner Mutter war, dass sie im Sinne meines Vaters fortgeführt wurde, war die Produktion in der Manufaktur das, wofür mein Herz schlug. Deshalb nutzte ich jede freie Stunde, um Kerzenständer und Windlichter aus Ton zu gestalten, die auf meiner Drehscheibe selbst gefertigte Keramik zu bemalen und zu brennen sowie Raumdüfte zu kreieren, die, ganz nach Wunsch der Kunden, Sylt-Flair verströmten oder einen Hauch von Weihnachten durch den Raum schickten. Vor allem die Raumdüfte waren es, die bei den Kunden jetzt in der kalten Jahreszeit besonders gut ankamen. Wir stellten immer eine aktuelle Kreation auch in unserem Laden auf, was nicht selten zum Kauf animierte und für zufriedene Stimmung sorgte. Die Kunden sagten manchmal, dass sie dieses Gefühl, das sie mit Sylt verbanden, mit dem Kauf der Düfte mit nach Hause nehmen konnten, was mich besonders freute.

Ich hatte mir darüber hinaus in den letzten Wochen noch etwas ganz Neues für unseren Laden überlegt. Ich fertigte eine eigene kleine Reihe an Schmuck und Lesezeichen aus Perlen und Muscheln an. Eine überschaubare Auswahl handgefertigter Ohrringe, Perlenarmbänder und Ringe, die wir im Kassenbereich unseres Ladens ausstellten und die bisher, trotz der wenigen Gäste auf der Insel und insbesondere in unserem Meerglück auch oder gerade im trüben Herbst, guten Absatz fanden.

Die Lesezeichen lagen außerdem in den örtlichen Buchhandlungen aus, wo sie als kleines Mitbringsel an der Kasse erworben werden konnten und damit als Werbung für unseren Laden dienten.

Zusätzlich bestand seit Kurzem eine Kooperation mit Cleo, die seit einiger Zeit als Hochzeitsplanerin auf der Insel arbeitete und nun regelmäßig eine höhere Stückzahl meiner Schmuckstücke abnahm, indem sie sie als Gastgeschenke für die Feiern, als Accessoire für Junggesellinnenabschiede oder sogar für den Brautschmuck bei ihren Kunden ins Spiel brachte.

Zu einer weiteren schönen Idee hatte Cleo mich inspiriert. Seit Neuestem boten wir Workshops an, in denen wahlweise Raumdüfte kreiert, Kerzen gegossen, Keramik bemalt oder eben Perlenarmbänder geknüpft werden konnten.

Auch das waren sehr beliebte Aktionen für Junggesellinnenabschiede, die immer häufiger aus viel mehr als Party, Alkohol und Strippern bestanden. Es ging darum, einen gemeinsamen Tag zu verbringen, gemeinsame Erinnerungen zu schaffen und diese gleichzeitig festzuhalten, um sie jederzeit wieder Revue passieren zu lassen.

Zusammen mit Cleo hatten wir außerdem ein neues Konzept entwickelt. Immer häufiger bekam sie auch Anfragen von Gruppen vom Festland, die hier ein ganzes Wochenende verbringen wollten. Wir boten also nun ein Gesamtpaket aus Workshop, Übernachtung und Verpflegung zu Vorteilspreisen an und stellten auf Wunsch auch kleine Geschenkkörbchen zusammen.

Ich seufzte. Ja, wir setzten sowohl im Laden Schönerlei als auch in der Pension auf Individualität und Persönlichkeit, und tief in meinem Herzen glomm immer die Hoffnung, dass dieser Weg sich am Ende durchsetzen und wir dafür belohnt werden würden.

»Mir ist es einfach nur wichtig, mein Schatz, dass die Geschichte mit Hagen dich nicht für immer so sehr belastet, dass du einer neuen Liebe in deinem Leben keinen Platz mehr gibst. Das ist er nicht wert«, unterbrach meine Mutter meine Grübeleien. Ihr sanft liebevoller Blick traf mich, und ich legte meine Hand auf die meiner Mutter.

»Keine Sorge. Nur weil ich einmal von einem Mann bitter belogen und ausgenutzt wurde, habe ich nicht der gesamten Männerwelt abgeschworen. Das musste ich auch Papa damals versprechen.« Wir lachten leise, und ich dachte daran, wie ich, zurück mit zwei großen Koffern und leerem Konto im Elternhaus, meinem Vater auf genau dieser Bank hier in der Küche unter Tränen gestanden hatte, dass meine große Liebe sich als großer Flop herausgestellt hatte. Hagen hatte mich emotional und finanziell beinahe in den Ruin getrieben. Nicht nur mein eigenes Erspartes hatte ich durch ihn und seine Liebe aufs Spiel gesetzt und verloren, sondern auch das Geld, das meine Eltern mir für meinen Start in meinen Beruf mit auf den Weg gegeben hatten, war meiner Naivität und Verliebtheit zum Opfer gefallen. Doch meine Eltern hatten mich mit offenen Armen wieder zu Hause aufgenommen. Sie waren zu keiner Zeit vorwurfsvoll gewesen, sondern hatten mir bedingungslos Halt gegeben. Ohne meinen Vater, der mich, gemeinsam mit meiner Mutter, auffing und mir hier auf Sylt mit dem Einstieg in die Pension und dem Ausbau einer kleinen

Wohnung in einem Teil meines Elternhauses wieder eine Perspektive geboten hatte, wäre ich heute längst nicht wieder so glücklich. Ich hatte weitergemacht, war mit meinem Hund Paul hier, in meiner alten Heimat, wieder angekommen und hatte einen Neustart gewagt, den ich bisher noch keinen Tag bereut hatte.

In diesem neuen Leben spielte nicht nur Hagen keine Rolle mehr, sondern bisher auch kein anderer Mann. Zu sehr lag mein Fokus nun auf der Pension, dem Laden und allem, was mein Vater uns hinterlassen hatte. Das alles gab mir Sicherheit, und nichts brauchte ich mehr, denn auch, wenn ich das vor meiner Mutter nicht zugab, fiel es mir seit Hagen schwer, einem Menschen wieder so zu vertrauen.

»Ich weiß, mein Schatz. Aber ich weiß auch, dass du, genau wie dein Vater, ein stiller Kämpfer bist.«

Irritiert hob ich die Augenbrauen. Konnte sie Gedanken lesen?

»Nun, ihr macht viel mit euch allein aus, seid oft so stark, wenn ihr längst schon um Hilfe fragen solltet. Ich sehe deine Grübelei. Und ich weiß, die Tränen weinst du nicht hier, bei mir, sondern im Stillen, wenn du wieder mal nicht schlafen kannst.« Meine Mutter hatte nun ihre warmen, weichen Hände um meine gelegt, und ich strich sanft mit den Daumen darüber, ohne ihr zu antworten.

»Aber ich bin da, mein Liebes. Immer. Denk nicht, dass du mich schonen musst. Dann hätte ich nie Mutter werden dürfen.« Sie lächelte.

»Es ist alles gut, wie es ist, Mama«, erwiderte ich, ohne einzugestehen, dass sie recht damit hatte, dass ich im Stillen weinte und vieles mit mir selbst ausmachen wollte, um sie zu schonen. »Paul reicht mir grad als Mann im Hause.«

»Verständlich. Er ist ja auch ein Schatz. Ein wundervoller Zuhörer, immer zum Kuscheln bereit und ohne jede Widerworte. Hüpft und freut sich kringelig, wenn ihr euch nach nur wenigen Minuten Abwesenheit wiederseht. Was wünscht frau sich mehr?«

Wir lachten.

3

»Moin«, begrüßte ich am nächsten Morgen, kurz nachdem Heide den Frühstücksraum verlassen hatte, einen Mann, der eingetreten war. Noch bevor er antworten konnte, rannte Paul stürmisch schwanzwedelnd auf ihn zu, um sich Streicheleinheiten abzuholen– mit Erfolg. Der Mann ging in die Knie und kraulte Paul zwischen den Ohren. Ich musste schmunzeln. So verhielt sich mein kleiner Terrier selten. Aber jetzt genoss er in vollen Zügen.

»Moin«, erklang schließlich die Antwort, als der Gast sich aufrichtete. Der Koffer, der neben ihm stand, sprach dafür, dass er nach einer Unterkunft suchte.

»Da scheint jemand Sie aber direkt ins Herz geschlossen zu haben«, sagte ich lachend und deutete auf meinen Hund. »Normalerweise bleibt er ganz entspannt in seinem Körbchen liegen, egal wer hereinkommt.«

Der Mann erwiderte mein Lächeln und schaute mich an. Mein Blick blieb am Hellblau seiner Augen hängen, was sich auf außergewöhnliche Weise von seinem sonst eher dunklen Typ – den dunkelbraunen Haaren, den fast schwarzen Augenbrauen und Wimpern – abhob. Noch ehe er es aussprach, ahnte ich, dass er derjenige war, von dem meine Mutter gesprochen hatte. Tatsächlich war dieser Typ Mann rein optisch genau mein Fall, auch wenn ich diesen Gedanken derzeit denkbar weit von mir wies.

»Severin Westphal«, stellte er sich vor. »Ich freue mich.«

»Herzlich willkommen, Clara Hertz. Was kann ich für Sie tun?«

»Ich war gestern im Laden nebenan bei Ihrer Mutter. Sie riet mir, mich in Sachen Zimmersuche doch einmal bei Ihnen zu melden. Für eine Nacht hatte ich ein Zimmer in einer Pension in Wenningstedt. Aber dort hat es mir längst nicht so gut gefallen wie hier. Daher wollte ich mein Glück versuchen und mich erkundigen, ob hier noch ein Bett für mich frei ist?«

Der sanft raue Klang seiner Stimme und dieser Blick aus seinen eisblauen Augen waren mir sofort sympathisch. Ich merkte, wie ich ihn eine Sekunde zu lange anschaute, ohne zu antworten. Schnell nickte ich deshalb. Wie mir selbst auffiel, viel zu energisch.

Geschäftig blätterte ich in unserem Buch, in dem wir die Reservierungen eintrugen. Dass das nicht die souveränste Idee war, wurde mir bewusst, als sein Blick über die leeren Spalten glitt.

»Sie dürfen sich das schönste Zimmer aussuchen. Gerne zeige ich sie Ihnen«, rettete ich die Situation, indem ich keinen Hehl daraus machte, dass wir noch ausreichend Kapazitäten hatten.

»Ich bin mir sicher, dass alle Zimmer hier ganz wunderbar sind«, behauptete er.

»Jedes auf seine Weise«, stimmte ich ihm zu, und das war nicht nur ein blöder Marketingspruch. Ich liebte jedes unserer Zimmer und fand, dass man sich darin absolut wohlfühlen konnte. »Wünschen Sie sich eher einen Blick in Richtung Meer im ersten Stock mit Balkon oder zum Garten hin mit eigener Terrasse?«

»Klingt beides charmant. Aber zu dieser Zeit gerne die Variante zum Wasser hin. Im Sommer komme ich dann auf das Erdgeschoss mit Terrasse zurück, wenn man sich länger als fünf Minuten sitzend draußen aufhalten kann.« Sein Lächeln war umwerfend, und ich ertappte mich dabei, wie ich mich freute, dass er bereits in Erwägung zog, wiederzukommen.

Schnell griff ich nach einem Schlüssel und deutete ihm an, mit mir zu kommen.

»Haben Sie denn schon gefrühstückt?«, fragte ich, während er mir die Treppe hinauf in den ersten Stock folgte. Paul sprang uns hinterher.

»Dem Duft nach zu urteilen, verpasse ich etwas, wenn ich jetzt Ja sage«, antwortete er.

»Es sind noch frische Brötchen da, und Kaffee setze ich direkt noch mal auf. Oder Tee. Ganz wie Sie es wünschen. Draußen verpassen Sie jedenfalls gerade wenig, wenn ich mir das Wetter so anschaue.« Durch das Fenster im Flur sahen wir, dass der Wind, mittlerweile begleitet von ergiebigem Regen, die Äste der Bäume bog. Klackernd wie Hagelkörner prasselten die Tropfen an die Fensterscheiben.

»Dann nehme ich das Angebot sehr gerne an.«

»Waren Sie schon öfter um diese Jahreszeit hier?«

»Nein, bisher noch zu keiner Zeit. Ich bin zum allerersten Mal auf Sylt, muss ich gestehen.« Mit einem vielsagenden Blick nach draußen fuhr er fort: »Ich hatte es mir hier im Winter so gemütlich vorgestellt.«

»Das ist es auch. Wenn man die richtige Unterkunft hat. Und die haben Sie ja nun.« Ich grinste. »Das Wetter wechselt hier so schnell. Das bleibt nie lange so. Machen Sie sich keine Sorgen. Und für Tipps gegen den Winter-Blues hier stehen meine Mutter und ich jederzeit zur Verfügung.«

»Okay. Ich nehme Sie beim Wort. Bestimmt komme ich darauf zurück.«

An der Zimmertür angekommen, schloss ich auf und bat ihn

herein, bevor ich meinem Jack Russell ein Zeichen gab, Platz zu machen.

»Paul wartet selbstverständlich draußen«, erklärte ich, woraufhin er abwinkte.

»Ich liebe Hunde. Von mir aus kann er gerne mitkommen.«

»Okay, da hast du Glück, kleiner Mann«, sagte ich an Paul gewandt und löste das Kommando wieder auf, um ihn in den Raum zu lassen, bevor ich die Tür hinter uns wieder schloss.

Warmer Holzboden in heller Optik empfing uns im lichtdurchfluteten Raum, an dessen gegenüberliegender Seite eine große Glastür auf den Balkon führte, den wir im vorletzten Jahr angebaut hatten. Es war immer ein Wunsch meines Vaters gewesen, auch in den Zimmern im ersten Stock die Möglichkeit zu schaffen, Zeit im Freien zu verbringen, ohne die Gemütlichkeit der Pension verlassen zu müssen. Leider hatte er es nicht mehr selbst umsetzen können. Meine Mutter und ich hatten alles darangesetzt, das Bauvorhaben nach seinem Tod so schnell wie möglich wahr werden zu lassen.

Wir hatten uns für gläserne Brüstungen entschieden, die unauffällig in das Reetdach eingearbeitet waren, um weder das Bild des Hauses noch den Blick auf das Meer zu stören. Eindrucksvoll inmitten der Kampener Dünen gelegen, war uns das besonders wichtig gewesen. Zum Glück hatten wir damals noch nicht geahnt, vor welchen wirtschaftlichen Herausforderungen wir heute standen, sonst hätten wir das Geld für diese Investition wohl eher gespart.

»Ich öffne einmal die Tür, damit Sie einen Eindruck bekommen vom Rauschen des Meeres, das man von hier aus hören kann. Sie müssen nur am Plätschern des Regens vorbeihorchen.« Wir lachten.

Staunend trat er hinter mir her zur Balkontür und stand plötzlich ganz dicht neben mir.

»Wow!« Er lächelte. Das Rauschen klang von Westen her zu uns. Es war für mich beeindruckend und gleichzeitig beruhigend vertraut. Trotz des Regens und des schneidenden Windes, der uns auch hier unter dem Schutz des Reetdaches umwehte, war die Meeresstimmung hörbar.

»Wenn man sich den Regen ein wenig wegdenkt, ist es traumhaft«, erkannte ich.

»Das Wetter wechselt hier so schnell«, bemerkte er. »Das bleibt nie lange so. Machen Sie sich keine Sorgen.«

Wir mussten beide lachen, als er meine gut gemeinten Worte von eben wiederholte, denen man beim Anblick der dunkelgrauen Wolken und des wirklich unangenehm kalten Windes kaum Glauben schenken konnte.

»Versprochen«, fügte ich hinzu und nickte wie zur Bestätigung. »Trotzdem sperren wir die Kälte jetzt erst einmal wieder aus, würde ich vorschlagen. Sylt soll es sich mit Ihnen ja nicht direkt verscherzen.«

»Rundherum könnte es wettertechnisch ein wenig charmanter sein, ja. Aber das Meeresrauschen ist wirklich sensationell«, freute er sich und drehte sich um. Ein großes Bett stand an einem zweiten Fenster im Raum. Davor der Tisch und ein kleines Sofa, das, wie das Bett auch, den Blick auf einen Fernseher bot.

Ein Mini-Kühlschrank befand sich neben der Tür zum Bad mit Dusche. Auf dem Bett lag eine flauschige Daunendecke mit dickem Kissen, am Rückenteil waren zusätzliche Kissen drapiert. Das Bett stand so, dass man beim Aufwachen direkt den Ausblick vom Balkon genießen konnte. Alles war klein, aber modern, gepflegt und mit viel Liebe ausgestattet. Maritime Details, die wir teils selbst hergestellt, teils gekauft hatten, rundeten das Urlaubsgefühl ab, das schon allein durch den Blick aus den Fenstern entstand. Mein Highlight war der weiß gestrichene Rettungsring mit dem Schriftzug »Meerglück« darauf, der die Wand zierte.

»Sehr gemütlich das Zimmer. Ich bin begeistert. Da kann das Wetter noch so gruselig sein, hier kann man sich nur wohlfühlen. Wie Sie gesagt haben. Perfekt!«

»Das freut mich sehr. Wie lange werden Sie denn hier sein?«, fragte ich.

»Wenn Sie so lange Platz für mich haben, würde ich gerne die Festtage hier verbringen«, erklärte er, und ich staunte, schließlich waren es noch fast drei Wochen bis dahin.

»Das ist kein Problem.«

»Das nenne ich Glück. Meerglück sozusagen.« Er hob die Handflächen. »Dann lassen Sie uns doch alle Formalitäten klären, und ich ziehe ein.«

»Wunderbar.« Ich reichte ihm den Schlüssel. »Tragen Sie ganz entspannt Ihre Sachen rein, bringen alles schon aufs Zimmer und schauen Sie im Anschluss einfach noch mal bei mir vorbei, damit wir das mit der Kurkarte und den persönlichen Daten erledigen können.«

»Danke. So machen wir das. Ich hole mal alles aus meinem Auto. Kann ich den Wagen vor dem Haus stehen lassen?«

»Genau. Da sind einige Parkplätze, die zu uns gehören. Da können Sie parken. Und zum Frühstück: Darf es ein Kaffee sein?«

»Danke, sehr gerne.« Er griff nach dem Schlüssel, und als sich unsere Hände kurz berührten, trafen sich auch unsere Blicke. Ich erkannte Dankbarkeit in seinem und ein gewisses Interesse, das ich nachempfinden konnte. Ich bedauerte fast, dass wir uns nicht länger hier in seinem neuen Zuhause auf Zeit unterhielten. Ich hätte gerne noch mehr über den Mann erfahren. Andererseits war ich mir sicher, dass sich dazu in den nächsten Tagen noch Gelegenheit ergeben würde.

Ich lief, dicht gefolgt von Paul, die Treppe wieder hinunter und hörte, wie Severin mir hinterher und zur Tür hinausging.

Ich machte mich daran, Heides Tisch abzuräumen und im Frühstücksraum alles so vorzubereiten, dass die Gäste sich dort wieder wohlfühlen und an saubere, frisch gedeckte Tische zurückkehren konnten, auch wenn das, abgesehen von unserem neuen Gast, erst am nächsten Morgen wieder so weit war.

Paul rollte sich in seinem Körbchen unter dem Empfangstresen zu einem kleinen Schläfchen zusammen, während ich den Kaffee aufsetzte und den Großteil der verderblichen Lebensmittel aus dem Kühlbuffet bis zum nächsten Morgen wieder in den Kühlschrank packte. Für Severin Westphal hatte ich noch ein paar Brötchen stehen lassen und richtete eine Frühstücksplatte mit einer kleinen Auswahl unserer verschiedenen Sorten Aufschnitt her, die ich ihm frisch aus der Kühlung servieren würde, sobald wir alles andere erledigt hatten.

Ich schloss zufrieden die Küchentür hinter mir, gefolgt von einer Brise Kaffeeduft, und lief zu dem kleinen Empfangstresen neben der Eingangstür. Im Flur, der zum Frühstücksraum führte, hatte ich ein Bücherregal installiert, wo ich Bücher zum Mitnehmen, Tauschen oder direkt zum Lesen im Zimmer hineingestellt hatte. Momentan war es recht leer, ich müsste also mal wieder Ausschau nach gebrauchten Büchern halten, mit denen ich es aufstocken konnte. Es freute mich, dass das Angebot gut angenommen wurde. Wenn wir mehr Gäste hatten als jetzt, funktionierte das System fast von selbst. Bücher verschwanden und wurden durch neue ersetzt, die ausgelesen nicht mehr mit nach Hause transportiert werden sollten. Nicht selten profitierte auch ich davon, wenn interessante Titel auftauchten, die ich mir selbst zum Lesen herausnahm.

Außerdem hatten wir in einem kleinen Nebenraum eine Leseecke mit Kachelofen eingerichtet, wo es sich auch die Gäste gemütlich machen konnten. Hier lag ein Gästebuch aus, in dem sie uns und sich gegenseitig kleine persönliche Notizen zukommen lassen konnten und das auch rege genutzt wurde. Ich liebte dieses dicke alte Buch, das schon seit Jahrzehnten die Gedanken der Reisenden aufnahm und behielt. Es begleitete das Meerglück schon über Generationen hinweg. Mir fiel auf, dass es zugeklappt war, und ich schlug es wieder auf, damit es einladender wirkte. Dabei öffnete sich zunächst eine Seite, deren Datum weit zurücklag. Mit meinem Vater hatte ich früher häufig darin geblättert und in vergangenen Zeiten geschwelgt. Manchmal fand sich ein Gruß zum Abschied von der Insel, hin und wieder ein Foto oder auch Fragen oder Tipps von Gästen, auf die ein weiterer Gast reagiert hatte.

Erst jetzt fiel mir auf, dass ich seit seinem Tod nicht mehr darin geblättert hatte. Es war keine bewusste Entscheidung gewesen, und doch spürte ich in diesem Moment, wie sehr mein Vater mir dabei fehlte. Und plötzlich war ich überzeugt, dass mein Unterbewusstsein mich vor dieser Situation geschützt hatte, bis ich innerlich bereit dafür war, mich den Erinnerungen zu stellen.

Mein Vater hatte oft kleine Geschichten zu den einzelnen Einträgen erzählen können, zu den Menschen und den Zeiten, in denen sie hier gewesen waren. Er war einer der kommunikativsten Menschen gewesen, die ich kannte, und wusste zu jedem seiner Gäste etwas zu berichten.

Mein Blick fiel auf eine Seite, auf die ich beim Blättern bisher noch nie gestoßen war. Ein Foto klebte darauf. Es zeigte eine junge, blonde Frau, die strahlend in die Kamera lächelte, während sie auf dem weißen Holzgeländer saß, das früher die Westerländer Promenade gesäumt hatte. Interessiert las ich die Widmung unter dem Foto:

Was für eine kurze, intensive Zeit, für die ich immer dankbar sein werde, und an die ich mich mein Leben lang erinnern werde. Für meine Liebe. Solange die Wellen uns tragen. Wohin auch immer. Und wenn wir uns hinter ihnen verstecken vor der Welt. Hier war ich sicher, nur nicht vor der Liebe. Fjella

»Wie schön und wie traurig zugleich. Was für ein seltener Name«, flüsterte ich und schlug das Buch auf der letzten beschriebenen Seite auf und legte einen Stift dazu. Ich wünschte, mein Vater könnte mir mehr über die Frau oder das Pärchen sagen, von denen diese Notiz erzählte. Ich überlegte, wie die Geschichte hinter der Widmung sein konnte, und stellte mir vor, dass diese Frau und ihr Liebhaber unser Meerglück als geheimen Liebesort genutzt hatten. Ein Schmunzeln zog über meine Lippen bei dem Gedanken, aus welch unterschiedlichen Gründen die Gäste unsere Pension schätzten.

Halb wehmütig, halb verzückt seufzte ich und trat in mein Büro, um dort auf Severin Westphal zu warten.

Ich ertappte mich dabei, wie ich einen Blick in den Spiegel warf, der neben der Tür hing. Ich schenkte meinem Spiegelbild ein Lächeln, weil es mir gefiel, wie zartrosa meine Wangen leuchteten und wie das Strahlen meiner Augen wirkte.

Während ich mich betrachtete, überlegte ich, ob mir das so auffiel, weil ich es so lange nicht in meinen Augen gesehen hatte, oder ob es anders war als sonst. Hatte die Erinnerung an meinen Vater mich so aufgebaut? Ich wusste es nicht. Es schien jedoch nicht nur mir aufzufallen, wie ich merkte, als sich ein Arm um meine Schulter legte und meine Mutter neben mir stand. »Du hübsche Frau. Du siehst so glücklich aus heute«, stellte sie fest und drückte ihren Kopf an meine Schulter. »Wie schön«, fügte sie hinzu.

»Danke, Mama.« Ich lächelte.

»Hast du kurz einen Blick auf die Ladentür? Ich hab meinen Tee in der Küche vergessen und will nur rasch die Kanne holen«, erklärte sie, und ich nickte.

Sie flitzte in die Küche und kam schon kurz darauf mit der Kanne Tee zurück.

»Niemand zu sehen«, erklärte ich und deutete in Richtung der Ladentür, als Severin Westphal die Treppe herunterkam.

»Oh, hallo«, freute sich meine Mutter und strahlte nun auch übers ganze Gesicht.

»Hallo. Wie Sie sehen, bin ich Ihrem Tipp gefolgt. Zum Glück.«

Dann schaute meine Mutter mich wieder an. »Perfekt. Es freut mich, dass es Ihnen hier gefällt. Aber wie könnte es auch nicht. Die Zimmer sind allesamt auf ihre Weise besonders.«

»Dem kann ich nur zustimmen, auch wenn ich bisher erst eins kenne.«

»Mama, da wird dein Typ verlangt«, sagte ich und zeigte zum Fenster hinaus, wo eine Dame auf die Ladentür zuging. Sie würde gleich niemanden im Laden entdecken.

»Oh, ich muss mich entschuldigen«, erklärte sie und schenkte mir ein vielsagendes Lächeln.

»Dann lassen Sie uns doch kurz den Schriftkram erledigen«, schlug ich an meinen Gast gewandt vor, und Severin Westphal nickte.

»Sie haben an Heiligabend Geburtstag?«, erkannte ich, als ich seine Daten aufnahm.

»Leider, ja. Mittlerweile habe ich mich daran gewöhnt, aber

früher fand ich das ziemlich ätzend. Nie mal eine Feier nach dem eigenen Geschmack, immer die ganze Familie zu Hause, ob man darauf Lust hatte oder nicht.« Er rollte theatralisch mit den Augen. »Und die Kumpels hatten ja alle dasselbe Familien-Programm.« Nun zuckte er die Schultern.

»Dann wird das in diesem Jahr ja aber mal anders. Wenn ich das richtig verstanden habe, können Sie hier auf der Insel alles vollkommen nach Ihrem Geschmack gestalten, weil hier keinerlei Verpflichtungen auf Sie warten?«, überlegte ich.

Er hob wie als Zeichen der Zustimmung den Zeigefinger. »Das ist in diesem Jahr mein persönliches Geschenk an mich selbst. Und ich kann es vielleicht zum ersten Mal kaum erwarten, Geburtstag zu haben. Absolute Ruhe, ohne all den Feiertagsstress. Nichts ist so wie immer. Niemand weiß von diesem Datum. Außer Ihnen.« Er legte zum Scherz den Finger auf die Lippen, als Zeichen, dass ich das Geheimnis für mich behalten sollte. Ich erwiderte die Geste für verschlossene Lippen, und wir lachten.

»Wunderbar! Dann steht dem vollkommen anderen Heiligabend nichts mehr im Wege«, freute er sich.

Ich schaute ihn an und nickte, doch gleichzeitig dachte ich, wie sehr ich selbst mir wünschte, dass dieser Heiligabend so wäre wie immer. Dass ich mit meinen Eltern gemeinsam am kleinen Weihnachtsbaum sitzen könnte, wir Kartoffelsalat mit Würstchen essen und uns auf die nächsten gemeinsamen Tage freuen würden.

Jetzt, wo mein Vater nicht mehr lebte, würde Heiligabend nicht mehr dasselbe sein. Schon die Adventszeit hatte ein Stück ihrer Magie eingebüßt. Wir waren nicht mehr komplett, und auch, wenn er im Herzen immer bei uns sein würde, fehlte ein Stück zur perfekten Weihnachtsstimmung. Auch wenn ich Weihnachten noch immer liebte. Hier zehrte ich bis heute von warmen

Erinnerungen. Unser letztes gemeinsames Weihnachtsfest war besonders schön gewesen, weil all unsere Stammgäste bei uns gewesen waren und wir wie eine große Familie gemeinsam gefeiert hatten. Es waren diese Abschiede, die man gar nicht als solche erkannte, wenn man einen Augenblick genoss. Dass dieser zum letzten Mal so stattfand, das ahnte man nicht. Aber während ich darüber traurig war, dachte ich gleichzeitig, dass es vielleicht gut war, dass man die meisten letzten Momente im Leben komplett ohne Randnotiz und Vorwarnung erlebte und sie nur so in vollen Zügen, ganz im Glück und ohne Wehmut genießen konnte.

Severin Westphal lachte.

»Ich zähle auf Sie.« Ein verschwörerisches Grinsen folgte, und ich war kurz irritiert. »Also auf Sie und Ihr Meerglück, wo ich vollkommen undercover ein Jahr älter werden kann, meine ich«, half er mir auf die Sprünge, nachdem ich gedanklich abgeschweift war.

»Ach so, keine Sorge, ich werde niemandem davon erzählen und auch nicht mit Wunderkerzen und Gesang aufwarten. Sie können diesem Tag uneingeschränkt mit Vorfreude entgegenblicken.«

Er atmete gespielt erleichtert auf. »Aber ich bin nicht nur deswegen hier. Ich will auch die Zeit bis dahin hier genießen und freue mich auf die winterliche Insel«, fuhr er fort.

»Die Insel hat definitiv auch zu dieser Zeit ihren ganz eigenen Charme. Und das sehe nicht nur ich so. Einige Gäste kommen sogar jedes Jahr nur für die Festtage und über den Jahreswechsel hierher.« Ich lächelte.

»Wohnen Sie auch hier direkt im Gebäude?«, erkundigte er sich, und ich nickte.

»Meine Mutter und ich bewohnen jede eine kleine Wohnung in dem Teil des Hauses, in dem auch die Pension liegt. Das Haus und die Pension sind schon seit Generationen mit dem Namen Hertz verbunden. Und vor vielen Jahren kam dann das Ladenlokal im Anbau dazu und vervollständigte unser kleines, aber feines Familienunternehmen.«

»Wie schön. Und den Laden schmeißt Ihre Mutter, während Sie hier die Pension verantworten?«

»Ja und nein. Im Moment haben wir es so aufgeteilt, weil es von der Arbeitsteilung so besser funktioniert. Seit dem Tod meines Vaters, der sich vorrangig um die Pension gekümmert hat, habe ich versucht, diese Lücke zu füllen und kümmere mich darum, dass hier alles läuft, während meine Mutter im Laden steht. Rein körperlich ist diese Aufteilung im Moment am sinnvollsten. Mein Herzensprojekt wird allerdings immer der Laden bleiben.«

»Toll, wenn eine Familie so am selben Strang zieht«, stellte er anerkennend fest. »Und es tut mir leid wegen Ihres Vaters. Das muss ein schwerer Schlag gewesen sein. Für das Unternehmen, aber besonders auch emotional für Sie persönlich.«

»Danke, ja, es ist noch immer nicht leicht. Aber man wächst mit solch einem Unternehmen auf, und es fühlt sich selbstverständlich an, dass man mit anpackt, wenn Not am Mann ist«, erklärte ich. »Trotzdem habe ich mir für eine Weile auf dem Festland die Hörner abgestoßen und neue Erfahrungen anderswo gesammelt.«

»Aber Sie sind offenbar wieder hierher zurückgekommen«, bemerkte er, und ich nickte. Fast ging mir unsere Unterhaltung zu weit, so vertraut sprachen wir miteinander. Dass ich wieder hier auf Sylt war, war schließlich nicht allein meinem Sinn fürs Familienerbe geschuldet und nicht nur aus Liebe zur Insel heraus entstanden, doch darüber würde ich mit diesem fremden Mann ganz sicher nicht sprechen. Deshalb versuchte ich, das Gespräch in eine andere Richtung zu lenken.

»Sie sind ja privat hier, oder?« Ich hatte die Frage schon gestellt, da fiel mir ein, dass das in seinem Fall ja überhaupt keine Rolle spielte. »Entschuldigen Sie, das ist völlig egal. Sie bleiben ja eh länger.«

Kurz zögerte er, und ich meinte, es hinter seiner Stirn arbeiten zu sehen.

»Macht das einen Unterschied für meinen Aufenthalt, ob ich privat oder beruflich da bin?«, fragte er.

»Nur, was die Kurabgabe angeht.« Ich schaute ihn an. »Wenn Sie nicht länger als zwei Tage hier sind und das beruflich, dann zahlen Sie keine Kurabgabe. Es ist eine meiner Standardfragen, wenn die Leute einchecken.« Ich war ein wenig konfus und schob daher diese Entschuldigung hinterher.

»Ach so, verstehe. Nein, ich bin privat hier. Aber das ist dann ja eh hinfällig.«

»Ja. Warten Sie, die Karte ist gleich einsatzbereit. Ich muss nur grad was notieren«, erklärte ich und trug alle Angaben zusammen. Dann griff ich nach der Kurkarte und reichte sie ihm. »Die habe ich Ihnen auf Ihren Namen ausgestellt. Die Gebühr steht mit auf der Rechnung für das Zimmer. Damit können Sie alle Strände besuchen. Sie müssen sie nur, falls jemand dort sitzt, am Häuschen zum Strandübergang vorzeigen. Allerdings ist das in den Wintermonaten eher selten der Fall.«

»Perfekt. Vielen Dank.« Er lächelte. »Welchen Strand würden Sie denn für einen allerersten Spaziergang empfehlen?«

»Nun, aufgrund der sehr steifen Brise heute würde ich tatsächlich für einen allerersten Weg zur Ostseite tendieren. Sie sind ja mit dem Auto unterwegs, da lohnt sich das.«

»Ja, genau.«

»Eine Runde am Watt, ein bisschen den Ausblick und den nur leichten Wind genießen. Die Weite, die Stille dort. Mir gefällt das. Und wenn Sie danach noch auf ein heißes Getränk oder ein Stück frischen Kuchen in heimeliger Wohnzimmer-Atmosphäre in eine Teestube einkehren möchten, dann sollten Sie Keitum ansteuern. Da ist man nach wenigen Schritten vom Watt aus direkt im malerischen Ortskern und kann das historische Friesendorf mit all seinen individuellen Läden, Cafés und vor allem zauberhaften Kapitänshäusern erkunden.«

»Das klingt super. Und nun halte ich Sie nicht länger von Ihrer Arbeit ab«, erklärte er und drehte sich zu Heide um, die soeben aus ihrem Zimmer trat.

»Moin«, begrüßte sie ihn mit einem warmherzigen Lächeln, und er erwiderte ihren Gruß.

»Severin Westphal. Ich bin hier auch gerade eingezogen«, stellte er sich vor. »Wir sind also vorerst Nachbarn.«

»Heidemarie Berlin. Sehr erfreut.« Heide lüftete ihren imaginären Hut, schmunzelte und ging an ihm vorbei zur Tür.

»Ich wage mich mal in dieses gruselige Wetter«, erklärte sie und schlotterte gespielt.

»Du bist tapfer, so kennen wir dich, liebe Heide.«

»Nur so wird man alt, Kinder«, sagte sie und lachte. »Die Knochen müssen immer in Bewegung bleiben. Auch wenn das Wetter einen tatsächlich kaum motiviert.«

»Danach kannst du es dir im Lesesessel mit einem schönen Buch gemütlich machen«, riet ich ihr. »Ich feuere dir auch gerne schon den Ofen an, wenn du magst.«

»Das ist ein Service«, freute sich Heide und wandte sich an Severin Westphal. »Seien Sie sich sicher, Sie haben hier eine hervorragende Wahl getroffen mit Ihrer Unterkunft. Da gebe ich Ihnen mein Wort.«

»Davon bin ich schon jetzt überzeugt.« Er schenkte Heide ein charmantes Lächeln. »Und vielleicht treffen wir uns nach unseren Spaziergängen ja später vorm Ofen und ich darf Sie nach ein paar Tipps fragen.«

Heide grinste. »Na hören Sie mal, und ob! Ich kenne diese Insel wie meine Westentasche. Fragen Sie, was Sie fragen wollen. Ich verrate Ihnen alles. Aber jetzt muss ich, wie gesagt, erst mal an die frische Luft. Es gibt nichts Gesünderes als die Winter-Nordseeluft. Auch da spreche ich aus jahrzehntelanger Erfahrung. Bald kann ich sagen, aus hundertjähriger Expertise.«

Mit diesen Worten trat sie aus der Tür, und herein zog ein so kalter Wind, dass ich fröstelte.

Ich deutete hinter Heide her. »Mit dieser Lebenseinstellung wird man topfit fast hundert Jahre alt. Fantastisch, oder?«

»Diese Dame ist beeindruckend«, stellte er anerkennend fest.

»Heide ist unser Stammgast seit vielen, vielen Jahren. Die Hundert ist zwar noch ein wenig entfernt, aber allzu weit dann auch nicht mehr. Ich staune jedes Jahr aufs Neue.«

»Über das genaue Alter einer Dame schweigt man ja, aber ich erkenne schon, dass es sich bei ihr um eine bemerkenswerte Persönlichkeit handelt.«

»Auf jeden Fall. Und sie wird Ihnen großartige Tipps für Ihren Aufenthalt auf dieser Insel geben.« Ich lächelte. »Möchten Sie dann jetzt Ihr spätes kleines Frühstück im Warmen genießen?«, schlug ich vor. Er nickte, nahm mein Angebot an und ging vor in den Frühstücksraum, während ich die Aufschnittplatte und den frischen Kaffee aus der Küche holte. Dann verabschiedete ich mich mit dem Hinweis auf die aktuelle Sylter Tageszeitung, die ich ihm auf den Tisch legte, in mein Büro.

Ich feuerte noch, wie ich es Heide versprochen hatte, den Ofen an, damit sie es sich dort nach ihrem Spaziergang gemütlich machen konnte. Bis dahin würde er schon einmal eine angenehme Wärme verströmen.

Kaum saß ich an meinem Schreibtisch, fiel mein Blick auf die kleine Schublade unter der Tischplatte. Sie war abschließbar, und mein Vater und ich hatten sie früher immer unsere kleine *Geheimniskramlade* genannt. Unwillkürlich musste ich lächeln.

Hier hatte er, als ich noch ein Kind war, immer meine Lieblingsschokolade versteckt, von der er mir heimlich etwas schenkte, wenn er merkte, dass mir das gerade guttun würde oder mir die Zeit in der Pension lang wurde. Dabei war das selten so, weil ich immer meine Beschäftigung im Schönerlei gleich nebenan fand. Schon damals liebte ich es, durch die Regale zu streifen oder meiner Mutter bei der Produktion über die Schulter zu schauen.

Wir nutzten die Schublade außerdem, wenn wir Erinnerungen festhalten wollten. Mein Vater hatte mir einmal von sogenannten Marmeladenglasmomenten erzählt. Das waren Augenblicke, die man für immer bewahren wollte. Man schrieb sie auf Zettelchen und konservierte sie in einem Marmeladenglas, um sie zu einem späteren Zeitpunkt wieder hervorholen und erneut genießen zu können. Genau wie man das mit den süßen Früchten im Sommer machte, indem man sie zu Marmelade einkochte. Wir hatten diese Schublade zu unserem Marmeladenglas erkoren und die Erlebnisse, die wir bewahren wollten, notiert und dort hineingelegt.

Meinem Vater war es wichtig gewesen, dass wir nicht nur die positiven Dinge aufschrieben. Er wollte, dass ich lernte, mit meinen Sorgen und Ängsten umzugehen. Und so gab es weitere Zettelchen in einer anderen Farbe, auf denen wir die Dinge notierten, die uns wütend und traurig machten. Bei ihnen ging es nicht darum, sie aufzubewahren, sondern nur, sie zu sammeln und in unregelmäßigen Abständen feierlich im Garten zu verbrennen und so die Sorgen loszulassen.

Mein Herz wurde warm beim Gedanken daran, und ich fragte mich, warum ich meine Sorgen so lange nicht mehr aufgeschrieben und verbrannt hatte. Es hatte mir immer gutgetan und meine Seele leichter gemacht, und trotzdem war dieses Ritual schon zu Lebzeiten meines Vaters in Vergessenheit geraten.

Nur zweimal hatten mich Sorgen so sehr bedrückt, dass ich einen Zettel geschrieben hatte, allerdings ohne mit meinem Vater darüber zu sprechen.

Das erste Mal war kurz nach meiner Rückkehr gewesen, und die Angst meiner Mutter, die ich gestern so vehement von mir gewiesen hatte, hatte mich noch selbst umgetrieben. Ich hatte in Hagen meine große Liebe gesehen, doch er hatte mich zutiefst verletzt und mich zweifeln lassen, ob es die eine wahre Liebe für mich überhaupt gab.

Diesen Zettel hatte ich nicht in die Schublade gelegt, sondern direkt verbrennen wollen. Doch ein Windstoß hatte ihn fortgerissen – worauf ich ihn, nur leicht verkohlt, dann doch in die Schublade gelegt hatte. Und obwohl ich wusste, dass es bei diesen Ritualen nicht um höhere Mächte oder sonstigen Hokuspokus ging, dachte ich hin und wieder darüber nach, ob das misslungene Verbrennen Auswirkungen hatte und ob diese Sorge deshalb doch noch in mir schlummerte und ich es nicht geschafft hatte, sie loszulassen. Ging ich dem Problem vielleicht einfach aus dem Weg, indem ich mir einredete, dass für einen Mann in meinem Leben gar kein Platz und keine Zeit waren?

Den zweiten Zettel hatte ich geschrieben, kurz bevor mein Vater starb, bevor ich gewusst hatte, wie es um ihn stand. Auch ihn hatte ich bisher nicht verbrannt. Ich hatte darauf meine Sorge formuliert, dass ich mich irgendwann zwischen dem Schönerlei und dem Meerglück würde entscheiden müssen. Meine Eltern würden nicht für immer an meiner Seite sein und das Unternehmen mit mir gemeinsam führen, und ich konnte nicht alles allein stemmen. Der Gedanke hatte mir, bei aller Freude an der Arbeit und dem Glück, das ich empfand, seit ich zurück auf Sylt war, Angst gemacht und Schuldgefühle. Denn auch wenn die Pension das war, wofür mein Vater gelebt hatte und das seit Generationen Teil unserer Familie war, hatte ich da schon gespürt, dass sie nie mein Lebenstraum sein würde, sondern ich vielmehr an unserem Laden hing. Wenn es hart auf hart käme, würde mein Herz sich für das Schönerlei entscheiden, während mein Gewissen immer von mir verlangen würde, die Pension zu erhalten. Für meinen Vater, für die Tradition der Familie, denn das war ich ihm schuldig.

Ich war mir sicher, dass mein Vater die Notiz nicht gelesen und meine Gedanken nie erfahren hatte. Denn wir hatten die Sorgen des anderen nie angeschaut, sie nur irgendwann gemeinsam verbrannt. Es sei denn, die Sorge betraf den jeweils anderen. Dann hatten wir darüber gesprochen. Doch in diesem Fall hatte ich mich das nicht getraut, und so war sie geblieben, und der Zettel müsste noch immer in der Schublade liegen.

Ich legte meine Finger um den Griff. Fühlte das kalte Metall.

»Der Inhalt dieser Schublade ist nicht sachlicher Natur, mein Schatz. Das weißt du, genau wie ich«, hatte mein Vater immer gesagt. »Das, was hier drin ist, das kennen nur wir beide. Es sind unsere gemeinsamen Erinnerungen und Geheimnisse. Vor allem aber sind es Träume und Wünsche an die Zukunft, die darin lagern.«

Nach seinem Tod hatte ich sie ein einziges Mal aufgezogen, aber gleich wieder schließen müssen, weil ich es nicht ertrug, seine handschriftlichen Notizen zu lesen, auf Zetteln, die mir sofort ins Auge fielen, weil sie nicht wie meine mit kleinen Herzchen verziert waren. Es waren Zettel dazugekommen, das hatte ich gesehen, doch es gelang mir nicht, hineinzuschauen. Ich hatte Angst davor gehabt, zwischen seinen Zeilen viel von ihm zu lesen, was mir so sehr fehlte, und es auf irgendwann in der Zukunft verschoben, mich wieder mit dem Inhalt unserer Schublade auseinanderzusetzen.

Auch jetzt lag der Schlüssel in meinem Schlafzimmer, sodass niemand anders diese Schublade öffnen konnte, und ich war froh darüber, ihn nicht bei mir zu haben. Die Zuversicht, die ich eben noch beim Durchblättern des Gästebuches empfunden hatte, war nun wieder der Angst vor der Trauer gewichen.

Dieser Schritt hier war zu groß. Ich war noch nicht bereit dafür, und das war okay. Nichts und niemand drängte mich. Ich durfte mir die Zeit nehmen, die ich brauchte.

Zufrieden und im Reinen mit dieser Erkenntnis machte ich mich an die Arbeit. Es freute mich, dass sich unser neuer Gast offenbar wohlfühlte.

4

»Hab doch nicht übertrieben, dass der junge Mann ein attraktiver Typ ist, oder?«, begrüßte meine Mutter mich, als ich in unseren Laden trat. Ich blickte mich nervös um. Was, wenn uns ein Kunde hörte oder sogar Severin selbst?

»Niemand da, mein Schatz«, beruhigte meine Mutter mich und grinste.

»Dann ist ja gut. Und du hast schon recht, er ist wirklich superfreundlich«, fügte ich hinzu.

»Solche Gäste wünscht man sich«, erkannte meine Mutter, und ich stimmte ihr zu.

»Wie sieht es denn bei dir aus? Hast du gut zu tun heute? Oder traut sich bei dem Wetter keiner vor die Tür?«

»Doch, doch. Ich habe das Gefühl, die Leute sind froh, etwas zu finden, mit dem sie ihre Zeit nicht im Freien verbringen müssen. Da kaufen sie doch gerne mal das ein oder andere Teil mehr, während draußen die Welt untergeht. Gegen das trübe Wetter hilft so manches hyggelige Produkt doch sehr. Das hebt die Laune.«

»Zum Glück. Wenigstens der Laden läuft«, stellte ich fest. »Herr Westphal wird mindestens bis zu den Feiertagen bei uns wohnen. So ein unverhoffter Langzeitgast wird uns guttun. Das freut mich.«

»Oh, mich auch.« Das Grinsen meiner Mutter sagte alles.

»Andererseits sind wir jetzt um die Feiertage recht gut gebucht. Die Wochen und Monate nach dem Jahreswechsel bereiten mir mehr Bauchweh. Diese Zeit ist sowieso immer verdammt ruhig, aber dieses Jahr wurde noch verhaltener gebucht.« Ich seufzte, und meine Mutter strich mir beruhigend über den Rücken. »Aber im Moment kann ich daran sowieso nichts ändern, also was hältst du davon, wenn ich erst mal hierbleibe und ein paar Becher und Schüsseln bemale? Dann schmeiße ich später noch den Brennofen an. Zusammen mit den Stücken der letzten Tage lohnt es sich endlich«, schlug ich vor. »So langsam wird es Zeit für mehr neue weihnachtliche Motive. Oder was meinst du?«

»Da bin ich ganz bei dir. Wenn du magst, kümmere ich mich nachher ums Brennen deiner Arbeiten. Die Werkelküche ist frei. Du kannst dich voll austoben.«

Das ließ ich mir nicht zweimal sagen. Unsere »Werkelküche«, die ihren Namen von meinem Vater bekommen hatte, der unsere Kreativität immer mit einer Mischung aus Ehrfurcht und liebevollem Schmunzeln bedacht hatte, war der Ort, an dem ich mich am wohlsten fühlte. Hier war ich voll in meinem Element und vergaß Raum und Zeit, während ich an meinen Kunstwerken arbeitete.

Heute wollte ich ein paar Schalen für Kekse, Schmuck und Süßigkeiten weihnachtlich bemalen. Darauf freute ich mich seit dem Sommer schon, wo ich derlei Handarbeiten bei einer Ausstellung auf dem Festland bewundert hatte.

Die Rohlinge dafür hatte ich bereits in einem Regalfach in unserer Werkelküche zusammengestellt, das ich mir dafür reserviert hatte. Auch Döschen mit Deckel standen bereit. Diese hatte ich eigens für kleinere Süßigkeiten wie schokolierte Mandeln oder andere weihnachtliche Nussmischungen ausgesucht. Plastisch mit Herzen, handgeformten Bonbons oder Tannenbäumen verziert, die ich anmalen würde, würden die Döschen später bestimmt wunderschön aussehen. Als Geschenk oder als Dekoration für das eigene Zuhause. Ich stellte mir winterlich-weihnachtliche Farben zusammen, dazu ein wenig Glitzerstaub und verschiedene Schwämmchen und Pinsel.

Auch Schablonen lagen bereit, mit denen ich die Motive, die ich mir vorher ausgedacht hatte, ordentlich und sauber gezeichnet auf die kleinen Kunstwerke bringen konnte.

Ich versank in der Arbeit, zu der ich leise Musik hörte, die mich zusätzlich beflügelte. Die kreative Tätigkeit, in der ein Pinselstrich den nächsten leitete, wirkte wie ein beruhigendes Glückselixier auf mich. Ich geriet in eine Art Flow und vergaß die Welt um mich herum. Das war schon als Kind so gewesen, wenn ich manchmal nach der Schule stundenlang hier in der Werkelküche gesessen und vor mich hin gebastelt hatte, während meine Mutter im Laden arbeitete und mein Vater die Gäste in der Pension umsorgte.

Wenn ich heute hier saß, fühlte ich genau die gleiche wohlige Unbeschwertheit, die ich in diesen Momenten empfunden hatte. Ich war in unserem Zuhause auf Sylt, ging einer Arbeit nach, die mich mit großer Freude erfüllte, und beinahe erwartete ich, dass meine Oma durch die Tür treten und mir eine heiße Schokolade, eine Honigmilch oder ein paar Kekse bringen würde. Heute wie damals verlegte ich meine Malereien im Sommer oft an den Holztisch im Garten, mit Blick in Richtung der Dünen, wo uns jeden Tag ein Fasan und unzählige Kaninchen besuchen kamen, die hier ihre Bauten hatten. Noch heute schmeckte ich beim Gedanken daran die zitronige, kühle Limonade, die mir meine Oma dann immer gereicht hatte.

Ich seufzte und spürte wieder einmal die tiefe Dankbarkeit und das große, warme Glücksgefühl, die so unverfälscht und scheinbar unkaputtbar in mir verankert waren und die der Gedanke an meine Kindheit hier auf Sylt in mir auslösten.

Dass meine Familie mir das mit auf den Weg durch mein Leben gegeben hatte, war das größte Geschenk, das sie mir hätte machen können. Es hatte mich auch nach meiner enttäuschten Liebe wieder auf die Beine kommen lassen. Mit Menschen, die einen liebten, im Hintergrund konnte man jede noch so stürmische See bezwingen.

Nach einiger Zeit hatte ich alle Rohlinge verarbeitet und säuberte Pinsel, Schwämme und Farbtöpfe. Die fertigen Werke stellte ich in den Ofen, dessen Laufzeit meine Mutter überwachen würde, wenn ich wieder in die Pension ging, die Zimmer für die nächsten Anreisen vorbereitete und überprüfte, ob alle Gäste hatten, was sie brauchten.

Die Auszeit, in der ich mich ganz den Farben und meinen kreativen Ideen widmen konnte, hatte mir gutgetan. Mir ging es richtig gut, und ich fühlte mich wie aufgetankt.

Als ein Blick in den Laden mir zeigte, dass meine Mutter mit der Beratung einiger Kunden im Verkaufsraum zu tun hatte, übernahm ich kurz die Kasse, um keinen Stau aufkommen zu lassen.

Ich freute mich jedes Mal darüber, wie handgegossene Kerzen, selbst komponierte Raumdüfte und Accessoires wie Seifenschalen und Vasen oder einzelne Schmuckstücke in die Einkaufstüten wanderten. Die zufriedenen Gesichter der Kunden, in die ich blickte, waren der schönste Lohn für meine Arbeit. Auch ein Blick in die E-Mails ließ mein Herz hüpfen, denn auch über unseren Online-Shop hatten einige Leute Produkte aus unserem Geschäft bestellt, die ich via Social Media beworben hatte. Der Umsatz, den wir mit diesem Vertriebskanal machten, war nicht groß, aber es war eine gute Möglichkeit, um den fehlenden Konsum der nicht vorhandenen Gäste auszugleichen.

Auch wenn es mir ein bisschen schwerfiel, mich vom Laden und den Kunden zu trennen, ging ich hinüber in die Pension, sobald der Ansturm sich gelegt hatte.

Kaum betrat ich den Eingangsbereich, entdeckte ich Heide, die es sich wie versprochen mit einem Buch und einer Tasse Tee vor dem Kachelofen gemütlich gemacht hatte. Auf dem Schoß eines unserer handgenähten Buchkissen, das sie gestern im Schönerlei erworben hatte.

»Wie ich sehe, hast du es dir richtig gemütlich gemacht«, begrüßte ich sie, und sie nickte mit einem Lächeln.

»Und wie! Das Kissen war eine wunderbare Idee. Fehlt nur noch ein kleiner Keks zum Tee«, erklärte sie, und mir fiel ein, dass ich das Schälchen mit Keksen noch hatte auffüllen wollen.

Ich schlug mir vor die Stirn. »Gut, dass du es sagst, Heide. Ich habe ganz wunderbare Kekse, die Mama gebacken hat. Sie sollten längst auf dich warten. Entschuldige bitte. Ich habe im Laden mal wieder ein wenig die Zeit vertrödelt und die Kekse dabei ganz vergessen.«

»Nee, nee. Vertrödelt hast du da nichts. Ich habe gehört, dass du schon wieder fleißig gewerkelt hast. Deine Mutter kann so stolz sein, mit welchem Elan du dich einsetzt für euer Lädchen und für die Pension.«

»Ach, danke dir«, freute ich mich. »Bei so lieben Worten weiß ich auch sofort wieder, wofür wir das tun.« Neben meinem Tourismusmanagement-Studium hatte ich in einem großen Hotel im hauseigenen Hotelshop gejobbt. Dies war weniger familiär und eher auf Masse ausgelegt gewesen, was mir nie so richtig gut gefallen hatte. Das kannte ich von zu Hause einfach anders. Hier in unserem Meerglück und im Schönerlei ging es um die individuellen Wünsche und Bedürfnisse unserer Gäste und Kunden. Hier waren wir es, meine Mutter und ich, die der Arbeit ihre Handschrift gaben. Das Wissen, mich hier für das Unternehmen meiner Familie einzusetzen, fühlte sich so viel besser an, als in dem großen anonymen Haus Dinge zu verkaufen, denen das besondere Etwas fehlte, das Herz.

Auch wenn wir derzeit durch schwierige Zeiten gingen und mich die Frage, wie es auf lange Sicht weitergehen könnte, oftmals umtrieb und hin und wieder straucheln ließ. Ich hatte in dem Hotel nach Abschluss meines Studiums einen tollen Job als Eventmanagerin angeboten bekommen, der mir auch gefiel.

Aber damals war ich in der Stadt auch glücklich gewesen, dort hatte ich meine Freunde gehabt, mein Privatleben. Deshalb hatte es gar nicht zur Debatte gestanden, ob ich nach Sylt zurückkehren und in unser Unternehmen einsteigen würde.

Umso dankbarer war ich jedoch für diese Option, als die Trennung von Hagen mein Leben auf den Kopf gestellt hatte und vieles aus den Fugen geraten war.

Was mir als absoluter Vorteil an der Arbeit im Hotel in Erinnerung geblieben war, war das sichere, geregelte Einkommen einer Angestellten, das in völligem Gegensatz zu den Einnahmen in der Selbstständigkeit stand. Eine Sicherheit, die mir nun fehlte. Aber Heides Worte bestärkten mich darin, dass ich hier in unserem kleinen Familienunternehmen auf dem richtigen Wege war.

Heide lächelte.

Ich servierte die Kekse, und Heide genoss sofort einen. »Ein großes Lob an deine Mutter. Sie ist eine wahre Backkünstlerin«, erklärte sie, und ich nickte zustimmend.

»Da bin ich ganz deiner Meinung. Ich bin auch großer Fan ihres Gebäcks. Hattest du denn einen schönen Vormittag?«, erkundigte ich mich.

»Es war trotz des grausigen Wetters wunderbar. Nirgendwo sonst kann ich so tief durchatmen wie hier. Die salzige, frische Luft ist einmalig in ihrer Wirkung. Da können auch der Regen und der scharfe Wind nichts dran ändern. Mich verjagen die Naturgewalten hier nicht. Nicht, solange mich hinterher das kuschelige Meerglück erwartet«, schwärmte sie und rieb sich die Hände. »Es geht nichts über die wohlige Wärme eines Kachelofens.«

»Da hast du vollkommen recht«, antwortete ich. »Und je weiter es in Richtung Weihnachten geht, desto gemütlicher wird es.«

»In den letzten Jahren gab es doch hier und da auf der Insel winterliche Aktionen. Ihr hattet doch immer diesen schnuckeligen Wintermarkt organisiert. Macht ihr das am Schönerlei auch dieses Jahr wieder?«, erkundigte sich Heide.

»Natürlich. Das ist eine großartige Gelegenheit für zusätzlichen Umsatz und um unsere Produkte zu zeigen. Ich werde im Laden sein und habe mir schon einige Besonderheiten überlegt. Ich baue draußen vor dem Geschäft einen Verkaufsstand mit speziellen Überraschungen auf, und auch drinnen werde ich noch mal komplett umdekorieren, damit es richtig weihnachtlich wird. Ich hoffe, das schaffe ich alles neben der Arbeit in der Pension. Der Markt ist wichtig, aber ich will Mama deswegen keine unnötige Arbeit aufhalsen, die ihr zu schwerfällt. Zum Glück hat sich meine Freundin Thalea angekündigt. Sie will mir an dem Tag zur Hand gehen.«

»Ich bin mir sicher, es gibt etliche Leute, die dir gerne helfen. Allein mit deiner Freundin kannst du den Aufbau ja auch nicht stemmen«, erkannte Heide.

»Wenn ich früh genug damit anfange und ein paar Nachtschichten einlege, wird es schon gehen. In den letzten Jahren hat es auch immer irgendwie geklappt. Aber natürlich wären ein paar helfende Hände mehr auch nicht schlecht.«

Ich sah in Heides Blick, was sie dachte. Bisher hatte immer mein Vater mit angepackt. Er war bis kurz vor seinem Tod völlig fit gewesen.

»Es wird sich schon noch ein kräftiger Typ finden, der dir behilflich ist, den Stand aufzubauen«, sagte Heide.

»Ich brauche keinen Mann«, erklärte ich lachend. »In den letzten Jahren und Monaten haben wir so viel geschafft. Es wäre doch gelacht, wenn ich so einen läppischen Wintermarkt-Stand nicht aufgebaut bekomme«, sagte ich selbstsicher und winkte ab. »Herausforderungen sind dazu da, gemeistert zu werden. Sonst wäre ich längst nicht hier auf Sylt.« Ich seufzte und setzte mich nun doch für einen Moment neben Heide. »Wenn ich ehrlich bin, ist ein Mann so ziemlich das Allerletzte, was ich jetzt gebrauchen kann. Die Pension, der Laden und der Wintermarkt – das hat Priorität, wenn wir es halten wollen. Allem anderen kann ich momentan keinerlei Platz auf meiner Liste der Wichtigkeiten einräumen.« Das Knarzen einer Bodendiele ließ mich erschrocken herumfahren. Ich hatte gar nicht bemerkt, dass Severin Westphal zurückgekommen und in den Flur zum Kachelofenzimmer getreten war. Jetzt sprang auch Paul auf und lief seinem neuen Freund schwanzwedelnd entgegen.

Der zog sich gerade die Wollmütze vom Kopf, unter der seine strubbelige, haselnussbraune Haarpracht zum Vorschein kam, und stand nah genug, dass ich mir sicher war, er musste meine Worte gehört haben. Kurz erwiderte er meinen erschrockenen Blick, bevor er in die Knie ging, Pauls Rücken tätschelte und leise mit ihm sprach. Wie paralysiert sah ich nun auf seine hübschen Hände, die über Pauls Fell strichen. Was sollte ich jetzt sagen?

»Ich finde, *Sie* sehen so aus, als könnten Sie so manche Herausforderung meistern«, stellte Heide fest, womit sie mich aus meiner Erstarrung riss. Sie musterte Severin Westphal eingehend, und ich spürte, wie ich nervös wurde, weil ich ein klein wenig Sorge hatte, was Heide im Schilde führte.

Auch Severin Westphal wirkte für einen Moment irritiert, fing sich aber sofort wieder mit einem charmanten Lächeln.

»Es kommt auf die Herausforderung an.« Er wiegte den Kopf und fuhr sich durch die Haare. »Also, ich muss zugeben, das Wetter hier zum Beispiel ist eine Herausforderung, von der ich mir noch nicht sicher bin, ob ich ihr gewachsen bin«, stellte er fest, hob die Augenbrauen und fuhr sich durch das wuschelige Haar.

»Leider kann ich Ihnen da heute nur zustimmen«, erklärte Heide, und auch ich nickte.

»Aber habe ich da gerade Wintermarkt gehört? Ist der bereits gestartet und besteht die Chance, sich mit Punsch und Glühwein aufzuwärmen?«, erkundigte er sich und rieb sich die Hände. Als er meinen erschrockenen Blick sah, weil mir bewusst wurde, wie viel er dann von unserem Gespräch mitbekommen haben musste, fügte er schnell an: »Entschuldigen Sie, ich wollte nicht lauschen.«

»Alles gut.« Ich lachte. »Nein, leider hat der noch nicht begonnen. Wir stellen an diesem Tag unsere weihnachtlichen Produkte aus und untermalen das mit Advents- und Winter-Aktionen. Unser kleiner Wintermarkt am Meer. Er findet am übernächsten Wochenende statt. Wir werden unseren Laden durch einen Stand im Freien erweitern.«

»Toll, was Sie so alles machen. Das ist bestimmt eine großartige Gelegenheit.«

»Und das Ganze als reines Frauen-Team«, ergänzte Heide und nickte anerkennend.

»Es ist toll, wie Sie in der Familie zusammenarbeiten«, bemerkte Severin Westphal bewundernd.

»Wir tun alles, damit das Erbe meines Vaters fortgeführt

wird«, sagte ich aus vollem Herzen, ohne groß darüber nachgedacht zu haben.

»Er wäre stolz auf euch, Clara«, bestätigte Heide. »Daran, dass seine zwei Mädels das alles stemmen, hat er nie gezweifelt.«

»Er fehlt, aber wir machen in seinem Sinne das Beste draus.« Ich lächelte und schaute in Severin Westphals fragendes Gesicht. Es wirkte, als sei er zwar interessiert daran, was mit meinem Vater geschehen war, wollte dabei aber nicht aufdringlich oder indiskret wirken.

»Mein Vater war das Herz und die Seele des Meerglücks. Er ist in diesem Haus aufgewachsen, hat es von seinen Eltern übernommen und all seine Energie hier hineingesteckt. Es war ihm immer am wichtigsten, dass die Gäste sich wohlfühlen und die Zeit auf Sylt genießen können, ohne dabei das Glück seiner Familie aus den Augen zu verlieren. Leider ist er viel zu früh und plötzlich verstorben.«

»Das tut mir sehr leid.« Der Blick unseres Gastes war ernsthaft mitfühlend.

»Danke.« Ich wich seinem Blick aus, weil ich spürte, wie Wärme sich auf meinen Wangen ausbreitete.

»Dass er Ihnen fehlt, glaube ich sofort. Diese Lücke, die ein guter Vater hinterlässt, wenn er geht, kann wohl niemand füllen.« Er machte eine Pause, während der ich wieder zu ihm schaute. Sein Blick ging jetzt ins Leere, bis sich ein kleines Lächeln auf seine Lippen legte. »Wobei ich den Eindruck habe, dass Sie und Ihre Mutter das auch ohne Mann hervorragend meistern und er sicher stolz auf Sie beide wäre. Da muss ich Ihnen und meiner Nachbarin auf Zeit zustimmen.«

Schon wieder wurde ich rot. Wie peinlich! Was war denn heute los mit mir?

»Aber falls Sie trotzdem bei irgendwelchen Tätigkeiten Unterstützung benötigen, lassen Sie es mich bitte gerne wissen. Ich bin ja hier, habe kaum Termine und helfe ausgesprochen gern. Nicht nur, wenn es ums Anpacken geht. Ich bin auch nicht allzu schlecht im Serviettenfalten oder Fußböden schrubben«, rettete er mich mit seinem freundlichen Angebot über meine Schüchternheit hinweg.

»Das ist sehr freundlich. Herzlichen Dank!« Ich lächelte und war mir gleichzeitig sehr sicher, dass ich keinen unserer Gäste um Hilfe bitten wollte. Das kam mir unprofessionell und unverschämt vor.

»Als Alternative zum Wintermarkt biete ich Ihnen aber heute schon an, es sich auf eine Tasse Tee mit Keksen in unserer Leseecke gemütlich zu machen.« Ich stand auf und deutete auf den nun freien Sessel neben Heide. »Ich muss ohnehin wieder an die Arbeit, und wir haben dort eine kleine Teeküche zur Selbstbedienung eingerichtet, damit jeder sich seine Tee-Lieblingssorte aufbrühen kann. Die Kekse hat meine Mutter gerade frisch gebacken. Falls sie nicht reichen, dann fragen Sie einfach nach mehr.«

»Ich kann sie Ihnen nur empfehlen«, erklärte Heide mit einem Lächeln.

»Das lasse ich mir nicht zweimal sagen«, entschied unser Gast und schaute mich an. »Ihr Tipp, Keitum zu besuchen, war schon so wunderbar. Man merkt, dass Sie jede Menge Erfahrung damit haben, es sich trotz Kälte, Sturm und Winterwetter schön zu machen.«

»Es freut mich sehr, dass Ihnen unser malerisches Kapitänsdorf gefallen hat. Ich liebe es sehr. Zu jeder Jahreszeit hat es seine ganz eigene Magie. Ich rate Ihnen unbedingt, sich dort mal einen Sonnenaufgang anzusehen. Im Winter hat das den klaren Vorteil, dass man nicht mitten in der Nacht dafür aufstehen muss, sondern beinahe ausschlafen kann.« Ich lächelte.

»Man sollte nur lange Unterhosen anziehen«, ergänzte Heide mit erhobenem Zeigefinger und lachte dann aus vollem Herzen. Nach einer kurzen Pause, in der weder Severin Westphal noch ich so recht wussten, was wir darauf erwidern sollten, und uns stattdessen verschämt amüsierte Blicke zuwarfen, stimmten wir beide in Heides Lachen ein, und dieser Moment fühlte sich ungewohnt vertraut und locker an, als hätten wir uns nicht gerade erst kennengelernt.

»In diesem Sinne«, sagte Severin Westphal und salutierte, bevor er sich in unserer Teeecke eine Tasse Tee aufgoss. »Lassen Sie uns gemeinsam einen heben, liebe Frau Nachbarin.«

Als mir auffiel, dass sich ein fast albernes Dauergrinsen auf mein Gesicht geschlichen hatte, nachdem der erste Schreck über Severin Westphals Auftauchen überwunden war, verschwand ich für einige Minuten in meinem Büro. Dort konnte ich es deutlich besser verbergen. Paul hingegen hatte es sich direkt neben dem Sessel gemütlich gemacht, in dem Severin Westphal gerade Platz genommen hatte, und achtete gar nicht mehr auf mich. Lächelnd schüttelte ich über diese unverblümte Art eines Tieres, Zuneigung zu zeigen, den Kopf.

Aus dem Augenwinkel nahm ich eine Bewegung in der Kiefer vor dem Fenster wahr und entdeckte ein Eichhörnchen. Ich kannte den kleinen Gast bereits und hatte ihn Fridolin getauft, weil er mir fast jeden Tag einen kurzen Besuch abstattete, seit ich ein Futterhäuschen aufgestellt hatte. Ich freute mich darüber, wie das niedliche Tierchen mit dem glänzenden rotbraunen Fell und dem buschigen Schwanz Nüsse knabberte. Jetzt war ich froh, dass Paul im Lesezimmer geblieben war und Fridolin in Ruhe sein Frühstück genießen konnte, bevor er wieder in den hohen Kronen der Kiefern verschwand.

Auch mein Vater hatte Eichhörnchen geliebt, und jedes Mal,

wenn ich den rotbraunen Nager durch den Garten springen sah, kam es mir vor wie ein leiser Besuch meines Vaters. Als schicke er uns das Eichhörnchen zum Gruß oder dafür, dass es für ihn nach dem Rechten schaute.

Ich blätterte im Buch, in dem ich die nächsten Buchungen eingetragen hatte. Zu meiner Freude hatte Severin Westphal Glück gehabt, denn in den Wochen bis Weihnachten war die Pension ab dem nächsten Wochenende beinahe ausgebucht, und ich freute mich darauf, dass es sich dabei hauptsächlich um Stammgäste handelte, von denen ich wusste, dass sie sich hier wohlfühlten und keine großen Überraschungen zu erwarten waren. Auch untereinander kannten sich viele bereits, und es würde sicher eine schöne gemeinsame Zeit werden.

Ein Blick auf die Wochen nach dem Jahreswechsel ließ meinen Magen jedoch schmerzhaft zusammenkrampfen. Kein einziger Gast hatte sich für die dunkle, leise Zeit nach der ersten Januarwoche bei uns angekündigt. Das setzte schmerzhaft fort, was wir schon in den regnerischen Oktober- und Novemberwochen beobachtet hatten: leere Zimmer, kaum Gäste, und im Frühstücksraum herrschte an manchen Tagen eine solch gähnende Leere, dass der Anblick weh tat. Ich schluckte und klappte das Buch zu, um mich von den Grübelgedanken abzulenken.

»Ich muss kurz nach zwei Zimmern schauen. Wäre es in Ordnung, wenn ich Paul hierlasse? Wenn er Sie stört, sagen Sie gerne Bescheid«, fragte ich im Vorbeigehen ins Kachelofenzimmer, in dem Heide und Severin Westphal in ein angeregtes Gespräch vertieft waren.

»Keinesfalls stört er mich«, erklärte unser Gast. »Wir zwei haben uns schon ganz gut angefreundet, habe ich den Eindruck. Ich mag ihn sehr und behaupte, das beruht auf Gegenseitigkeit.«

Ich lachte leise. »Das sieht mir auch danach aus.«

»Also, falls ich nachher noch die nächste Gassirunde ums Haus übernehmen soll – gerne!«

Ein Blick durch das Sprossenfenster in den Vorgarten des Hauses zeigte, dass dieses Angebot wirklich großzügig war. Das Wetter hatte sich weiter verschlechtert, und wenn Paul gekonnt hätte, hätte er sich bei dem Vorschlag, hinauszugehen, wahrscheinlich mit der Pfote an die Stirn getippt. Trotzdem ging ja nichts dran vorbei. Auch ein Hund musste schließlich seine Geschäfte erledigen.

»Danke. Aber das kann ich Ihnen wohl kaum zumuten. Sie sollen doch Urlaub machen und nicht bei diesem Sauwetter meinen Hund spazieren führen.« Ich deutete nach draußen. »Die Chancen, dass Sie sich hier wohlfühlen, stehen heute hier vor dem Ofen bei Tee und Keksen wohl höher.«

»Da kennen Sie aber meine Definition von Erholung noch nicht. Ich meine das ernst.« Ein Blick traf mich, der so freundlich und strahlend war und mir eine Portion ungebändigter Adrenalindosen schickte, die durch meine Blutbahn rasten und mit denen ich kaum umzugehen wusste. Rasch wandte ich mich also einem Stapel gewaschener Handtücher zu, die ich schon bereitgelegt hatte, um sie auf den Zimmern zu verteilen.

»Dann nehme ich das Angebot gerne an. Danke«, sagte ich kurz, lächelte und lief zum ersten Zimmer. Beim Eintreten seufzte ich. Eigentlich hatte sich eine Firma um die Reinigung der vom Meersalz beschlagenen Fenster kümmern sollen, doch der hatte ich vorerst abgesagt. Ich hatte mit dem schlechten Wetter argumentiert, aber in Wirklichkeit war ich mir nicht mehr sicher, ob wir uns diesen Luxus wirklich noch leisten konnten oder ob ich die Aufgabe im neuen Jahr würde selbst übernehmen müssen.

Mit jeder Buchung, die fehlte, und jedem Monat, der verging und in dem wir am Minus kratzten, wurde mir schmerzlicher bewusst, dass ich Aufgaben wie diese – genau wie die Gartenpflege und das Wäschewaschen – bald auch noch in meinen Alltag integrieren musste. Schon seit ich die Zimmerreinigung komplett allein übernommen hatte, spürte ich die körperliche und zeitliche Herausforderung, und ich bedauerte, dass ich für diese Arbeiten die Zeit in der Werkelküche opfern musste. Auch wenn mir klar war, dass die Arbeit dort ebenfalls zu meinem Job gehörte, fühlte sie sich doch wie Freizeit an. Sie gab mir Ruhe und Kraft, wenn ich neue Energie tanken musste für den teilweise sehr anstrengenden Alltag. Deshalb nutzte ich dafür bisher jede sich ergebende freie Minute.

Wahrscheinlich würde ich auch über die Workshopangebote zur Schmuckherstellung nachdenken müssen. Zwar machten sie mir besonderen Spaß, nahmen jedoch auch einiges an Zeit in Anspruch. Aber so war es eben, wenn wir unser kleines Familienunternehmen in der Form aufrechterhalten wollten, in der es jetzt bestand. Ich musste meine Leidenschaft für kreative Tätigkeiten in den Hintergrund stellen, um das große Ganze zu erhalten. Nur dass meine kreativen Arbeiten einen Großteil unseres Sortiments im Schönerlei ausmachten, war mir ein Trost. Wir brauchten auch diesen Teil, nur lag darauf eben nicht der Fokus.

Ich hoffte, dass sich ein guter Weg finden würde, wie ich die Pension und meine Produkte für den Laden unter einen Hut bekommen konnte.

Doch egal, was passierte, ich war entschlossen, unser Erbe hier auf Sylt fortzuführen und nicht aufzugeben, denn eine Alternative zum Leben auf meiner Heimatinsel gab es für mich nicht mehr. Dessen war ich mir sehr sicher.

Ich trat auf die Terrasse des letzten Zimmers, in dem ich gerade die Bettwäsche gewechselt hatte. Der Blick über die Dünen war beruhigend weit und schön. Ich konnte mich auch nach all den Jahren nicht daran sattsehen. Gerade hatte der Himmel sich für wenige Minuten aufgehellt und der Regen aufgehört. Eine dunkelgraue Wolkenfront waberte jedoch schon wieder wie ein schwerer Theatervorhang aus dunklem Samt von Norden heran und schien die zarten Sonnenstrahlen, die sich aus dem Inselsüden emporkämpften, ersticken zu wollen.

Ich zog die Schultern hoch, nahm dabei einen tiefen Atemzug der klaren, kühlen Winterluft und ließ die Schultern mit einem Seufzer und geschlossenen Augen wieder sinken. Als ich die Augen wieder öffnete, entdeckte ich einen prachtvollen Regenbogen, der zwischen den olivgrün-beigen Dünen entsprang und sich weit über das Land zog, bis er sein Ende im Meer fand.

Die wenigen Sonnenstrahlen wärmten noch immer meine Haut und zauberten gemeinsam mit dem Regenbogen ein Lächeln auf meine Lippen, auf denen sich längst ein zarter Hauch Salz aus der Luft gelegt hatte.

Ich hörte, wie mit einem leisen Knacken die Nachbar-Terrassentür aufging, von der ich wusste, dass sie zu Heides Zimmer gehörte.

»Nicht erschrecken, Liebes«, klang es da bereits von der Seite, und Heides freundliches Gesicht lugte um die Kiefernhecke, die die Mini-Gärten vor den Terrassen voneinander trennte. »Die Stimmung hier ist wunderbar. Wir Genießer müssen derlei Momente aufsaugen. Ich hab geahnt, dass ich dich hier draußen treffe.« Leise kicherte sie.

»Schau mal, der Regenbogen«, wies ich sie auf das Naturschauspiel hin, und Heide legte ihre Hand wie einen Schirm über die Augen. »Ach, da! Severin hatte ihn schon vom Sessel aus entdeckt und riet mir, ihn unbedingt anzuschauen. Aber drinnen durchs Fenster konnte ich ihn nicht sehen, und ich dachte schon, ich bin zu spät. Wunderschön!« Heide legte schwärmerisch die Handflächen aneinander und blickte versonnen in die Ferne. »Was habe ich nur für ein Glück.«

»Ihr seid also schon beim Du?«, fragte ich, und Heide lachte. »Also wenn ich mich in meinem Alter nicht sofort drum kümmere, wird das möglicherweise nie was. Glaub mir, so vielen Leuten, die älter sind als ich und bei denen ich darauf warten kann, dass sie mir das Du anbieten, begegne ich nicht mehr. Da muss ich unmittelbar Nägel mit Köpfen machen. Also haben wir direkt mit unserem Tee Brüderschaft getrunken.« Heide lachte, und es klang so glockenhell und leicht, als sei sie ein junges Mädchen und das, was sie sagte, vollkommen abwegig.

»Du bist süß, Heide.«

»Severin – ein so schöner Name.«

Ich lächelte. »Das stimmt.«

Sie winkte ab. »Er ist ja auch ein schöner Mann. Passt also.«

Nun wurde aus meinem Lächeln ein breites Grinsen. »Dass er attraktiv ist, das habe ich wohl auch schon mitbekommen, ja«, stellte ich fest.

»Aber wie er mit deinem Hund umgeht, das hast du gerade verpasst. So liebevoll. Ein toller Mensch, sage ich nur. Er hat ein absolutes Händchen für Tiere. Auch für deinen Paul, der ja eigentlich nur eine Person auf diesem Planeten vergöttert.« Ihr vielsagender Blick traf mich, und beim Gedanken an Pauls treue Hundeseele verspürte ich eine große Wärme um mein Herz.

»Zum Glück. Er ist mein Ein und Alles. Auf meinen Hundemann lasse ich nichts kommen, und ihm wird nie ein Mann das Wasser reichen können, das glaub mir mal.«

»Aber nur weil man einen Hund an seiner Seite hat, muss das ja nicht heißen, dass da kein Platz für weitere gute Seelen ist. Paul lässt jedenfalls schon zu, dass jemand ihm ein wenig näherkommt.« Heide hob die Augenbrauen. »Dein Paul, der hat ein feines Gespür für gute Menschen.«

»Da bin ich mir auch sehr sicher, wobei ich mich da bei meinem Gast noch nicht zu äußern kann. Aber nett ist er, ja.«

»Nett«, prustete Heide mit dem Tonfall, mit dem man auch »Ich leide unter einem Magen-Darm-Virus« sagte. »Da muss ich ihm wohl noch mal den Hinweis geben, dass sein smartes Auftreten bisher nur mich komplett begeistert hat.« Sie rollte die Augen und zuckte die Schultern. »Nun, vielleicht freut er sich darüber ja auch.«

»Ach, Heide«, sagte ich nur, wissend, dass alles andere ohnehin nur weiteren gutmütigen Spott ihrerseits hervorgerufen hätte.

»Ist es dir nicht zu frisch hier draußen?«, fragte ich die alte Dame, die in dem Moment eine Decke im Strandkorb ausbreitete, der hier aufgestellt war.

»Na ja, schon ein bisschen. Aber allein für unser Gespräch unter dem Regenbogen und einige frische Atemzüge der winterklaren Seeluft lohnt es sich schon. Ich sage dir, das tut mir gut.«

»Darf ich dir denn noch einen Tee bringen, damit du wenigstens von innen gewärmt wirst?« Heide wiegte den Kopf und faltete die Hände in ihrem Schoß.

»Ach, wenn du das machen würdest, wäre das grandios«, freute sie sich.

»Aber sehr gerne. Bleib du mal sitzen. Ich komme gleich wieder zu dir, und dann schnacken wir noch eine Runde.«

Severin Westphal saß noch immer am Ofen, als ich das Zimmer betrat, um zur Teeküche zu gelangen, Paul zusammengerollt zu seinen Füßen.

»Na, da hat es sich mein Hundemann aber ganz schön aufdringlich bei Ihnen gemütlich gemacht«, erkannte ich. Severin

Westphal, dessen Blick unter einer angestrengt in Falten gelegten Stirn dem Handydisplay galt, zuckte zusammen.

»Wie bitte?«, fragte er fahrig, und es wirkte, als hätte ich ihn gestört.

»Entschuldigen Sie, ich hatte nicht gesehen, dass Sie gerade etwas lesen.«

»Schon gut. Das kann warten.«

Ich deutete auf Paul. »Bitte sagen Sie mir, wenn ich ihn Ihnen wieder abnehmen soll.«

»Noch immer nicht. Ich hatte vergessen, wie angenehm beruhigend es sich anfühlt, Hundeschlaf zu beobachten«, gab er zu. »Wenn man neben einem so tief schlummernden Hund sitzt, hat das etwas unheimlich Beruhigendes. So, als mache die trubelige Welt da draußen einfach mal Pause, und das ist auch völlig in Ordnung so. Finden Sie auch?«

Ich lächelte und nickte unsicher. »Das haben Sie schön gesagt«, erwiderte ich und trat an den Samowar. »Hatten Sie auch Hunde?«

»Früher immer, ja. Jetzt länger nicht. Mein Job, mein Leben lassen es im Moment nicht zu. Aber die Liebe zu den besten Freunden des Menschen, die bleibt.« Sanft lächelte er und schaute zu Paul. »Sie tun einfach gut. Ihr weiches Fell, ihr lieber Blick, ihre Gesellschaft, die zusätzliche Bewegung, aber auch die Ruhe, die sie ausstrahlen. Da kommt man mal ganz entspannt dazu, die Umgebung auf sich wirken zu lassen, den Blick aus dem Fenster zu richten und bewusst einmal nichts zu tun. Ich genieße das sehr. Vorhin hat sich das besonders gelohnt. Haben Sie den Regenbogen auch gesehen?« Er deutete aus dem Fenster, und ich nickte.

»Ja, wunderschön. Ich war gerade kurz draußen und habe Heide getroffen, die ihn sich auf Ihren Hinweis von ihrer Terrasse aus ansehen wollte. Sie war ganz erfüllt. Damit haben Sie ihr eine große Freude gemacht.«

»Das freut mich. Ja, ich konnte hier ja nicht weg, habe ihn aber durchs Fenster bestaunt.« Sein Blick ging gespielt vorwurfsvoll zu Paul, dessen Kopf auf der Fußspitze von Severin Westphal ruhte, und ich lächelte. Er wusste also auch von der unter Hundebesitzern allseits bekannten Regel, dass man sich niemals bewegen durfte, wenn der Hund auf einem schlief. »Außerdem das kleine Eichhörnchen, das hier offenbar lebt«, fügte er hinzu. »Es hat sich jedenfalls über das prachtvolle Buffet da draußen gefreut, das dem Pensionsfrühstück ernsthafte Konkurrenz macht. Sehr niedlich.«

»Ja. Das ist Fridolin. Einer unserer Dauergäste«, sagte ich. »Auf ihn ist Verlass, auch in ruhigeren Zeiten. Solch gute Kunden muss man mit gutem Service bei Laune halten.«

Severin schmunzelte.

Der Tee hatte inzwischen fertig gezogen, und ich entfernte den Beutel. »Ich habe Heide einen Tee versprochen. Den sollte ich ihr jetzt zügig bringen, nicht, dass sie mir noch am Strandkorb festfriert bei diesen Temperaturen. Da hilft auch die kuschelige Decke nur bedingt.«

»Sie kümmern sich nicht nur um Ihre tierischen Gäste hervorragend. Sie schaffen hier einen Ort zum Wohlfühlen.« Ein langer Blick traf mich, woraufhin ich nur schüchtern abwinkte, und Severin Westphal nickte. Er konnte ja nicht ahnen, mit wie viel quälenden Existenzsorgen uns der Betrieb der Pension derzeit auf Trab hielt. Und das war ja auch gut so. Es ging unsere Gäste nichts an.

Ich stellte die Tasse Tee auf ein Tablett, richtete dazu noch ein kleines Schälchen mit den Keksen und Kandisstückchen an und brachte Heide das wärmende Getränk.

Als ich wieder zurückkam, war unser Gast gerade im Begriff, auf sein Zimmer zu gehen.

»Ich wünsche Ihnen einen schönen Abend«, sagte ich, und ein dankbares Lächeln traf mich.

»Den wünsche ich Ihnen auch. Ich hoffe, Sie können auch bald die Beine hochlegen und kommen ein wenig zur Ruhe.«

»Ganz bestimmt. Diese Woche ist es noch sehr ruhig, bevor die ersten adventlichen Stammgäste anreisen, daher stehen dafür die Chancen ganz gut.« Ich zuckte die Schultern. »Für die Pension wäre es anders besser, aber mir persönlich verschafft es eine kleine Verschnaufpause«, erklärte ich, und er deutete zustimmend auf mich.

»Sie sagen es. Ich habe gerade so wenig zu tun, weil ich mich für einige Zeit komplett ausgeklinkt habe. Deshalb bin ich jetzt hier auf Sylt. Manch einer könnte diese Zeit als beunruhigend werten. Ich betrachte sie als großes Glück. Das war bisher immer die Zeit im Jahr, wo ich am meisten zu tun hatte. Nie wäre ich auf die Idee gekommen, wegzufahren. Aber diese besondere Atmosphäre erlebt man sonst selten. Und wie ich gesehen habe, meint es das Wetter in den kommenden Tagen auch richtig gut mit uns. Es wird klirrend kalt, aber sonnig. Das könnte herrlich werden.«

»Das wird es ganz sicher«, stimmte ich ihm zu. »Gemütlich, wenn man im Haus ist, außergewöhnlich, wenn man sich zu einem Spaziergang aufmacht. Das macht den Winter hier aus.«

»Noch eine Sache: Haben Sie einen Tipp, wo ich spontan zu Abend essen kann?«

Ich nannte unserem Gast mein Lieblingslokal in Westerland. »Ein absoluter Insider-Tipp und dennoch jeden Tag nahezu ausgebucht. Es schmeckt fantastisch dort. Leckere, solide Küche mit supernettem Service.«

»Wo ist der Haken?«, freute er sich und hob die Handflächen.

»Dass Sie kaum einen Platz ergattern können, leider. Aber für Sie ist das kein Haken, denn da habe ich eine Idee.« Ein Freund von mir arbeitete dort und hielt zu jeder Zeit ein Plätzchen für Freunde und besondere Empfehlungen frei, weshalb ich diese ruhig aussprechen konnte. »Wenn Sie mögen, rufe ich einen Freund an, und er hält Ihnen einen Platz frei, wenn er weiß, dass Sie von mir geschickt wurden.« Ich grinste, als ich seinen erstaunten Blick sah.

»Sie sind wohl ein echter Glückstreffer, Frau Hertz. Gerne! Vielen Dank!«

Unsicher lächelte ich und wählte die Nummer.

Wie erwartet freute sich mein Freund Phil über meinen Anruf und sagte mir einen Tisch zu, woraufhin ich Severin Westphal die Adresse nannte.

»Lassen Sie es sich gut schmecken. Ich bin gespannt, was Sie berichten.« Kurz hatte ich den Eindruck, dass er noch etwas sagen wollte. Er entschied sich dann aber doch anders.

»Das werde ich«, sagte er nur, hob die Hand zum Gruß und ging die Treppe hinauf zu seinem Zimmer.

Paul tapste Severin Westphal zunächst noch ein paar Schritte hinterher, ignorierte mein Rufen, während ich hinter dem Rücken unseres Gastes lautlose Gesten machte, dass der Hund doch bitte bei mir bleiben möge. Severin ertappte mich dabei und lachte.

»Sorry«, erwiderte ich ebenfalls lachend. Dann blieb Paul tatsächlich an der Treppe stehen und drehte um, um sich in meine Nähe zu legen.

5

Ich saß mit meiner Mutter bei Kerzenschein und frischem Brot in unserer Wohnküche. Sie hatte verschiedene Krebsfleisch- und Fischsalate besorgt, die wunderbar mit dem feinen Schwarzbrot und der verführerisch duftenden Stange Graubrot harmonierten.

Genüsslich kostete ich alle Sorten. »Mama, es schmeckt fantastisch. Während hier auf Sylt so mancher die Glückseligkeit in 5-Gänge-Sterne-Menüs findet, werden für mich immer der Duft von frischem Brot und deine Auswahl an Salaten der absolute Maßstab für leckeres Essen sein.«

Meine Mutter lächelte milde. »Das ist lieb, dass du das sagst«, erwiderte sie.

»Das sage ich nicht nur. So ist es.« Meine Gedanken gingen zu Severin Westphal, der nun in einem meiner Lieblingslokale hoffentlich ein leckeres Essen genoss. Es würde auch kein Sterne-Menü sein, aber schmecken würde es, da war ich mir sicher.

»Diese Art Luxus, die brauche ich nicht. Aber es gibt doch einiges an kleinem Alltagsluxus hier, was mir mit der Zeit wichtig geworden ist und was ich nicht mehr wegdenken mag.«

Dem fragend besorgten Blick meiner Mutter folgend, berichtete ich ihr davon, welche Gedanken ich mir um die Teams der Fenster-, Wäsche- und Gartenpflege machte, die uns im Alltag unterstützten. Solange wir mit den Erträgen unsere Kosten deckten, würden wir uns diese Teams weiter leisten können. Aber es wurde bereits knapp, und ich ahnte, dass schon bald Handlungsbedarf bestand, wenn wir nicht scheitern wollten.

»Wir schaffen das alles gemeinsam, mein Schatz. Vielleicht wendet sich das Blatt ja bald und es ist in der Pension wieder mehr los. Es schwankt, das haben dein Vater und ich in all den Jahren immer wieder festgestellt. Das Leben als Selbstständiger ist ein wenig wie der Ritt eines Surfers auf einer Welle. Mal rollt das Meer auf dich zu und du weißt trotz aller Euphorie vor lauter Wucht und Masse kaum damit umzugehen, und dann ist es wieder stiller und sanft und das Surfen ist kaum mehr möglich. Aber es braucht auch diese Zeit, damit du Kraft tanken und durchatmen kannst. Das soll und muss wohl so sein. Auch wenn ruhige Phasen von Sorgen begleitet sind. Auch das ist wohl menschlich und vielleicht auch ein dauerhafter Antrieb, den man braucht.«

Ich nickte. Die Worte meiner Mutter klangen so weise und erfahren. Aber wirklich beruhigen konnte sie mich damit nicht. Was sie nicht aussprach, war, dass es eine solch anhaltende, schwierige Phase, wie wir sie im Moment erlebten, bisher noch nie gegeben hatte. Trotzdem wussten wir es beide. Die Stille, die die Worte meiner Mutter nachhallen ließ, löste eine Unruhe in mir aus. Ich spürte, wie beklemmend die Angst in mir hochkroch, erneut alles zu verlieren. Und dieses Mal war es nicht nur mein eigenes Geld, das auf dem Spiel stand, sondern das Lebenswerk meiner Eltern, mein Zuhause, mein Halt, mein Anker.

Um all mein Geld betrogen worden zu sein, war nicht das Schlimmste, was mir passiert war. Hagen hatte mein Geld investiert, ohne mir etwas davon zu sagen, und er hatte sich verspekuliert. Es war nicht richtig gewesen, aber er hatte an den Erfolg des Unterfangens geglaubt, und solche Dinge passierten. Möglicherweise hätte ich ihm diesen Vertrauensbruch verzeihen können, doch er hatte mir gar keine Chance dazu gegeben. Hatte von Gefühlen gesprochen, die verschwunden waren, davon, dass unsere Gemeinsamkeiten für ihn nicht mehr ausreichten, um wirklich ein Leben zusammen zu führen.

In diesem Moment war mir klar geworden, dass es ihm nie um uns gegangen war. Er hatte nicht mich gesehen, nicht uns als Paar, sondern nur das Geld, das ich zur Verfügung hatte und das er für seinen eigenen Erfolg nutzen konnte, wenn ich ihm nur genug vertraute. Er hatte mich ruiniert und dann am Abgrund stehen gelassen. Ohne meine Eltern, ohne Sylt, das Meerglück und das Schönerlei hätte ich nicht gewusst, wie es weitergehen soll.

Und genau deshalb konnte ich nicht verhindern, dass Angst in mir aufwallte, sobald ich ahnte, dass etwas beruflich und existenzsichernd nicht so lief, wie es sollte. Dass mein Heimathafen in Gefahr sein könnte. Dieser innere Alarm würde wahrscheinlich für immer mein ständiger Begleiter bleiben.

Meine Mutter wusste das und legte zärtlich ihre weiche, warme Hand auf meine. »Du machst das hier alles so großartig, mein Schatz. Egal, was kommt, ich bin sehr stolz auf dich. Und Papa ist es auch. Er schaut uns zu, von dem Platz in unserer Mitte, den wir immer für ihn freihalten, und möchte nur, dass wir glücklich sind. Wie auch immer das irgendwann aussieht, selbst wenn es bedeutet, dass wir neue Wege gehen müssen.«

Ihr letzter Satz stammte von ihr selbst, und ich bezweifelte, dass mein Vater ihn ähnlich gesagt hatte. Sie wollte mir jeden Druck nehmen, hier etwas aufrechterhalten zu müssen, was längst zum Scheitern verurteilt war. Aber das wollte ich nicht hören. Ich legte meine andere Hand auf die meiner Mutter und drückte sie sanft. »Mach dir keine Sorgen, Mama.«

»Du dir aber auch nicht, Liebes.«

Stunden später lag ich noch immer hellwach im Bett. Mir war, als hätte ich noch etwas erledigen wollen, doch ich wusste nicht, was. Der Sturm wütete heute Nacht noch einmal heftig, bevor für morgen besseres Wetter angekündigt war. Er rüttelte an den Fensterläden und pfiff durch die Abdeckungen der Strandkörbe.

Umso geborgener fühlte ich mich hier in unserem Friesenhaus, unter der flauschigen Bettdecke, die mich fluffig und dick einhüllte, als wolle sie dieses Gefühl festhalten, das mich an meine Kindheit erinnerte. Noch während ich darüber nachdachte, welches Glück ich hatte, dass ich hier gemütlich liegen und mich sicher fühlen konnte, beruhigte sich der Sturm langsam. In die Stille hinein reckte Paul plötzlich seinen Kopf in die Höhe. Er schien draußen etwas gehört zu haben.

»Na, mein Wachhund. Ist alles in Ordnung?«

Pauls Blick hing am Fenster. Ganz leise murmelnd unterdrückte er ein Bellen. Jetzt hörte ich auch, wie eine Terrassentür geschlossen wurde. Wenig später erklang eine zweite. Ich meinte, Heides Stimme zu erkennen.

»Kannst du auch nicht schlafen?«, sagte sie, und ich stutzte. Ich überlegte, mit wem Heide wohl sprach, konnte mir nicht vorstellen, dass sie mitten in der Nacht telefonierte.

»Es ist zwar ordentlich frisch, aber es lohnt sich, sich noch mal eine Jacke überzuwerfen.« Das war Severin Westphals Stimme.

»Und heute besonders«, klang es von Heide, und in diesem Moment fiel es mir wieder ein. Ich hatte meiner Mutter noch davon berichtet, dass es in dieser Nacht die Chance auf Polarlichter geben sollte. Sie hatte gesagt, dass sie dringend schlafen müsste, aber wo ich jetzt sowieso wach war, konnte ich auch einen Blick in den Nachthimmel riskieren.

Doch ich zögerte beim Gedanken daran, dass ich im Schlafdress und mit wilder Frisur unserem attraktiven Gast gegenübertreten sollte. Möglicherweise hielt er mich noch für ein Nachtgespenst oder eine gruselige Gestalt aus einer alten Sylter Sage. Sollte ich einfach vorne vor die Haustür treten, um den Gästen nicht zu begegnen?

Dann tapste Paul mich jedoch mit seiner Pfote an, als wolle er sagen, dass *er* doch der beste Grund sei, noch einmal vor die Tür zu gehen.

»Musst du noch mal raus, mein Süßer? Etwa?« Ich grinste und tätschelte den Rücken des kleinen Hundes, der sich schwanzwedelnd an mich schmiegte.

»Dann werde ich mir wohl mal einen Mantel überziehen, und wir gehen noch mal raus«, erklärte ich. Ich stieg aus dem warmen Bett, schlüpfte wieder in meine Jeans und dazu in den Mantel und trat noch einmal vor den Spiegel, um nicht komplett wie eine Vogelscheuche auszusehen.

Ich entschied mich, trotzdem zur vorderen Tür hinauszugehen und eine kurze Strecke ums Haus zu gehen und Paul so seinen kleinen Spaziergang zu verschaffen. Ich wollte mich unseren Gästen nicht aufdrängen, hoffte aber doch darauf, dass Heide mich einladen würde, mich zu ihnen zu gesellen, wenn ich an ihrer Terrasse vorbeischlenderte. Paul verhielt sich allerdings weniger unaufdringlich und preschte gleich voraus und rannte hinter das Haus, um Heide mit aufgeregtem Winseln zu begrüßen.

»Na, das ist aber ein schöner Besuch«, freute sich Heide und beugte sich zu meinem Hund hinunter.

»Paul musste noch mal raus, und offenbar hat er direkt gewittert, dass hier noch was los ist.« Mein Blick ging nach oben in Richtung von Severin Westphals Stimme, die mich mit einem »Moin« begrüßte. »Es lohnt sich offenbar, heute noch einmal eine Extra-Runde mit dem Hund zu drehen«, erkannte er und deutete in den Himmel.

»Noch sind sie nicht sichtbar«, sagte Heide. »Aber ich bin guter Hoffnung, dass wir Polarlichter präsentiert bekommen.«

»Das wäre wundervoll«, stellte ich fest und schaute in den tiefdunklen Himmel, an dem viele Sterne deutlich leuchteten. »Zum Glück hat Paul angeschlagen und mich nach draußen getrieben. Ich hatte es schlichtweg vergessen. Und gut, dass der Sturm die Wolken davongepustet hat.«

»Ich habe gelesen, dass man nicht jedes Polarlicht mit bloßem Auge erkennen kann. Manchmal wirken sie wie eine Wolke, und erst wenn das Licht sich in der Linse der Kamera bricht, erkennt man die verschiedenen Farben. Auch wenn das ein wenig unpoetisch klingt. Es soll klappen.« Ich blickte zu meinem Gast oben auf dem Balkon, der offenbar schon richtig gut informiert war, was das seltene Spektakel anging. Engagiert hielt er sein Handy in den Himmel und fotografierte. Nach einigen Versuchen ohne Kommentar hörte ich irgendwann Begeisterung in der Stimme von Severin Westphal.

»Da! Ich meine, ich hab was«, freute er sich und deutete in eine Richtung.

Ich zog mein Handy ebenso hervor und richtete es ungefähr in die Richtung, in die er gezeigt hatte. Heide schaute mir dabei interessiert über die Schulter, und tatsächlich wurde aus dem Foto, das ich vom leicht gräulichen Nachthimmel mit Sternen darin machte, ein farbiges Kunstwerk aus Lila- und Rosatönen. Eine Gänsehaut kroch über meinen Körper. »Wow! Das ist ... Das ist wunderschön«, staunte ich. Heide hatte es ganz die Sprache verschlagen.

»Schauen Sie! Da!« Mein Blick ging zu Severin Westphal, der das rief, und folgte dann seinem Fingerzeig, der nun in eine andere Richtung ging. »Ganz ohne Filter!«

Nun fehlten mir die Worte. Am Himmel leuchtete es, sogar

mit bloßem Auge sichtbar, hellgrün-pink. So eine wunderschöne Farbkombination hatte ich noch nie gesehen, und ich versuchte, das Gefühl dieses besonderen Moments festzuhalten, in der Hoffnung, mich für immer daran zu erinnern. Einige Sekunden standen wir einfach nur so da. Ich hatte den Arm um Heide gelegt und drückte die alte Dame sanft an mich.

»Dass ich auf meine alten Tage noch so ein Wunder erleben darf, ist unglaublich«, flüsterte sie fassungslos. Sie war sichtlich gerührt, wie ich auch am zarten Schimmer in ihren Augen erkannte, als ich sie von der Seite anschaute. Die Lichter der Laternen an der Fassade spiegelten sich in ihren Freudentränen, die in ihren Augenwinkeln zitterten. Das rührte mich umso mehr, und ich wünschte, dieser magische Moment würde nie enden.

Plötzlich hörte ich das Geräusch eines Sektkorkens.

»Nanu?«, sagte Heide und blickte nach oben.

»Wer möchte mit mir anstoßen auf dieses besondere Erlebnis? Womöglich wird dieser Moment einmalig in unserem Leben sein.«

Ich nickte. »Ja, das mag sein«, sagte ich etwas lauter in seine Richtung.

»Ich würde wohl ein Gläschen nehmen«, sagte Heide und kicherte.

»Ich, also, nein ...«, stammelte ich, und Heide knuffte mir leicht in die Seite.

»Warum nicht? Was wartet auf dich? Dein Bett, oder?«

»Ja. Zum Beispiel.«

»Wie jeden Abend.«

Verwirrt nickte ich. »Ja, wie jeden Abend. Zum Glück.« Ich lächelte schief und dachte an das wohlige Gefühl, das ich eben unter der flauschigen Decke empfunden hatte. Wie jeden Abend.

»Und wie oft werden wir zwei noch die Gelegenheit dazu haben, mit einem kühlen Getränk unter dem Sylter Nachthimmel samt Polarlichtern anzustoßen?«

»Na hoffentlich noch ganz oft, Heide«, stieß ich überschwänglich aus, während ich wusste, dass dieses Erlebnis in der Tat Seltenheitswert hatte. Im Halbdunkeln konnte ich Heides skeptisch schief gelegten Kopf erkennen.

»Haben die Damen entschieden?«, klang es da freundlich fragend von Severin Westphal.

»Wir stoßen sehr gerne mit dir an«, antwortete Heide für uns beide, und insgeheim freute ich mich.

»Ich schlage vor, ich komme runter, wenn ich mich damit nicht aufdränge. Oder darf ich in mein Zimmer einladen? Das kommt mir nur beinahe noch aufdringlicher vor, wenn ich ehrlich bin.«

»Komm du mal runter«, forderte Heide ihn auf, und ich wusste nicht, was ich davon halten sollte, freute mich aber auf eine mir nicht bekannte Weise. »So muss ich alte Schachtel nicht die Treppen hinauf. Aber ich hole mal noch zwei weitere Decken. Im Schrank habe ich welche gesehen«, erklärte Heide und verschwand im Wohnzimmer, noch ehe ich ihr meine Hilfe anbieten konnte. Ich stand mit Paul im Garten und schaute weiterhin in den sternenklaren und noch immer farbig schimmernden Nachthimmel. Beinahe zuckte ich vor Schreck zusammen, als Severin Westphal mit einem Mal um die Hausecke trat.

»Als hätte ich es geahnt, habe ich vorhin den guten Champagner kaltgestellt«, erklärte er und hob die Flasche in seiner Hand. In der anderen klirrten drei Gläser – zwei Wassergläser und ein Zahnputzbecher, erkannte ich. Ich musste schmunzeln und fühlte mich in meine eigene Jugend zurückversetzt, in der es ganz egal gewesen war, aus welchem Gefäß man den Alkohol trank, Hauptsache, es führte zu einer guten Party.

Heide kam wieder auf die Terrasse, Decken über dem Arm und eine Packung Cracker in der Hand. Dankbar legte ich mir die kuschelige Decke um die Schultern, die sie mir reichte, ehe sie sich selbst in den gemütlich gepolsterten Outdoorschaukelstuhl sinken ließ und uns beide aufforderte, im Strandkorb Platz zu nehmen. Ich zündete noch das Schwedenfeuer an, das hier auf der Terrasse stand und in dieser eisigen Dezembernacht eine heimelig knisternde Wärme zauberte, und setzte mich neben Severin.

»Na, da nimmt dieser Abend ja noch einmal eine ganz unerwartete Wendung«, stellte ich fest und lächelte unsicher.

»Das geht uns, glaube ich, allen so, oder?« Mit einem charmanten Lächeln schaute Severin Westphal uns an.

Heide nickte. »Oh, ja! Genau das richtige Maß an Geselligkeit. So mag ich das.« Sie strahlte und hob ihr Glas. »Wollen wir nicht alle Du sagen?«, schlug sie vor, und ich fand, dass es passte. Unwillkürlich wechselte ich einen Blick mit Severin, und auch er nickte.

»Ein so besonderes Erlebnis sollte man unbedingt mit Freunden teilen, und Freunde siezt man nicht, oder? Da gehört schon ein bisschen Vertrautheit dazu.« Er lächelte mich an, und ich nickte stumm, weil ich mir sicher war, dass jedes Wort verraten hätte, wie gut es mir gefiel, *wie* vertraut er mir in dem Moment vorkam. Dabei kannten wir uns kaum.

»Severin«, nannte er mir seinen Namen, hob seinen Zahnputzbecher und stieß ihn gegen mein Glas.

6

Ein langer Blick in den Himmel, der sich wunderbar dafür eignete, Severins hellblauen Augen auszuweichen, zeigte, dass das Polarlicht-Spektakel offenbar ein Ende genommen hatte. Der Himmel schien sich wieder zugezogen zu haben, denn auch die Sterne waren weniger geworden. Kurz befürchtete ich, dass unser kleines Sit-in ebenfalls enden könnte, und erwischte mich dabei, wie wenig mir der Gedanke gefiel. Diese Erkenntnis ließ mich im Schutze des Dämmerlichts leicht erröten.

»Schade, dass die Polarlichter schon kaum noch zu sehen sind«, erklärte ich mit bedauerndem Blick nach oben. Auch Heide schaute in den dunklen Nachthimmel.

»Schade wäre es, wenn wir jetzt erst vor die Tür getreten wären. Dann hätten wir nichts von dem eindrucksvollen Schauspiel mitbekommen und würden nun nicht in so gemütlicher Runde hier sitzen. *Das* wäre wirklich bedauerlich.«

»Du hast so recht. Es ist alles eine Frage der Sichtweise. Das Erlebnis von eben kann uns niemand mehr nehmen«, stimmte Severin Heide zu. Und so war es wirklich, erkannte ich. Wie gut es doch war, Menschen um sich zu haben, die einem halfen, hin und wieder die Perspektive zu wechseln und den Blick auf die Dinge und das Leben wieder geradezurücken. Ich war dankbar für die Gesellschaft der beiden. »Außerdem bedeutet die fehlende Naturbeleuchtung ja nicht, dass wir unseren Abend an dieser Stelle beenden müssen. Es sei denn, ihr seid müde und wollt ins Bett.«

Heide winkte ab, und ich schüttelte den Kopf. Pauls lautes Schnarchen, der es sich mittlerweile auf Severins Schoß gemütlich gemacht hatte, war Antwort genug.

»Danke übrigens für den super Tipp mit dem Restaurant. Es war ein rundherum perfekter Abend.« Severin sprach mit leiser Stimme.

»Das freut mich sehr«, erwiderte ich sofort überschwänglich. »Das Schöne an diesem Lokal ist, dass dort nicht nur Touristen einkehren, sondern Wert auf Authentizität gelegt wird, wodurch das Publikum zu einem Großteil auch aus Einheimischen besteht. Ich finde, das wirkt sich immer positiv auf die Atmosphäre aus. Schön, dass es so gut gepasst hat.« Ich merkte selbst, dass ich deutlich lauter gesprochen hatte als mein Strandkorbnachbar, doch ich wollte Heide nicht aus dem Gespräch ausschließen.

»Sind die anderen Zimmer derzeit gar nicht bewohnt?«, erkundigte sich Severin und deutete auf die dunklen Fenster rund um uns herum. »Nicht, dass wir jemanden stören, wenn wir hier quatschen.«

»Ach so, nein, alles gut. Die anderen Gäste reisen am Wochenende erst an. Und meine Mutter schläft zur anderen Seite hinaus.«

»Das wäre meine nächste Frage gewesen. Möchte sie nicht zu uns kommen? Es wäre doch schade, wenn wir sie ausschließen würden«, erklärte Severin liebevoll.

»Das ist lieb, aber sie wird tief und fest schlafen. Sie hat tagsüber schon gesagt, dass das mit den Lichtern und ihr nichts wird. Ihr ist der Schlaf einfach zu wichtig, und wenn sie zu lange wach bleibt, kommt sie irgendwann gar nicht mehr zur Ruhe. Und dafür ist ihr Tag im Laden einfach zu anstrengend.«

»Verstehe. Dann sei ihr der Schlaf gegönnt.«

»Was machst du eigentlich beruflich?«, fragte ich ihn, und er wiegte den Kopf. Er schien zu überlegen, was die richtige Antwort darauf sein könnte, und das machte mich ein wenig stutzig.

»Ich versuche gerade herauszufinden, wohin die Reise für mich gehen wird. Ich war bis jetzt in der Marketingleitung für ein großes Unternehmen tätig. Aber das möchte ich nicht mehr machen. Zwischen der Geschäftsleitung und mir haben sich in letzter Zeit unüberbrückbare Differenzen abgezeichnet. Wir haben uns deshalb getrennt. Ich muss mir also überlegen, was ich nun mache und in welche Richtung es gehen soll. Deshalb habe ich mir eine Auszeit genommen, in der ich mir den Kopf freipusten lassen, nachdenken, neue Ideen greifen, alte Grundsätze loslassen und das festhalten muss, was sich gut anfühlt. Dafür eignet sich Sylt, wie ich meine, besonders gut.«

»Da hast du vollkommen recht. Mir hat die Insel auch schon immer geholfen, mich gedanklich für neue Wege frei zu machen oder alte Pfade wiederzuentdecken«, behauptete ich. »Für mich war der Weg, als ich hierher zurückkehrte, klar. Ich wusste, dass ich in das Unternehmen meiner Eltern einsteigen werde. Aber auch ich habe nicht einfach hingenommen, was da war. Ich habe meine eigenen Ideen umgesetzt – Ideen und Innovationen, die ich auf kraftspendenden Strandspaziergängen sammeln konnte.« Ich nickte. »Meine Eltern haben vieles davon mit Sorge beobachtet. Aber ich habe hier gewissermaßen auch einen Neustart gewagt, obwohl ich alles schon kannte. Und das geht nur, wenn man die Chance bekommt, sich selbst einzubringen. Mir war es unheimlich wichtig, dass wir uns immer wieder von der Masse abheben, und sie haben schnell erkannt, dass ich damit auf einem guten Weg war.«

»Mir ist schon in eurem Laden aufgefallen, dass er so alles andere ist als 08/15.«

Ich grinste. »Danke.« Natürlich musste er so etwas jetzt sagen, wenn er höflich sein wollte.

»Das meine ich ernst. Die Produkte, die ihr anbietet, sind so besonders in der Zusammenstellung. Der gerade sehr beliebte dänische Stil mischt sich hier vollkommen harmonisch mit einem ganz typischen Sylt-Flair und so viel individueller Note. Ich denke da an die handgefertigten Seifenschalen zum Beispiel oder die Tassen, Vasen und Teller, die alle von Hand bemalt und auf ihre Weise einzigartig gemacht wurden. Einfach toll!« Anerkennend nickte er, die Lippen geschürzt. »Ich habe selbst gegossene Kerzen gesehen, Schmuck, der von Hand gefertigt wurde, und kleine, kunstvoll individualisierte Muschelbilder. Ich stelle mir vor, dass so ein Produkt die Erinnerungen an diesen schönen Ort auf ganz besondere Weise aufrechterhält und lebendig werden lässt. So was gefällt mir gut. Das fehlt zu Hause in Hamburg in vielen Geschäften in der Innenstadt. Dort wird nur auf Masse und Trend gesetzt. Alles, was man in Hamburg findet, könnte man genauso gut in der nächsten Filiale in München kaufen. Es gibt nichts Eigenes mehr, keinen unverwechselbaren Fingerabdruck. Man findet keine Unikate.«

»Was für Produkte sind es denn, die du meinst? Ich denke schon, dass auch Hamburg vergleichbare Läden hat wie unseren. Vielleicht in den kleinen Einkaufszeilen in den Stadtteilen. Ich habe mal in Eppendorf und in Niendorf solche Läden besucht. Wundervoll eingerichtet, inhabergeführt und außergewöhnlich. Ich denke, man muss sich dafür nur ein wenig von den großen Zentren entfernen und vor allem die Augen offen halten, damit man auf diese Perlen trifft. Sie haben in meinen Augen so viel mehr Berechtigung als all diese großen Ketten, hinter denen ja kaum mehr Menschen stehen, sondern schlichte, nüchterne Zahlen und anonyme Chefetagen, die das Geld scheffeln.« Ich merkte, wie ich mich in Rage redete, wenn es darum ging, Familienunternehmen, die mit Herzblut geführt wurden, vor den Riesen dieser Industrie zu verteidigen. »Wir können nur jeden einzelnen Tag jedem Kunden dieser Läden danken und ihnen bestätigen, dass sie die richtige Entscheidung getroffen haben, indem sie bei uns kaufen. Denn nur so bekommen sie ein individuell auf sie abgestimmtes, persönliches Produkt. Aber ich muss den Käufern zugestehen, dass das Bewusstsein für diese Individualität steigt und der Zulauf zu solchen Läden zu wachsen scheint. Mit der Pension ist es ja längst so, dass die großen Hotelketten uns den Rang ablaufen.«

Severin wirkte sichtlich überrascht über meinen emotionalen Appell und schaute mich schweigend, aber interessiert an. Heide, die unserer Unterhaltung gelauscht hatte, hob anerkennend die Augenbrauen und nippte an ihrem Getränk.

»Entschuldigt bitte, das ist ein Thema, bei dem die Pferde regelmäßig mit mir durchgehen. Ich sehe dann meinen Vater, der gelebt hat für sein Unternehmen. Es gab kaum einen Tag, an dem ich ihn nicht in der Pension oder hinter der Ladentheke gesehen habe.« Versonnen lächelte ich und drehte das Glas in meinen Händen. Wehmut kroch in mir auf, denn es waren diese Momente, in denen ich ihn am allermeisten vermisste. Plötzlich schien mich dieses Gefühl beinahe zu erdrücken, wahrscheinlich verstärkt durch den Alkohol.

»Du hast mit allem, was du gesagt hast, recht«, erklärte Severin.

»Da bin ich ganz bei dir«, stimmte auch Heide wieder mit ein.

»Danke.«

Die Stimmung war nun nachdenklich, was nicht mein Ziel gewesen war.

»Wie sehen denn eure Pläne für morgen aus?«, erkundigte ich mich bei den beiden, um den Moment zu retten.

»Ach, ich lasse mich treiben, Liebes. Mal schauen, wo der Tag mich haben will«, erklärte Heide in ihrer üblichen Gelassenheit. Ich lächelte, und mein Blick ging zu Severin. Dieser hob die Handflächen.

»Bisher geht mein Plan nur bis zum köstlichen Frühstück hier in der Pension. Früh aufstehen, den Sonnenaufgang genießen und dann entspannt frühstücken. Danach halte ich es wie Heide. Ich denke, ich lasse mich auch treiben. Keine festen Zeiten, kein Zeitdruck, keine Hektik. Ich will mich nur auf die schönen Dinge fixieren und es genießen, hier sein zu dürfen. Jeden einzelnen Tag.«

»Das hört sich wie mein Alltag an«, stellte Heide verblüfft fest, und wir mussten lachen.

»Ich finde, das klingt wunderbar«, bemerkte ich.

»Was ist dein Tipp für den besten Platz, um einen schönen Sonnenaufgang zu bestaunen? Die Wetter-App verrät mir, dass es wolkenfrei sein soll morgen früh, da dachte ich mir, ich könnte das mit einem Sonnenaufgang verbinden.«

»Ich bin sehr gerne in Keitum oder in Braderup am Watt. Der leichte Wellengang bei Flut am kleinen Sandstrand vor Braderup, die Stille am Morgen, wenn noch nicht so viele Touristen herumlaufen. Ich liebe es dort sehr.«

»Das klingt wunderbar. Ist gedanklich notiert.«

»Braderup gehört für mich zu den Geheimtipps der Insel. Es ist so ein leises und unaufgeregtes Plätzchen. Sogar zur Hochzeit der Heideblüte im Sommer trifft man dort wenig Leute. Ich würde mir das unbedingt anschauen an deiner Stelle«, stimmte Heide mir zu.

»Dann kommt es jetzt auf meiner To-do-Liste an die erste

Stelle. Fantastisch. Wie darf es dann weitergehen mit dem perfekten Tag? Gibt es weitere gute Ratschläge von den Profis?«

»Vormittags kehrst du in Kampen im *Kliffglück* ein und lässt dich mit einem zweiten Frühstück kulinarisch verwöhnen. Je nach Wetterlage machst du es dir dort dann mit einem guten Buch gemütlich oder brichst zu einem Strandspaziergang an der Westseite auf. Stürmt es nicht allzu sehr, solltest du auch unbedingt die Uwe-Düne hinaufsteigen. Der Ausblick von dort ist gewaltig.«

Severin raufte sich gespielt aufgeregt die Haare. »Wie soll ich das alles behalten?«

»Schade, dass du hier so eingespannt bist, Liebes. Sonst könntest du Severin als Guide alle schönen Orte des Sylter Winters zeigen«, überlegte Heide laut, und ich warf ihr einen vernichtenden Blick zu, den sie aber geflissentlich ignorierte.

Severin schaute auf das Glas in seinen Händen, und ich sah, wie er grinste. »Das wäre perfekt«, sagte er dann, und ich war froh, dass das Dämmerlicht verbarg, wie ich schon wieder errötete.

»Leider habe ich hier wirklich zu viel zu tun, sonst wäre ich gerne dabei.«

»Für ein, zwei gemeinsame Stationen sollte deine Zeit doch aber ausreichen. Du arbeitest doch nicht den ganzen Tag«, schalt Heide mich empört.

»Nein, also, doch, schon irgendwie«, stammelte ich, und wir lachten.

»Schon okay«, sagte Severin und grinste breit. »Ich will mich keinesfalls aufdrängen.« Er zeigte auf Heide. »Das war Heides Idee«, entschuldigte er sich. Die jedoch schüttelte tadelnd den Kopf.

»Ich bin die Einzige, die es ausgesprochen hat. Ihr habt's beide ebenfalls gedacht«, behauptete sie, und ihre Aussage war dem Abklingen meiner Röte keinesfalls zuträglich.

»Heide«, motzte ich leise und wollte verlegen Paul über den Rücken streicheln. Doch mein Hund genoss bereits die Streicheleinheiten von Severin, wodurch sich unsere Hände unweigerlich berührten. Zu spät bemerkte ich, dass ich über seinen starken Handrücken strich, statt über Pauls weiches Fell.

»Sorry«, entschuldigte ich mich und zuckte wenig souverän zurück. Das Lächeln, das Severin mir daraufhin schenkte, ließ mich nur noch verlegener wegsehen.

»Ich glaube, so langsam werde ich müde. Es fröstelt mich ein wenig«, erklärte ich, und Heide klopfte mir sanft den Rücken. »Alles gut, Liebes. Du musst morgen ja auch, im Gegensatz zu uns, wieder arbeiten.« Milde lächelte ich.

»Es war sehr schön mit euch. Danke für den tollen Abend.«

Ich stand auf, legte die Decke zusammen und trat von der Terrasse wieder auf den kleinen Weg, der zur Vordertür führte. »Bis morgen, ihr beiden. Und schlaft gut.«

»Du auch.« Heide lächelte und hob erneut ihr Glas. »Ob der Herr Westphal auch mit mir allein noch ein Gläschen trinkt?«

»Aber selbstverständlich sehr gerne, werte Frau Nachbarin«, entgegnete dieser. »Bis morgen«, sagte er dann in meine Richtung, streichelte Paul noch einmal, ehe er ihn von seinem Schoß hob und ihm einen liebevollen Klaps gab, sodass er zu mir aufholte. Dann schenkte er Heide und sich nach.

»Ab jetzt sind wir auch ganz leise«, versprach er. Ich grinste, hob die Hand zum Gruß und ging, gefolgt von Paul, zurück in meine Wohnung.

Das wohlig warm prickelnde Gefühl im Bauch genießend, kuschelte ich mich unter meine fluffige Daunendecke und zog sie bis zum Kinn hoch. Der Duft frischer Wäsche hüllte mich ein. Ich hatte heute erst alles neu bezogen und freute mich in diesem Moment doppelt über dieses Wohlgefühl.

Wo kam es plötzlich her? Es hatte sich an unserer Situation in den letzten Stunden doch nichts geändert. Ich war mir sicher, dass das prickelnde Gefühl in mir nicht nur vom Champagner kam. Waren es diese kleinen Flugzeuge im Bauch, die mich so strahlen ließen? Der Gedanke an einen Mann, den ich noch gar nicht richtig kannte?

Instinktiv schüttelte ich den Kopf. »Blödsinn. Du bist einfach eine vollkommen aus der Bahn geworfene Enddreißigerin mit Entzugserscheinungen, was romantische Gefühle angeht. Hör bloß auf, für einen Gast zu schwärmen, der seit einem Tag hier ist, nur weil deine Mutter meint, er sei dein Typ.«

Ich drehte mich auf die Seite, ließ den Arm runter zu Pauls Körbchen baumeln und vergrub meine Hand in seinem warmen, weichen Fell. Es beruhigte mich. Er beruhigte mich. Er tat mir so gut. »Danke, Paulchen«, flüsterte ich dem schlafenden Hund zu. »Schön, dass es dich gibt, du treue Seele.«

Der Gedanke daran, wie schnell Paul offenbar auch Severin ins Herz geschlossen hatte, ließ mich schmunzeln. »Vielleicht haben wir über all die Jahre auch denselben Geschmack entwickelt. Oder du hast einfach eine besonders gute Menschenkenntnis.«

7

Die Wintersonne kitzelte am nächsten Morgen meine Nasenspitze. Vor einem strahlend blauen Himmel blitzte sie durch das Sprossenfenster. Für einen Moment genoss ich die Wärme der Sylter Wintersonne, bis mir bewusst wurde, wie ungewohnt das war. Die Erkenntnis schoss mir mit einem Mal, gemeinsam mit einer riesengroßen Portion Adrenalin, durch die Adern.

Ich hatte verschlafen.

Erschrocken sprang ich aus dem Bett und weckte damit auch Paul. Hektisch wedelnd stand er neben mir und schaute mich irritiert an.

»Es ist taghell, Paulchen. Wir haben verschlafen«, erklärte ich dem verwunderten Hund. Ich nestelte nervös nach meinem Handy. Sicher machte meine Mutter sich schon Sorgen. Hatte ich ihre Anrufe nicht gehört? Verblüfft stellte ich fest, dass das Display keinen Anruf zeigte. Das war merkwürdig.

Ich entschied, dass eine Katzenwäsche heute reichen musste, und so war ich schon nach wenigen Minuten mit Paul im Schlepptau unten am kleinen Empfang unserer Pension. Hier war niemand zu sehen, also lief ich weiter in den Frühstücksraum. Was ich dort sah, erstaunte mich. Es war ein kleines, aber schönes Buffet angerichtet, genau so, dass es für unsere beiden Gäste ausreichte.

Der Duft von frisch aufgebrühtem Kaffee, der gerade noch durch die Maschine lief, waberte durch den Raum, und auch das Warmhalte-Körbchen für die Eier schien schon befüllt. Aus der Küche hörte ich das Klappern von Geschirr. Ein Blick zum Laden, dessen Fensterfront ich von hier aus sehen konnte, zeigte, dass es nicht meine Mutter war, die hier gerade alles vorbereitet hatte, denn sie schien mit den Kunden ordentlich zu tun zu haben und wirbelte durch den Verkaufsraum. Verwirrt trat ich in die Küche, wo das Rätsel um den fleißigen Helfer gelöst wurde. Es war Heide, die sich eine Schürze umgebunden hatte und gerade pfeifend das Tablett mit Marmelade in den Händen trug. Als sie mich sah, grinste sie.

»Bist du stolz auf mich, du kleine Schlafmütze?«

»Was machst du denn hier, Heide? Das ist ja großartig, was du da gezaubert hast. Entschuldige bitte. Du hättest mich doch wecken können.«

»Ach, Quatsch. Das hat deine Mutter auch gesagt, und dann wollte sie das hier übernehmen. Aber ich habe sie in den Laden gescheucht. Da hat sie genug zu tun, und ein Frühstück für drei werde ich ja wohl auch noch gerade so auftischen können. Ich kann mich doch ausnahmsweise auch mal ein bisschen nützlich machen. Schließlich schaue ich dir und deinem lieben Papa mittlerweile lange genug auf die Finger. Du warst gestern lange wach, und es tut dir auch mal gut, ein paar Minuten länger im Bett zu bleiben. Du schuftest so viel, Mädchen. Und manchmal braucht der Körper eben seinen Schlaf.«

»Wenn ich mich recht erinnere, habe ich den Abend doch als Erste beendet und unser Polarlicht-Event verlassen, während ihr noch dem Champagner zugesprochen habt.«

Heide hatte das Tablett wieder abgestellt und winkte ab. »In meinem Alter brauchst du nicht mehr so viel Schlaf. Manchmal denke ich, man braucht gar keinen mehr. Ich bin immer froh, wenn ich endlich aufstehen darf und die Nacht vorbei ist.« Sie machte eine abwägende Handbewegung. »Wer weiß denn schon, wie viele Male ich noch aufwachen darf? Meine Tage sind gezählt, Kind. Ich muss die Zeit nutzen, die mir noch bleibt. Wahrscheinlich gibt es so was wie senile Bettflucht gar nicht. Es ist die schiere Angst, nicht wieder aufzuwachen, wenn man sich nach dem viel zu frühen Pipimachen noch mal hinlegt.« Heide machte gern solche derben Scherze, aber mich ließ er betrübt schlucken.

»Hör auf, Heide«, mahnte ich sie. »Das ist nichts, worüber man Witze macht.«

»Oh doch, Clara, wenn man das alles nicht mit Humor sieht, dann kann man auch gleich gehen, dann macht das ganze Leben nämlich keinen Spaß mehr. Und keine Sorge. Den Gefallen, einfach so abzutreten, tue ich meinen Erbschleicherlein nicht.« Sie lachte kehlig, und es war ansteckend. »Ich fühle mich topfit. Wäre es anders, hätte ich einfach vorm Kachelofenzimmer auf dich gewartet und dir die Arbeit überlassen. Versprochen!«

»Dann bleibt mir wohl nur, mich bei dir zu bedanken! Es sieht fantastisch aus.«

»Nun komme ich schon so viele Jahre hierher, da war es mir ein Leichtes, mich zurechtzufinden. Und Severin wird ganz sicher nicht herummosern, wenn was fehlt. Den wickele ich doch mit links um den Finger. Außerdem habe ich entschieden, dass uns heute ein Tisch reicht und du, Clara, wirst mit uns essen.«

»Ich muss erst mal schauen, ob ich noch Zeit für ein Frühstück habe.« Nervös überlegte ich, was ich eigentlich heute auf dem Plan hatte. Ich war ein wenig konfus aufgrund meines Verschlafens.

»Nimm dir die Zeit. Besonders an solchen Tagen, die so verrückt starten, ist es wichtig, mit einer Basis durch den Vormittag zu gehen. Du brauchst die Kraft, sonst türmen sich die Wuseligkeiten irgendwann auf wie eine Schneelawine und überrollen den kompletten Tag. Mit leerem Magen und schlechter Laune kannst du keine Probleme lösen«, riet mir Heide, und ich wusste, dass sie recht hatte.

»Überzeugt«, lenkte ich ein. »Aber dann setz du dich jetzt bitte an den Tisch, und ich hole den Kaffee. Den hast du dir nun wirklich verdient.«

»Danke dir.«

»Hast du denn Severin auch schon getroffen heute Morgen?«, fragte ich.

»Ja, er war heute wirklich zum Sonnenaufgang am Wasser, will aber zum Frühstück zurück sein. Ich denke also, dass er jede Minute wiederkommt.«

»Schön. Das wird sich ja heute richtig gelohnt haben mit einem Sonnenaufgang. Der Himmel ist so klar, und die Sonne gibt ja jetzt schon alles«, staunte ich und freute mich für Severin.

»Sylt gibt alles, damit es dem jungen Mann hier gefällt, habe ich den Eindruck«, erwiderte Heide, und ich musste grinsen.

»Nur für ihn«, fügte ich hinzu.

»Für uns alle. Dieser Winter meint es wirklich gut mit uns, schließlich ist ja bald euer Wintermarkt. Da wollt ihr es doch bestimmt auch kalt und trocken haben, oder? So macht das Bummeln doch viel mehr Spaß – und erst das Aufwärmen am Glühweinstand.«

»Das würde ich dem nass-regnerischen Wetter und dem schneidenden Wind des letzten Jahres unbedingt vorziehen«, antwortete ich, schob meine grüblerischen Gedanken an den Markt allerdings vorerst beiseite. Darüber würde ich später noch mit meiner Mutter sprechen.

Ich servierte Heide den dampfenden Kaffee und stellte ihr ihre

Auswahl an Brötchen dazu. Als besonderen Leckerbissen hatte ich gestern Spekulatius-Aufstrich vorbereitet, den Heide besonders gern aß.

Ich setzte mich zu ihr mit an den Tisch und belegte ebenfalls mein Brötchen.

»Hast du denn gut geschlafen?«, erkundigte sich Heide. »Lange zu schlafen kann ja auch unschöne Gründe haben, und man lag vorher die halbe Nacht wach.«

Ich mochte ihre liebevoll großmütterliche Art, mit der sie sich nach meinem Wohlbefinden erkundigte. Es wirkte immer echt und ehrlich, nie wie eine Floskel.

»Ich habe wunderbar geschlafen, danke. Nach diesem Abend unter dem spektakulären Sylter Nachthimmel – da kann man ja nur hervorragend ins Land der Träume gleiten.«

Heide lachte. »So ging es mir auch. Und erst recht in Severins Gesellschaft. Er ist wirklich ein so sympathischer junger Mann. Findest du auch?«

Ich nickte, bemüht, mir nicht anmerken zu lassen, dass ich ihn sogar mehr als sympathisch fand. Heides Grinsen zeigte mir allerdings, dass ich damit scheiterte. Sie ließ es jedoch unkommentiert.

Ich war gerade fertig mit dem Frühstück und hatte unser benutztes Geschirr abgeräumt, während Heide bereits in der Tageszeitung blätterte, da ging die Tür zum Hausflur auf, und Severin trat herein. Paul hatte ihn sofort bemerkt und lief freudig auf ihn zu. Kurz dachte ich, mein sonst sehr braver Hund hätte all sein Benehmen vergessen und würde Severin gleich anspringen, doch im letzten Moment besann er sich seiner Erziehung, setzte sich artig vor ihm ab und wedelte wie wild mit der Rute.

»Guten Morgen, mein Kleiner. Du hättest dabei sein sollen

heute Morgen.« Dann schaute er zu mir. »Du natürlich auch.« Sein Blick sorgte für ein zartes Flattern in meinem Bauch. Ich lächelte verlegen. »Das wäre schön gewesen, ja.«

»Dein Tipp war großartig. Es war ein fantastischer Sonnenaufgang und weit und breit niemand, der die leise Atmosphäre gestört hat«, fuhr er fort. »Es war so schön. Nach diesem Abend nun so ein Morgen – warum hat mir nicht viel früher jemand davon berichtet, was für Wunder dieser Ort bereithält?«

»Oh, hättest du die richtigen Menschen danach gefragt, wärst du wohl längst schon hier gewesen«, erkannte Heide kühn, und Severin grinste. »Setz dich doch zu mir. Ich würde mich freuen, wenn ich dir bei deinem Frühstück Gesellschaft leisten darf.«

»Danke dir, gerne. Vieles von dem, was ich bisher von der Insel gehört habe, klang so negativ. Insel der Schönen und Reichen, die hierherkommen, um zu sehen und gesehen zu werden. Piekfeine und viel zu teure Hotels mit Tiefgaragen voll mit Luxuskarossen. Riesige Villen, deren Besitzer zweimal im Jahr für vier Tage mit dem Privatjet anreisen und die den Rest des Jahres leer stehen und sich verwaist hinter Kriechkieferhecken und hohen Heckenrosen verstecken, und vor allem Handwerker und Housekeeper auf Trab halten.«

»Ohne dir zu nahe treten zu wollen – da hast du tatsächlich die verkehrten Menschen gefragt. Warum hast du dir nicht viel eher selbst ein Bild gemacht?«, fragte Heide in ihrer direkten Art, und Severin wirkte für einen Moment abwesend. Als gingen seine Gedanken zu einem echten Grund dafür, dass er noch nie hier gewesen war. Mir war die plötzliche Stille unangenehm, und ich wechselte deshalb das Thema. »Jetzt gibt es erst mal noch was Feines zum perfekten Start in den Tag. Kaffee oder Tee?«, erkundigte ich mich bei Severin, der sich neben Heide an den Tisch gesetzt hatte.

Paul wich nicht von seiner Seite, sondern rollte sich zu seinen Füßen zusammen.

»Gerne heute einen Tee. Zum Aufwärmen. Wach bin ich nun.«

»Wunderbar. Hast du einen bestimmten Sortenwunsch, oder soll ich dir was aussuchen?«

»Oh, na wenn du so fragst, dann nehme ich natürlich die Empfehlung des Hauses«, erklärte Severin mit seiner sanften, tiefen Stimme, und ich nickte.

»Bin gleich zurück.« Mit diesen Worten verschwand ich in der Küche und setzte frisches Wasser für den Tee auf. Nach einem Blick auf unsere Auswahl entschied ich mich für *Sylter Winterzauber*. Eine kraftvolle Früchteteemischung mit Gewürznelken, Zimt und Ingwer, die die Abwehrkräfte stärkte und besonders im Winter von innen wärmte. Ich liebte den Duft, der schon einen Hauch von Weihnachten über die Küche legte. Spontan entschied ich, selbst auch einen Tee trinken zu wollen und statt einer einzelnen Tasse direkt eine Kanne aufzugießen.

Als ich in den Frühstücksraum zurückkehrte, war Severin ebenfalls in eine Zeitung vertieft, sah aber auf, als ich eintrat.

»Das duftet ja bereits wie auf dem Wintermarkt. Herrlich!«, freute sich Severin, und auch Heide hob den Blick.

»Dem kann ich nur zustimmen. Wenn du noch ein Tässchen übrig hast, würde ich davon auch gerne eins nehmen«, entschied Heide.

»Aber selbstverständlich«, sagte ich. »Wie gut, dass ich gleich die ganze Kanne mitgebracht habe. Wenn ich das richtig einschätze, solltest du die nächste halbe Stunde ohnehin noch hier im Warmen verbringen, weil es da draußen gerade ziemlich ungemütlich wird«, sagte ich und deutete durch das Fenster, wo sich dunkle Regenwolken aufzutürmen begannen. »Da passt der Tee doch perfekt. Hast du sonst noch einen Wunsch?«

Heide schüttelte den Kopf. »Keinen. Ich danke dir. Setz dich lieber noch ein paar Minuten zu uns.«

Ich entschied, dass ich mir diese eine Tasse Auszeit gönnen konnte, und genoss das Gespräch mit den beiden, bis sie sich auf ihre Zimmer verabschiedeten und ich mich daranmachte, die Küche aufzuräumen und den wichtigsten Bürokram zu erledigen.

Dann bereitete ich das Zimmer für meine Freundin Thalea vor, die in den nächsten Tagen anreisen wollte, um rechtzeitig für alle Vorbereitungen zum Wintermarkt da zu sein.

Auch für sie war dieses Jahr ganz besonders. Als Mutter zweier Teenager, die gerade die Welt und sich infrage stellten, war das letzte Weihnachtsfest für sie ein wenig ernüchternd gewesen. Sie hatte alles gegeben, stundenlang in der Küche gestanden und alle Geschenke sorgfältigst verpackt. Nur um dann an Heiligabend feststellen zu müssen, dass es ethisch nicht mehr vertretbar war, das neueste Smartphone zu besitzen und die zu Beginn der Adventszeit noch absolut angesagten Sneakers plötzlich schon wieder vollkommen out waren. Wieder einmal hatte sich ihre Tochter kurzfristig zur Veganerin erklärt und maulend festgestellt, dass es keine Alternative zur Weihnachtsgans für sie gab. Während Thaleas Sohn eröffnet hatte, dass er Weihnachten zukünftig nicht mehr feiern werde, weil die Familie seiner Freundin diese kommerziellen Feste ablehne und er es nun auch nicht mehr vertreten könne, daran teilzunehmen. Dass die beiden schon an Silvester kein Paar mehr waren, spielte zu dem Zeitpunkt noch keine Rolle. Ernsthafte Unterstützung von ihrem Mann hatte Thalea dabei nicht bekommen. Er war mit den emotionalen Höhen und Tiefen seiner Kinder völlig überfordert und schob diese Dinge gern auf seine Frau ab.

Nachdem sie mir diese Geschichte erzählt hatte, hatte ich meiner Freundin ohne Umschweife angeboten, die nächsten Feiertage bei uns auf Sylt zu verbringen. Damals hatte sie noch gelacht, doch als die Zeit immer näher rückte und ich ihr dann auch noch von meinen Überlegungen zum Wintermarkt erzählte, entschied sie, mein Angebot anzunehmen.

Sie würde also zum allerersten Mal, seit sie Mutter war, Weihnachten ganz allein verbringen und so, wie sie es sich vorstellte, ohne den Erwartungen anderer gerecht werden zu müssen.

Anfangs hatte sie noch unsicher gewirkt, ob sie sich diesen Schritt wirklich zutraute, und sie hatte auch zugegeben, dass ihre Kinder einigermaßen schockiert auf ihre Ankündigung reagiert hatten. Trotzdem hatte sie an ihrem Plan festgehalten. Ihr Mann hatte sie in ihrer Entscheidung unterstützt und versprochen, mit den Kindern über die Festtage zu seinen Eltern zu fahren, die sonst immer zu ihnen kamen. Denen hatten sie gesagt, dass Thalea gesundheitliche Probleme habe, die sie am besten an der See auskurieren könnte, was ja auch einen gewissen Funken Wahrheit an sich hatte, denn Thalea war wirklich völlig erschöpft. Nicht nur das letzte Weihnachtsfest, sondern auch das vergangene Jahr hatten einige Zerreißproben für sie bereitgehalten. Sie hatte sich nicht nur um das eigene Familienleben kümmern müssen, sondern auch ihre kranke Mutter pflegen, die im Herbst schließlich verstorben war. Meine Freundin brauchte diese Auszeit mehr, als sie sich selbst eingestehen wollte.

Ich griff zu meinem Handy, um mich einmal zu erkundigen, wann Thalea ankommen würde. »Thalea, hi. Ich hoffe, ich störe nicht? Wie geht es dir? «

»Hallo, Clara, wenn ich deine liebe Stimme höre, sofort gut«, antwortete sie und lachte.

»Bist du schon abfahrbereit? Ich bereite gerade dein Zimmer vor, damit du dich hier auch wohlfühlen kannst. Ich verspreche dir, dich erwartet hier eine gute Zeit. Du glaubst gar nicht, wie dankbar ich dir bin, dass du mir beim Wintermarkt helfen willst«, erklärte ich. »Wir haben zwar im Moment noch wenige Gäste, aber die reisen natürlich alle pünktlich zum Markt hier an, und dann sind wir voll belegt.« Wie ein Wasserfall flossen die Worte aus mir heraus. Ich hatte so lange über die nächsten Tage nachgegrübelt, dass ich meine Freundin jetzt direkt überrumpelte.

»Oh! Wow! Ich freu mich auch schon auf die Zeit zusammen. Zwar habe ich zwischendurch mal kurz ein bisschen ein schlechtes Gewissen, aber dann denke ich an letztes Jahr und weiß, ich mach genau das Richtige! Ich habe schon gepackt und will mich morgen auf den Weg machen, wenn nichts mehr dazwischenkommt.«

»Das klingt toll, und ich muss dir so viel erzählen. Hier ist dieser eine Gast ...« Ich stockte. War es albern, Thalea davon zu erzählen, dass er mir ein Kribbeln in den Bauch zauberte, obwohl ich ihn gerade erst kennengelernt hatte? Doch bevor ich es mir anders überlegen konnte, hörte ich schon das Quietschen meiner Freundin durch die Leitung.

»Du musst mir unbedingt mehr von ihm berichten. Wie gut, dass ich bald bei dir bin und ihn vielleicht ja sogar selbst sehen kann.«

»Das wirst du, meine Liebe«, versprach ich. Thalea juchzte noch einmal und brachte mich damit zum Lachen. Die Bekräftigung durch meine Freundin tat gut. Plötzlich kamen mir meine Gefühle nur noch halb so albern vor.

»Moin, Mama«, grüßte ich, als ich den Laden betrat. Sie kam lächelnd auf mich zu. Doch es wirkte angestrengt, ihr Gang war langsam.

»Moin, Liebes. Wie war dein Tagesstart?« Sie tätschelte Pauls

Rücken und streichelte den kleinen Hund, der sich freute, sie zu sehen.

»Wunderbar bisher. Recht entspannt, und das, obwohl ich verschlafen habe«, erklärte ich und hob entschuldigend die Hände.

»Das dachte ich mir schon. Ich wollte dich gerade wecken, da kam Heide schon um die Ecke und hat das Kommando über die Küche an sich gerissen.« Meine Mutter zuckte die Schultern. Diesmal erreichte ihr Lächeln auch ihre Augen. »Du weißt ja, wenn Heide sich etwas in den Kopf setzt, dann kommt man nicht mehr dagegen an.«

Wir lachten. »Und das hat sie auch ganz klasse hinbekommen«, erklärte ich. »Ich habe mich sehr gefreut.« Meine Mutter legte den Arm um mich.

»Du kommst sicher zur mittäglichen Hunderunde, oder?«

»Ja, hast du Lust auf ein paar Schritte? Du wirkst angestrengt. Ist alles in Ordnung?«

»Wenn ich ehrlich bin, müsste ich dringend ein paar Telefonate erledigen«, gab meine Mutter zu. »Wobei ich gar nicht weiß, ob ich mittags überhaupt jemanden erreichen kann.«

»Klar, dann mach das mal ganz in Ruhe. Ist etwas passiert? Geht es dir nicht gut?« Ich dachte an Anrufe bei Ärzten, die sie womöglich erledigen müsste. Diese waren ja häufig selbst in der Mittagspause. »Kann ich dir irgendwie helfen? Dir was abnehmen?«

Meine Mutter schüttelte den Kopf. »Nein, mein Schatz. Keine Sorge, es geht mir gut. Zumindest gesundheitlich. Es geht nur darum, dass ich hier einigen Leuten offenbar dringend noch mal erklären muss, dass sie davon absehen sollen, sich um mein, oder, besser gesagt, um unser Glück zu kümmern.« Sie rollte mit den Augen, und die Falten, die sich auf ihrer Stirn gebildet hatten, wirkten ernsthaft ärgerlich.

»Wie meinst du das?«

Meine Mutter hob die Augenbrauen, zuckte die Schultern und griff dann nach einem Brief, der auf dem Verkaufstresen lag. Es war ein Umschlag mit dem Logo eines großen Hotels. Dünenwind. Das Unternehmen führte neben dem Hotel auch kleinere, vermeintlich individuellere Unterkünfte, die es zu horrenden Preisen an solvente Kunden vermietete. Die Geschäftsführung war schon seit längerer Zeit interessiert an unserer Pension und hatte schon zu Lebzeiten meines Vaters immer wieder versucht, mit uns ins Gespräch zu kommen. Ich reagierte mittlerweile schon regelrecht angespannt auf deren Logo.

»Nee, oder? Ist es wieder so weit?« Ärgerlich griff ich nach dem Brief und las das Anschreiben. Sie baten um ein Gespräch im Zuge der Übergabe der Geschäftsleitung des Seniorchefs an seinen Nachfolger. Man könne in diesem Rahmen möglicherweise einmal wieder über eine Zusammenarbeit sprechen. Wenn ich daran dachte, was sie damals an Anstrengungen unternommen hatten, sich unser Haus unter den Nagel zu reißen, klang das Wort »Zusammenarbeit« hier eher fehl am Platz.

Doch das Dünenwind war nicht der einzige Investor, der auf der Lauer lag. Auch unmittelbar nach dem Tod meines Vaters hatte es diverse Kontaktaufnahmen und Kaufangebote gegeben. Ich hatte manchmal den Eindruck, unser pessimistischer Bankberater hätte die eine oder andere Nummer auf der Kurzwahl liegen und gab die wichtigen Informationen immer direkt weiter. Schließlich war der Zeitpunkt für eine Kontaktaufnahme gerade wieder optimal gewählt.

Am liebsten hätte ich das Schreiben in tausend Teile zerpflückt.

»Wie kann man nur so hartnäckig sein?«, wunderte ich mich. »Reicht es nicht, dass sie uns unsere Gäste wegnehmen und immer mehr an Größe gewinnen? Nein, sie wollen auch noch unser Unternehmen. Es widert mich an!«

»Ärgere dich nicht. Sie geben halt nicht auf. Unser Konzept aus der Pension mit dem kleinen Ladenlokal mit handgemachten Dingen scheint sie nach wie vor zu interessieren. Das ist doch andererseits auch ein gutes Zeichen. Trotzdem hast du recht. Die Penetranz, mit der die Geschäftsführer dieses Unternehmens uns, genau wie unser Bankberater, immer wieder Ratschläge an die Hand geben, hinter denen ich hauptsächlich Vorteile für sie selbst erkenne, ist wirklich unerträglich.« Verkrampft kniff meine Mutter die Lippen aufeinander.

»Soll ich ihnen schreiben? Oder dort anrufen?«, bot ich an. »Oder meinst du, es ist effektiver, wenn wir diese Anschreiben zukünftig ignorieren?«

Meine Mutter schüttelte den Kopf. Dann zuckte sie die Schultern. »Ich weiß es auch nicht. Vielleicht ignoriert man es einfach, ja. Schließlich haben wir ja schon oft genug Nein gesagt, und sie versuchen es trotzdem immer wieder. Wahrscheinlich sollte ich meine Kräfte lieber für wichtigere Dinge aufsparen. Egal. Wie auch immer es weitergeht: *Die* bekommen unser Meerglück und das Schönerlei nicht!«

»Ich hoffe, sie geben Ruhe«, sagte ich, und meine Mutter nickte abwägend.

»Kommst du dann jetzt doch mit nach draußen, oder willst du dich lieber ein wenig hinlegen? Du siehst wirklich müde aus, Mama.«

»Ja, du hast recht. Ich sollte mir ein bisschen Ruhe gönnen heute Mittag.«

»Mach das. Ich schließe hier alles zur Mittagspause, und du erholst dich ein bisschen, während Paul und ich uns die Füße vertreten.«

»Das mache ich. Dir einen schönen Weg. Hoffentlich wirst du nicht nass. Vorhin war es noch so sonnig. Aber mittlerweile ist das Wetter ja leider unberechenbar schäbig.«

»Ach, alles gut. Ich bin wetterfest angezogen«, erklärte ich, zog die Kapuze demonstrativ auf den Kopf und den Reißverschluss bis unters Kinn zu. Den Schal um den Hals geschlungen, ein Stirnband um die Ohren, konnte es losgehen.

Ich leinte Paul für den Weg bis ans Wasser an, damit er in den Dünen keine Kaninchen aufscheuchte und jagte. Zu meinem Erstaunen war ich nicht die Einzige, die in diesem Moment aus dem Haus auf unseren Parkplatz trat. Severin steuerte ebenfalls in Richtung des Strandes.

»Ach, hallo. Wagst du auch trotz des Wetters eine Runde an der frischen Luft?«, grüßte ich ihn.

»Es gibt nichts Besseres als einen Spaziergang am Meer, wenn man den halben Tag am warmen Kachelofen verbracht hat. Wie ich hier schon innerhalb dieser ersten wenigen Tage gelernt habe, gilt das für nahezu jede Wetterlage«, antwortete er.

Ohne es abzusprechen, setzten wir unseren Weg nebeneinander fort, während Paul aufgeregt schnuppernd vor uns herwuselte. »Ich gebe zu, dass so manche Witterung schon eher gewöhnungsbedürftig ist. Aber ich finde, man kann sich mit einigen, auf den ersten Blick eher widrigen Bedingungen, durchaus anfreunden. Spätestens wenn man dafür mit dem Rauschen des Wintermeeres und dem leicht angefrorenen Sand am Wasser belohnt wird.«

Vorbei an malerischen Reetdachhäusern in traumhaften Wohnstraßen, am Campingplatz entlang, gelangten wir in eine auf den ersten Blick nicht enden wollende Dünenlandschaft. Ganz in der Ferne war bereits das Rauschen der Wellen zu hören und wie von einem unsichtbaren Band gezogen, führte uns unser Weg den Bohlenweg entlang durch die hügeligen Dünen.

Severins Blick ging über die karge und doch eindrucksvolle Landschaft. Ich freute mich schon auf den Moment, wenn man die letzte Dünenkuppe überwand und zum Meer hinabging, und ich genoss es, dies mit Severin zu erleben.

Ich hörte, wie er neben mir die salzig-frische Luft tief einatmete, und tat es ihm gleich. Die Hände in den Jackentaschen vergraben, stapfte er in dicken Stiefeln neben mir her. Hin und wieder wehte der Wind, vor dem wir hier noch einigermaßen geschützt waren, einen Hauch seines angenehm frischen Duftes zu mir herüber. Er roch irgendwie nach Freiheit und Meer. Wir sprachen über die faszinierende Umgebung, das Wetter und die Erlebnisse des gestrigen Abends. Dabei schaute ich ihn immer wieder von der Seite an und betrachtete sein ebenmäßiges Profil. Er sah gut aus, hatte einen ernsten Gesichtsausdruck, der aber sofort etwas Sanftes, Verletzliches bekam, wenn er lächelte, interessiert blickte oder überrascht lauschte. Ein paar braune Haarsträhnen wehten ihm immer wieder lässig ins Gesicht.

Manchmal schwenkten wir kurz zu privaten Themen. Wir verglichen unsere Kindheitserinnerungen an den Winter und das Meer.

Während ich die Winter- und Weihnachtszeit immer auf Sylt verbracht hatte, weil die Feiertage genau wie die Sommerferien in der Pension besonders turbulent waren, kannte Severin die Ostseeküste zu dieser Zeit gut. Winter um Winter hatte er mit seinen Eltern in Niendorf nahe dem Timmendorfer Strand verbracht. Er hatte diese Zeiten immer genossen, und erst, als er selbst zu reisen begann, festgestellt, dass ihm die raue Unberechenbarkeit der Nordsee so viel besser gefiel als die ruhige Sanftheit der Ostsee.

»Mein Vater hat Sylt immer verabscheut und jeden Vorschlag,

auch mal an die Nordsee zu fahren, damit im Keim erstickt. All die Vorurteile über diesen wunderschönen Ort – sie stammen von ihm.« Man spürte, dass er seine Worte ernst meinte, und doch hörte ich die Belustigung darin. Er hatte einen ganz ähnlichen Humor wie ich und nahm sich selbst nicht so wichtig, was ihn mir immer sympathischer machte. Es bereitete mir Freude, ihm zuzuhören. Er erzählte von seiner Familie, die in der Nähe von Hamburg lebte. Das Verhältnis zu seinen Eltern schien mittlerweile allerdings recht angespannt.

Ich wiederum versuchte, ihm deutlich zu machen, wie es sich für mich anfühlte, beruflich in die Fußstapfen meiner Eltern zu treten. Bei all der Vertrautheit und Liebe zueinander und zu unserem Unternehmen war da immer auch eine doppelte Verpflichtung. Es ging nicht allein darum, einen Betrieb zu führen, sondern darum, zu erhalten, was man mir hinterlassen hatte. Dinge zu pflegen, die ihnen wichtig gewesen waren, und es gleichzeitig zu schaffen, die eigenen Visionen zu verwirklichen. Das richtige Maß zu finden zwischen sich zu lösen und in den Traditionen verhaftet zu bleiben, war nicht immer einfach.

Arbeitete man mit Menschen zusammen, die man so gut kannte wie die eigenen Eltern, dann hieß das, dass hin und wieder auch Kritik und Einwände viel ungefilterter geäußert wurden, als es in einem Arbeitsverhältnis ohne familiäre Verhältnisse womöglich der Fall gewesen wäre. Wenn man nicht gerade hundertprozentig in allen Einstellungen übereinstimmte, barg dies einiges an Streitpotenzial, und diese direkte Kritik einzustecken war für beide Seiten nicht immer leicht.

»Wusstest du von Anfang an, dass du hier leben und die Pension weiterführen würdest?«, hakte Severin nach.

Ich wollte ihn nicht anlügen, kannte ihn aber auch noch zu wenig, um ihm die ganze Wahrheit zu gestehen. Also erzählte ich ihm, dass ich für mein Studium die Insel verlassen und dann auf dem Festland einen Job gefunden hatte, der mir wirklich Spaß gemacht hatte. Ich beschränkte die Geschichte zu meiner Beziehung darauf, dass ich sehr verliebt gewesen war, es aber letztendlich leider nicht funktioniert hatte, weshalb ich alles zurückgelassen hatte und in meine alte Heimat zurückgekehrt war. All die deprimierenden und niederschmetternden Details über den Gerichtsprozess und wie sehr mir Hagen nicht nur das Herz, sondern auch mein Selbstbewusstsein gebrochen hatte, ließ ich weg. Dabei versuchte ich, entspannt unverbindlich zu klingen und so, als müsse man nicht näher darauf eingehen.

Er sagte nicht konkret, ob er in einer Beziehung war, aber aus seinen Erzählungen meinte ich herauszuhören, dass es keine Frau an seiner Seite gab. Würde er sonst so vertraut mit mir hier entlangspazieren? Trotzdem blieb es eine reine Mutmaßung meinerseits.

Als wir am Holzsteg ankamen, der über einige Stufen hinunter zum Strand führte, wurde das Rauschen der Wellen immer lauter. Der winterliche Wind ließ sie mit großer Wucht an Land rollen und unter Tosen brechen.

So rau es war und so heftig sich dieser Gegenwind beim Gehen anfühlte, so herausfordernd schön war dieser Weg. Ich genoss den Anblick der aufgewühlten See und staunte wie immer über diesen Moment, in dem sich sogar der Himmel wieder zu einem zarten Blau auftat und die graue Wolkenwand in malerisch fluffige Schäfchenwölkchen verwandelte. Und ich freute mich darüber, dass ich das hier erneut mit Severin gemeinsam erleben durfte. Während ich noch nach Worten suchte, die das ausdrücken sollten, was ich dachte, fand Severin sie längst.

»Clara Hertz, Sylt in Kombination mit dir schenkt mir in wenigen Stunden so wundervolle Erlebnisse. Das ist gleichzeitig beeindruckend schön wie auch ein wenig unheimlich.« Ich schaute ihn kurz an, wandte meinen Blick jedoch hastig wieder ab, als ich den seinen traf. Starr richtete ich den Blick aufs Meer, folgte den tanzenden Schaumkronen und Möwen, die sich tapfer gegen die Windböen behaupteten. Die fein gezeichnete Linie des Horizonts war heute fast nur zu erahnen, so ähnlich waren sich die Farben von Himmel und Meer.

»So etwas habe ich auch gerade gedacht«, gab ich zu, und mein Herz schlug dabei ein klein wenig höher.

8

»Den Spaziergang bis an die Wasserkante und am Strand entlang sollten wir uns vielleicht aufbewahren für einen Tag, wenn ganz viel Zeit ist, oder was meinst du? Du musst ja sicher bald wieder in der Pension sein.« Severins Blick ging über den Steg und weiter bis unten an den Strand.

»Ja, da hast du recht. Dafür sollte man sich richtig Zeit nehmen. Das würde ich heute nicht mehr schaffen. Aber ein paar Minuten habe ich noch Zeit.«

»Wollen wir hier oben an der Kliffkante entlangspazieren und dann den Bogen nach Kampen gehen, oder wird dir das zu weit und wir kehren einfach um?«, fragte Severin und deutete den schmalen Pfad entlang, während er mich anschaute. Er hatte dabei Hoffnung im Blick. »Du kennst dich besser aus als ich. Passt das mit deiner Zeit noch?«

»Sehr gerne können wir den Weg an der Kante entlanggehen«, erwiderte ich und lief los. Ich schaute nicht einmal auf die Uhr. Es war mir egal, wie viel Zeit mir noch blieb, ich wollte ihn nicht enttäuschen und an dieser Stelle umdrehen. Ich freute mich außerdem selbst auf weitere Minuten und Gespräche mit ihm.

»Wo hast du gelebt, bevor du nach Sylt zurückgekommen bist?«

»In Hannover«, antwortete ich.

»Okay.« Seine Antwort klang gedehnt.

»Na, sag schon, welche Vorurteile dir zur niedersächsischen Landeshauptstadt schon zu Ohren gekommen sind?« Herausfordernd funkelte ich ihn an, lächelte aber dabei. »Keine Sorge. Ich bin ja keine echte Hannoveranerin. Du darfst ruhig ehrlich sein.«

Severin grinste. »Ist Hannover denn wirklich so wenig charmant, wie man manchmal hört?«

Vehement schüttelte ich den Kopf. »Nein«, entschied ich und überlegte, wie ich formulieren konnte, was der Gedanke an Hannover mit mir machte. Sosehr ich die Stadt mochte, so negativ war sie am Ende doch belegt mit all den schrecklichen Erinnerungen und Erfahrungen, die ich dort gesammelt hatte. Auch wenn sie nicht mit der Stadt an sich zu tun hatten, blieb das eine doch immer mit dem anderen verbunden. Trotzdem. »Die Stadt hat mir gut gefallen. Sie punktete mit echt viel Grün und kurzen Wegen. Ich hatte dort eine wunderschöne Wohnung, die am weitläufigen Stadtwald und dadurch gleichzeitig citynah lag«, erklärte ich. »Auch in Hannover gibt es diese kleinen Ecken mit niedlichen Cafés und Boutiquen. Man muss sie nur finden. Aber mir persönlich hat natürlich ganz klar das Meeresrauschen gefehlt. Auch der Strand mit Sonnenuntergängen und -aufgängen.« Ich schaute ihn an, und wir lächelten. »Unfair, ich weiß. Nicht alles kann eine Insel sein.«

»Wenn man hier aufgewachsen ist, ist es doch logisch, dass das fehlt. Allein schon die Weite hier. Jeder Weg am Meer ist so einzigartig. Das kann nichts ersetzen. Kein Wald der Welt, sei er noch so umfangreich und groß, und schon längst nicht der Maschsee.«

»Oh, du kennst dich aus in Hannover?«, wunderte ich mich.

»Ich hatte beruflich hin und wieder dort zu tun. Und auch wenn meine Besuche immer sehr oberflächlich waren, gefiel es mir dort trotzdem gut. Aber gegen Hamburg ist es auch nicht ganz leicht, anzukommen. Für mich ist meine Heimatstadt einfach das Maß aller Dinge.«

»Hamburg liebe ich auch sehr. Das verstehe ich gut. Dort war ich oft nach meiner Rückkehr nach Sylt. Ich wollte mir Inspiration holen und Kontakte zu potenziellen Lieferanten knüpfen.«

»Und?«, fragte er lächelnd. »Hast du sie gefunden, die Inspiration?«

»Oh, ja. Allerdings nicht in der Innenstadt. Es waren immer Stadtteile, ein wenig entfernt vom Großstadttrubel, in denen ich die wirklichen Schätze entdeckt habe. Hamburg hat so viele zauberhafte Läden zu bieten. Ich könnte da wöchentlich hinreisen und einfach durch die Ladenlokale schlendern und mir anschauen, was so angeboten wird.«

»Ja, das stimmt. Je nachdem, was man sucht, ist für jeden irgendwo was dabei. Und Hamburg bietet so viel mehr. Viel Wasser, viel Grün und immer dieses Gefühl von Freiheit und Vielfalt. Ich finde dort das Leise und die Natur, kann stundenlang am Wasser entlangspazieren, aber habe gleichzeitig auch dieses Großstädtische und die Innenstadt mit all den kulinarischen Highlights und wunderschönen, außergewöhnlichen Orten.«

Mir gefiel, wie schwärmerisch er von der Hansestadt sprach. »Du wohnst also gerne dort?«

Severins Blick ging über das Wasser. Wir waren kurz stehen geblieben. »Ich lebe sehr gerne dort. Doch, ja. Schon.«

»Klingt irgendwie nach einem Aber«, stellte ich fest.

Kurz stockte Severin, und während ich Sorge hatte, dass ich zu aufdringlich war mit meinen Fragen, fuhr er fast entschuldigend fort.

»Ich möchte dich nicht vergraulen mit zu viel Deep Talk.«

Innerlich atmete ich erleichtert auf und lächelte. »Keine

Sorge, dann würde ich nicht nachfragen und beim Thema Wetter oder Tipps für die Insel einen Schlussstrich ziehen, anstelle hier mit dir entlangzulaufen und über das Gefühl von Heimat zu reden. Das ist ja einfach etwas sehr Persönliches.«

Er schaute mich an, sagte nichts. Ich sah jedoch ein dankbares Lächeln über sein Gesicht huschen. Dann gingen wir weiter, den Blick nach vorne gerichtet. Der Wind zerzauste unsere Haare und ließ die Wellen unten am Strand vorm Roten Kliff schäumend an Land rollen. Parallel zu unserem Weg oberhalb der Kliffkante, der mittlerweile über einen Holzsteg führte, an dem vereinzelt Bänke standen, liefen auch unterhalb dieser Linie am Strand einige wenige Leute entlang. Viele hatten, wie wir auch, Hunde dabei. Paul lief entspannt vor uns her, drehte sich immer mal nach uns um und vergewisserte sich, dass wir da waren, bevor er sich wieder dem Weg widmete.

»Kennst du diese Phasen im Leben, die dich alles neu denken und dich sortieren lassen?«, fragte Severin, und sein Blick war ernst. Nachdenklich hatte er die Augenbrauen zusammengeschoben, die Lippen fest aufeinandergepresst.

»Oh, ja. Die kenne ich sehr gut.« Ich war mir sicher, dass auch meine Mimik Züge der Anspannung annahm, ohne dass ich das bewusst steuerte. Aber ich kannte diese Phasen nicht nur, sondern hatte sie mit all ihren Tiefen und Kraftanstrengungen erlebt und gerade erst überwunden. Wobei sich mit der aktuellen Situation der mauen Buchungslage in der Pension bereits die nächste herausfordernde Phase am Horizont abzeichnete.

»In so einer Zeit, zwischen einer Phase und einer neuen, stecke ich gerade. Ich versuche, eine herbe Enttäuschung zu verarbeiten und das Beste draus zu machen.«

Betroffen nickte ich, so gut konnte ich nachvollziehen, wie es einem ging, wenn die eigene Welt ein Stück weit verrückt wurde und man damit umgehen musste. Ob man das wollte oder nicht.

»Und Hamburg spielt da natürlich eine Rolle, wenn man sich so viele Gedanken macht. Da gehört das Zuhause auch irgendwie dazu. Klar fühle ich mich sehr wohl. Aber das ist nur ein Teil des großen Ganzen. Ein Baustein zum Glück. Falls ich mich beruflich neu orientiere, kann es sein, dass auch ein Umzug notwendig ist. Also muss ich auch meinen Wohnort infrage stellen. Aber ich bin mir sicher, dass ich mich nicht nur in Hamburg zu Hause fühlen kann. Eigentlich ist man ja immer nur in sich selbst zu Hause. Wenn dieses Gefühl fest verankert ist, spielt es keine Rolle, wo man sich physisch befindet. Dann hat man seine Heimat immer bei sich und trägt sie im Herzen. So kann man sie auch nicht verlieren.« Unsicher lächelte er. »Meine Meinung. Ich beanspruche keinesfalls, dass diese allgemeingültig ist. Nur formen sich diese Gedanken und Ideen hier zwischen Wellen, Wind und Salzluft in mir.«

»Diese Einstellung wird es dir leichter machen, einen neuen Weg zu wagen. Ich bewundere das. Ich habe mich schwergetan mit einem Umzug. Egal in welche Richtung er ging. Das war so, als ich Sylt verließ und in Hannover anheuerte. Dann umgekehrt. Immer kostete dieser Wechsel mich eine riesengroße Überwindung. In Hannover lockten meine eigene Idee vom Leben, eine neue Freiheit, das Weite, was hier manchmal auf Sylt fehlte, weil vieles mir begrenzt erschien. Auch wenn der Blick hier viel mehr Weite zu bieten hat, bleibt Sylt eine relativ kleine Insel. Vieles war so neu und spannend und reizte mich deshalb. Aber das Band, was mich hier auf meiner Heimatinsel festhielt, das machte den Abschied schwer. Aber genau deshalb konnte es mich hier auch wieder auffangen, als ich zurückkehrte. Ich freute mich, zurückzukommen, und gleichzeitig gab ich in Hannover vieles auf. Ja, es lag vieles in Scherben. Viele Träume waren geplatzt, Pläne gescheitert. Da war es tröstlich, dass mich hier Familie und etliche herzliche Erinnerungen erwarteten. Trotzdem musste ich auch schöne Dinge zurücklassen. Nicht zuletzt das Gefühl der Unabhängigkeit, der Selbstständigkeit. Denn ganz egal, wie gut sich unsere Zusammenarbeit letztendlich entwickelt hat, ganz zu Anfang hatte ich große Bedenken, mit meinen Eltern zusammenzuarbeiten.«

Es fühlte sich leicht und völlig selbstverständlich an, mit Severin über diese Dinge zu reden. In der Pause, die ein paar Schritte weiter entstand, dachte ich darüber nach, ob es richtig war, dass ich so offen mit einem Gast sprach, den ich erst so kurz kannte. Aber die Art, mit der er mir begegnete, unaufdringlich und interessiert, die Tatsache, dass er nicht bohrte, nicht neugierig wirkte und dabei dennoch aufrichtig etwas über mich erfahren wollte, gefiel mir. Und ich war ein klein wenig erleichtert, dass ich es zuließ, dass mein enttäuschtes Herz sich einließ auf dieses angenehme Gefühl, welches sich während unseres gemeinsamen Weges in meinem Bauch ausbreitete und für diese vertrauensvolle Basis sorgte.

Kurz vor der Uwe-Düne deutete ich in Richtung der vereinzelten Häuser, die nahe an der Kliffkante standen.

»Vom Büchercafé *Kliffglück* habe ich dir ja erzählt. Wenn wir ein wenig mehr Zeit hätten, würde ich dich auf ein heißes Getränk einladen. Man sitzt dort ganz wunderbar geschützt und hat trotzdem einen zauberhaften Blick. Zur einen Seite zum offenen Meer, auf der anderen Seite kann man bis zum Watt vor Kampen schauen. Ich mag diesen Platz sehr.«

»Dann verschieben wir das vielleicht auf den Tag, an dem wir den Strandspaziergang machen«, schlug Severin vor, während seine Augen das Café fixierten. Ein wohlig warmes Gefühl breitete sich bei seinen Worten in mir aus. Bevor ich darauf etwas antworten konnte, drehte er sich einmal um sich selbst, und sein Blick blieb an der Treppe haften, die hoch auf die Uwe-Düne führte. »Und dort oben muss ich, glaube ich, auch unbedingt mal hin.«

»Das ist der höchste Aussichtspunkt der Insel, das solltest du dir auf keinen Fall entgehen lassen. Die Sicht ist gut heute, aber ich muss mich jetzt wirklich langsam auf den Rückweg machen«, sagte ich und hielt einen Moment die Luft an. Würde er seinen Weg allein fortsetzen oder mit mir zurückkommen?

»Na dann haben wir ja schon ein neues Ausflugsziel. Ich begleite dich«, beantwortete er meine ungestellte Frage.

Durch einige Wohnstraßen liefen wir wieder in Richtung unserer Pension. Mittlerweile hatte sich sogar die Sonne durchgekämpft und ließ den blauen Himmel noch mehr strahlen.

Die weiße Holzbank vor unserem Haus lag im Sonnenschein, und auch der Strandkorb daneben sah einladend aus.

»Ich muss dann mal wieder ein bisschen was tun. Danke für die schöne Runde«, sagte ich und deutete auf die Bank. »Aber vielleicht willst du ja noch ein paar Minuten Sonne tanken.«

Wie auf Kommando sprang Paul auf die Sitzfläche und rollte sich ein. »Wie ich sehe, hat sich da auch bereits eine Begleitung bereiterklärt«, stellte Severin fest und setzte sich neben Paul, der entspannt den Kopf hob und auf Severins Oberschenkel wieder ablegte. Auch wenn kühle Temperaturen herrschten, war dieser Platz hier windgeschützt und in der Sonne gelegen und lud auch im Winter zum Verweilen ein.

»Falls dir der Sinn nach einem Tee steht, in der Teeküche steht alles bereit«, erklärte ich und erntete ein dankbares Lächeln.

»Danke, ich bleibe noch einen Moment so sitzen, aber komme bestimmt drauf zurück. Gerade genieße ich es, nur mal kurz die Beine auszuruhen.«

Im Büro warteten einige Buchungsanfragen auf mich. Die Interessenten hatten auf eine Werbeanzeige reagiert und auch wenn es noch keine festen Buchungen waren, freute ich mich, dass das Schalten der Annonce offenbar Früchte trug.

Ich hatte bald alle Mails beantwortet, in den Zimmern nach dem Rechten geschaut und vor allem Thaleas Raum fertig vorbereitet. Also ging ich zu meiner Mutter, der ich versprochen hatte, noch ein paar meiner neuesten Produkte zu dekorieren.

Paul war die ganze Zeit nicht von Severins Seite gewichen, hatte ihn sogar zum Tee im Lesezimmer begleitet und kam erst jetzt wieder zu mir, als Severin sich auf sein Zimmer verabschiedete.

Nun kam er mit mir in den Laden, wo er meine Mutter überschwänglich begrüßte.

»Hey, Paulchen. Wie ich sehe, hast du einen neuen Freund gefunden«, stellte sie fest und schaute mich mit einem Schmunzeln an. »Das sah in unserer sonnigen Ecke ja ganz gemütlich aus mit den beiden.«

»Stimmt.« Für einen Moment überlegte ich, was ich sagen sollte. Vor meiner Mutter konnte ich sowieso nichts verheimlichen. Ich war mir sicher, sie würde merken, dass auch ich mich über die Zeit mit Severin freute. Vor allem, weil sie sich stets für mich mitfreute. Der Blick, den sie mir schenkte, war bereits vielsagend. Liebevoll legte sie die Hand auf meinen Rücken und lehnte den Kopf sanft gegen meine Schulter.

»Ich hätte mich, wenn ich ehrlich bin, gerne dazugesetzt«, sagte ich, und meine Mutter hob verzückt die Augenbrauen.

»Soso«, murmelte sie. »Die Gelegenheit wird sich sicher noch mal ergeben. Aber eine gemeinsame Runde mit dem Hund gelaufen seid ihr schon, oder?«

Ich nickte und strich gedankenverloren über den Verkaufstresen. »Ja, und es war sehr schön. So schön, dass wir unbedingt noch weitere Orte gemeinsam anschauen wollen. Schließlich kennt er Sylt ja bisher gar nicht«, erklärte ich.

»Liebes, das klingt ganz wunderbar.«

»Meinst du nicht, es ist ein wenig verrückt?«

»Dass du einem Gast die Insel zeigen möchtest? Warum? Dein Vater und ich haben auf diesem Wege die interessantesten Menschen kennengelernt. Und auch die Insel durch die Augen der Urlauber noch einmal aus einer ganz anderen Perspektive gesehen. Die Leute waren immer sehr, sehr dankbar für unser Insider-Wissen. Glaub mir.«

»Das weiß ich. Aber meinst du nicht, es ist unprofessionell von mir, so viel Zeit mit *einem* Gast zu verbringen?«

»Unprofessionell?« Meine Mutter zuckte die Schultern. »Ist das das Ziel? Professionalität? Als hochprofessionell habe ich unsere kleine schnuckelige Pension noch nie empfunden. Vielmehr war sie immer ein Ort, der mit viel Individualität und Herzblut geführt wurde. Da ging es kaum um Professionalität, sondern um die Liebe. Die Liebe zur Insel, die Liebe zur Gastfreundschaft und unsere Liebe zu den Gästen. Was kann daran unprofessionell sein?«

»Du hast recht, Mama«, sagte ich und lächelte. »Es fühlt sich nur irgendwie so merkwürdig an.«

»Wie denn?«

»Ich weiß nicht.«

»Falsch?«

»Nein, das nicht«, stammelte ich.

»Na also. Dann ist es doch gut. Und um zu erfahren, wie genau es sich anfühlt, horchst du einfach immer mal wieder in dich hinein, wenn ihr euch seht, dann bekommst du eine Antwort. Wenn du sie brauchst.«

»Ach, Mamilein«, seufzte ich und wusste eigentlich gar nicht so genau, warum. Es war kein beschwertes Seufzen, eher erleichternd. Wie als ob sich in all den Grübelgedanken endlich wieder ein Lichtblick zeige, der mich fortführte von allen Sorgen und hin zu etwas Positivem, Hoffnungsvollem, dem ich unbedingt nachgehen wollte. Es war prickelnd verrückt und ließ, ob es nun richtig war oder nicht, mein Herz ein klein wenig aus dem Takt geraten.

»Dann hole ich mal ein paar der Dinge, die wir angefertigt haben, nach vorne«, schlug ich vor und verschwand mit einem seligen Lächeln in unserer kleinen Werkelküche.

Zurück kam ich mit einem Tablett mit Vasen, die wir in der letzten Woche getöpfert hatten. Außerdem waren einige Kerzenhalter dabei sowie Porzellanschalen, die wir schon bemalt und gebrannt hatten. Alle Produkte hatten einen winterlich-weihnachtlichen Stil. Meine Mutter hatte eine der breiten Fensterbänke vor dem großen Sprossenfenster zum Neudekorieren freigeräumt. Hier sollte unsere winterliche Weihnachtszauberwelt entstehen.

Zunächst drapierte ich zwei der großen Tannenbäume aus taupefarbenen Weihnachtskugeln links und rechts im Fenster. Den traditionsreichen *Jöölboom*, den wir modern interpretiert hatten, indem wir Metallplättchen mit maritimen Motiven anstelle der üblichen Symbole drangehängt hatten, drapierte ich zwischen den Bäumen. Kerzen in handgefertigten Ständern und Windlichter, die mit Sand, funkelnden Muscheln und Lichterketten gefüllt waren, rundeten das maritime Flair ab. Schilder aus Holz, auf denen Begriffe standen wie »Winterzauber auf Sylt« oder »Syltliebe«, säumten die Fensterbank, während in Vasen, die wie Tannenzapfen geformt waren, vereinzelte Kiefernzweige steckten, die wir mit Goldspray eingesprüht hatten.

Rustikale Holzschüsseln, in die grobe Strickkränze in weichen

Naturfarben um gläserne Windlichter gelegt waren, bildeten wunderschöne Weihnachtsgestecke.

Silber- und goldfarbene Hirsche neben Kerzen in gedeckten Tönen und Baumwollzweigen wirkten wunderbar gemütlich.

Ein helles Stoffsofa, das schräg vor dem Fenster stand, war mit Kuschelkissen in Pastellfarben ausgelegt, auf die ebenso Begriffe gestickt waren, die man mit der Insel verband. Worte wie *Inselliebe, Herzensort* oder *Heimathafen* sprachen mir aus der Seele und machten die Kissen zu wunderschönen Einzelstücken mit Urlaubscharakter. Flauschige Decken aus künstlichem Fell, Baumwoll-Wärmflaschen und glitzernde Gestecke aus gold- und silberfarbenen, mit Glitzer besprühten Zweigen von Tannen, Kiefern oder auch des Eukalyptus bildeten eine wahre Winter-Wunderwelt zum Anschauen.

Ich blickte auf unseren Schönerlei-*Jöölboom* im Eingangsbereich des Ladens. In den Herbstwochen vor der Adventszeit hatten wir gemeinsam mit einer kleinen Gruppe von Workshop-Teilnehmern den traditionellen Jöölboom angefertigt. Es war eine alte nordfriesische Tradition, dieses hölzerne Gestell in Form eines zweidimensionalen Tannenbaums anstelle des Adventskranzes mit Zweigen und kleinen Anhängern zu schmücken, die nicht nur bei Insulanern große Begeisterung fand. Wir hatten unseren als eine Art Adventskalender gestaltet und viele kleine Überraschungen daran aufgehängt, die sich Kunden als vorweihnachtliches Geschenk bei ihrem Besuch mitnehmen durften. Auch diesen bestückte ich neu.

Knapp eine Stunde später standen meine Mutter und ich gemeinsam vor dem Laden und betrachteten stolz unser Werk. Unser Schönerlei wirkte wie ein gemütliches Wohnzimmer voller Liebhaberstücke. Das war immer mein Anspruch, den Kunden genau das zu bieten, was für mich selbst Wohlfühlatmosphäre bedeutete. Ich sah zu meiner Mutter und lächelte, als ich den zufriedenen Ausdruck auf ihrem Gesicht entdeckte. Ja, auch Papa hätte das gefallen.

In diesem Moment trat Severin aus der Pension und kam auf uns zu. Ich hatte auch die weiße Holzbank, auf der er eben noch gesessen hatte, mit einem Fell und flauschigen Kissen dekoriert und sie so noch einladender gemacht.

»Moin«, grüßte er.

»Moin, Herr Westphal«, freute sich meine Mutter. »Wie schön, dass Sie unserem Schönerlei einen Besuch abstatten. Wollen Sie mal reinschauen, oder haben Sie einen bestimmten Wunsch?«

»Ich schaue mich sehr gerne einmal um«, erklärte er. »Toll, wie es hier schon weihnachtet. Das muss ich mir unbedingt einmal näher anschauen.« Meine Mutter lächelte und deutete mit der Hand eine einladende Bewegung an, doch er blieb noch einen Augenblick neben mir stehen.

»Das Fenster ist sehr schön geworden«, erklärte er schließlich anerkennend. »Die Farben harmonieren perfekt, und auch die Materialien der Artikel ergänzen sich genau im richtigen Zusammenspiel aus Wärme und Design. Gefällt mir gut.«

»Danke.« Überrascht hob ich die Augenbrauen und schaute ihm hinterher, als er den Laden betrat. Ich folgte ihm und beobachtete, wie er durch den Raum schritt. Sein Gang wirkte, als genieße er es, alles in Ruhe zu betrachten, was ich in dieser Art eher von weiblichen Urlaubern kannte. Meistens waren die Männer bloß die Anhängsel, die gezwungenermaßen ebenfalls mit in den Laden kamen. Er aber ließ alles ganz intensiv auf sich wirken, was ich beinahe rührend fand.

»Bietet ihr eigentlich an, Häuser hier auf Sylt mit euren so sorgfältig ausgewählten Zusammenstellungen auszustatten?«

Unsicher schüttelte ich den Kopf. »Nein, so etwas haben wir

bisher noch nicht gemacht. Aber es hat auch noch nie jemand danach gefragt.«

»Schade. Das ist hier so geschmackvoll und schön eingerichtet. Ich erkenne den Stil der Pension wieder. Man spürt, dass nicht nur auf Design geachtet wurde, sondern dass die Räume mit Liebe dekoriert wurden. Ich bin mir sicher, nicht jeder, der hier eine Wohnung oder ein Haus sein Eigen nennt, hat ein solch gutes Händchen für die Innenausstattung. Und manch einer hat wahrscheinlich schlicht nicht die Zeit oder die Muße, sich darum zu kümmern. Das gilt für Privatleute und auch für Hotels, behaupte ich.«

Fragend schaute ich ihn an, überrumpelt von seinen Ausführungen. Auch meine Mutter blickte ratlos. »Wie meinen Sie das?«, fragte sie.

»Geht es Ihnen nicht auch so, dass Sie manchmal einen Raum betreten – ein Hotelzimmer, ein Restaurant –, der zwar hübsch eingerichtet ist und womöglich topmodern. Aber dennoch fehlt etwas? Ein i-Tüpfelchen, das verrät, wo man sich gerade befindet, ohne dass man es aussprechen müsste. Ein ganz individueller Wiedererkennungswert. Etwas, das die Seele des Ortes widerspiegelt, den Charakter. Das kann so vieles sein. Ein Duft, eine farbliche Kombination oder immer wiederkehrende Deko-Elemente.«

Meine Mutter und ich nickten schweigend. Ich musste mir ein Grinsen verkneifen, als ich mir das Bild vorstellte, wie wir ihn verwundert staunend anschauten, während er referierte. Im Blick meiner Mutter erkannte ich Skepsis, die ich verstehen konnte. Worauf wollte er hinaus?

»Ihre Zimmer und die Gestaltung der Pension, die spiegeln so viel Seele wider. Da strahlen aus jedem Detail die Begriffe ›Sylt‹, ›Tradition‹ und die Liebe zu individuellen, außergewöhnlichen Kleinigkeiten. Und ich meine damit nicht ein beliebiges Bild irgendeines Leuchtturms, das vernehmlich mit dem Zaunpfahl winkt und schreit: Hallo, Sie sind am Meer! Es ist die liebevolle Kombination kleiner Details. Hier im Laden genauso. Natürlich geht es darum, Dinge zu verkaufen, aber wenn man den Raum betritt, fühlt man sich erst einmal einfach nur wohl und dann, im nächsten Schritt, entwickelt man das Bedürfnis, dieses Gefühl mit nach Hause zu nehmen und will einkaufen. Das ist toll, und ich bin mir sicher, so mancher Gast und die Kunden hier wissen es zu schätzen. Aber noch so viel mehr Leute würden von diesem fantastischen Kleinod erfahren, wenn Sie Ihre Handschrift ausweiten würden, indem Sie anderen unter die Arme greifen.«

Skeptisch schaute meine Mutter ihn an. »Nun, wenn ich andere Hotels mit dem versehe, was unser kleines Haus einzigartig macht, kann dieser Schuss aber auch deutlich nach hinten losgehen und unsere Gäste, die sich hier so wohlfühlen und dabei vielleicht darüber hinwegsehen, dass so mancher Komfort eines großen Hotels fehlt, wandern am Ende ab zu den großen Häusern hier, weil sie da dann alles bekommen.«

»Meinen Sie, das passiert?« Mit einer spürbaren, aber nicht unsympathischen Sicherheit, fast schon Arroganz, schüttelte er den Kopf. »Das wird nicht passieren. Ich behaupte, das Gegenteil geschieht. Die Menschen werden eher auf die Suche nach dem Ursprung dieser warmen Herzlichkeit gehen, und damit machen Sie Werbung für sich selbst – zumindest für den Laden. Und das wäre ja schon ein erster großer Schritt.« Er lachte leise, weil wir weiterhin eher etwas sprachlos dreinschauten. »Entschuldigung. Es ist so aus mir herausgeplatzt. Wenn ich so ein Potenzial erkenne, dann muss ich das mitteilen. Alles andere würde sich so falsch anfühlen. Berufskrankheit.« Er zuckte die Schultern. »Dabei wollte ich ja Abstand davon. Da kann ich wohl nicht ganz aus meiner Marketinghaut. Ich bitte um Entschuldigung.«

»Was, nein. Alles gut. Ich finde, das ist eine sehr interessante Idee«, lenkte ich ein, erntete aber nur ein Abwinken meiner Mutter. Trotzdem fuhr ich fort: »Ich bin an neuen Ideen interessiert. Natürlich muss man die Folgen noch einmal überdenken. Sind das Werbepotenzial und der wirtschaftliche Ertrag, die hinter einer solchen Erweiterung unseres Angebots stehen, wirklich groß genug, um den Aufwand und eventuelle Verluste von Pensionsgästen auszugleichen? Besonders in Zeiten, die schwerer sind, muss man einfach in alle Richtungen denken, und auch Kooperationen einzugehen – möglicherweise sogar mit der Konkurrenz – kann dabei eine Strategie sein, um Präsenz zu zeigen und selbst an deren Profit teilzuhaben.« Severin lächelte dankbar. Meine Mutter blieb jedoch skeptisch.

»Schon, Clara, da gebe ich dir recht. Allerdings muss man auch immer im Auge behalten, was man bereits leistet und was darüber hinaus überhaupt noch möglich ist. Wir sind zu zweit, gehen beide hin und wieder schon ziemlich an unsere Grenzen. Ich glaube kaum, dass es da ein Plan sein kann, seine Aktivitäten auf diese Weise auszuweiten. Bei aller Zustimmung zu dem, was Sie vorgeschlagen haben, Herr Westphal.« Sie schaute unsicher von mir zu Severin. »Wenn es in Ordnung ist, können wir übrigens auch gerne Du sagen. Wir duzen uns hier eigentlich alle. Ich bin Alma.« Sie lächelte versöhnlich.

»Severin. Freut mich sehr.«

In den Moment hinein läutete das Telefon im Büro unseres Ladens. »Da muss ich mal eben rangehen«, erklärte meine Mutter und verschwand in den Nebenraum.

Obwohl wir den Großteil der Büroarbeit in unserem Hauptbüro in der Pension erledigten, gab es auch hier einen kleinen Raum, kaum größer als eine Abstellkammer mit Fenster, in dem ein Schreibtisch stand und Platz für einige Aktenordner war.

Sie schloss die Tür hinter sich, und Severin trat zu mir. »Ich wollte deiner Mutter nicht zu nahe treten mit meinen Ideen. Entschuldige bitte. Das sage ich ihr gerne auch noch mal. Es war unüberlegt, mich da einzumischen.«

»Mach dir mal keine Gedanken«, bat ich ihn. »So ist sie nicht. Sie sagt, was sie denkt, damit man gleich weiß, woran man ist. Sie scheut keine Diskussion, aber sie nimmt jemandem, der es ernst meint und uns helfen will, derlei Hinweise keinesfalls übel. Da darfst du ganz entspannt sein. Sie erwartet da auch keine Entschuldigung.«

»Dann bin ich beruhigt. Manchmal gehen die Pferde ein wenig mit mir durch.«

»Das habe ich so nicht wahrgenommen. Du hattest eine produktive Idee und hast sie uns mitgeteilt. Das ist doch konstruktiv. Außerdem war es ein Riesenkompliment. Und ich bin wirklich der Meinung, dass wir das intensiver durchdenken sollten, bevor wir es einfach abschmettern.« Ich schaute mich gespielt heimlich um. »Möglicherweise haben wir ein andermal Gelegenheit, uns noch einmal in Ruhe darüber zu unterhalten.«

Er stieg auf meine Gestik ein, blickte sich ebenso um und hielt die Handfläche wie einen Schutz an seinen Mund, woraufhin er flüsterte: »Morgen Abend, 19 Uhr im *Strandgut?*«, raunte er mir zu, und ich spürte, wie ich ein wenig rot wurde.

Ich nickte und flüsterte: »Ich freue mich drauf.« Dann hob er zum Gruß die Hand. »Bitte richte Alma doch trotzdem aus, dass ich ihr Angebot fantastisch und ihre Haltung bemerkenswert finde. Ich bin mir nicht sicher, ob ich das eben angemessen rüberbringen konnte.«

»Das mache ich, Severin«, versprach ich. »Bis bald.«

Er verließ den Laden, ließ dabei einen Schwall kühle Luft in den Raum, schloss die Tür aber schnell wieder hinter sich. Die

Hände tief in den Jackentaschen vergraben, ging er Richtung Straße. Ich blickte ihm hinterher und war dabei so gedankenverloren, dass ich gar nicht bemerkte, dass meine Mutter zurückkam. Erst als sie den Arm um meine Schultern legte, zuckte ich ertappt zusammen.

»War ich zu barsch mit ihm?«, fragte sie besorgt, und ich musste lachen.

»Keine Sorge. Er hat sich eben auch bei mir erkundigt, ob er dich gekränkt hat.«

»Ach, wie aufmerksam. Ich hoffe, du hast verneint.«

»Ja, und er lässt noch mal ein ausdrückliches Lob für dein Angebot und deine Haltung ausrichten. Das war es eigentlich, was er mit seinem Vorstoß sagen wollte.«

»Danke dir. Ich mag ihn. Und vor allem den Blick, mit dem er *dich* anschaut.« Sie kicherte albern.

»Mama!«

»Jaja, ist ja schon gut.« Sie wirbelte schon wieder durch den Laden und zog noch ein paar Produkte wieder an den Platz, an den sie gehörten, und auch ich überprüfte noch einmal die Auslagen. Ich war sehr zufrieden mit unserem Werk.

Paul, der, seit Severin gegangen war, an der Tür lauerte, freute sich, als ich den Laden wieder verließ und mit ihm rüber zur Pension ging. Sah sich dann aber enttäuscht im Eingangsbereich und der danebenliegenden Lese- und Teeecke um, weil er Severin nicht fand, rollte sich schließlich resigniert neben meinem Schreibtisch zusammen und schlief augenblicklich ein.

9

Am nächsten Morgen reisten endlich wieder neue Gäste an. Die Zimmer hatte ich bereits vorbereitet, und so musste ich nur noch die Schlüssel herausgeben, alles Formelle klären und den Gästen ihr Domizil zeigen. Trotzdem verging der Vormittag wie im Flug, und ich entschied, am Nachmittag eine große Runde mit Paul am Meer entlangzugehen, bevor ich zu meiner Verabredung mit Severin aufbrach. Es wehte nur ein schwacher Wind, und die Temperaturen waren erträglich. Vor allem aber schien die Sonne, und ich wollte jede Gelegenheit nutzen, um ein bisschen Vitamin D zu tanken.

Mit dem Auto fuhr ich bis zum Strandparkplatz in Kampen. Es war relativ leer. Vor allem Hundebesitzer und Leute ohne Kinder waren hier zu dieser Zeit am Meer. Die Strände waren für Hunde noch überall zugänglich, was sich zum Frühjahr hin wieder ändern würde. Außerdem waren jetzt noch keine Ferien und die Insel insgesamt ruhiger, was es für uns aus beruflicher Sicht zwar schwerer machte, was ich ganz persönlich und privat aber sehr genoss. Man konnte viele ruhige Momente auf Spaziergängen genießen, weil man kaum Menschen begegnete, und wenn, dann waren es oft Einheimische, die genau wie ich die Stille zu dieser Zeit nutzten, um ihre Akkus neu aufzuladen und Energie zu tanken für die Zeit, die bald starten würde.

Wenn man in den Supermärkten wieder anstehen musste und im Straßenverkehr ständig Staus entstanden. Wenn die Restaurants überfüllt waren und unzählige Pendler vom Festland ihr eigenes Leben auf Pause stellten, um von früh bis spät für die Gäste da zu sein und ihnen den Urlaub zu versüßen. Ich wusste, dass viele in der Hochsaison manchmal wochenlang nicht an den Strand gingen oder jedes Restaurant mieden. Oft fehlten auch schlicht die Zeit oder die Kraft, am Abend noch den Sonnenuntergang zu bestaunen.

Das war für mich undenkbar, und ich liebte Sylt auch für den Trubel, den die Urlauber mit auf die Insel brachten. Nichtsdestotrotz genoss ich die ruhige Zeit.

Man hielt an für einen kurzen Plausch, tauschte sich über ganz ähnliche Sorgen, Freude und Gedanken in diesen Tagen aus und lief dann weiter seines Weges. Vertraut und entspannt gleichzeitig. Diese Begegnungen taten mir immer gut.

Das Meer, der Strand, Wind, Wellenrauschen und mein Arbeitsalltag auf Sylt gehörten für mich einfach untrennbar zusammen. Besonders in den turbulenten Zeiten brauchte ich jede dieser kurzen Auszeiten in der Natur, vor allem als Inspiration für meine Arbeiten im Laden und als Ausgleich zum Dienstleister-Job. Mir kam mein Leben hier manchmal vor, als schwämme ich auf einer Welle. All die Herausforderungen, die Schnelllebigkeit der Branche und die fließenden Veränderungen wachsender und abnehmender Trends konnten einen mit sich nehmen und tragen und einen so voranbringen. Oder sie brachen über einem zusammen und drückten einen unter Wasser. Mal war es das eine, dann das andere. Wichtig war nur, dass man sich immer wieder an die Oberfläche strampelte, wenn man einmal hineingefallen war. Das Rauschen dieser Welle war der Soundtrack unseres Lebens.

Die anstrengenden Seiten unseres Berufes gehörten genauso

dazu, doch weil die positiven so sehr überwogen, gab es für mich nichts anderes mehr.

Einzig meine uneingeschränkte Zeit im Laden und der Werkelküche vermisste ich. Ich stellte mir gern vor, dass die Pension irgendwann so gut lief, dass wir jemanden für diesen Bereich einstellen konnten, wodurch ich mich, gemeinsam mit meiner Mutter, wieder ganz dem Laden widmen konnte. Doch bis dahin mussten wir einfach durchhalten und die Zeit mit Momenten füllen, die mein Herz wärmten und meine Akkus mit salziger Nordseeluft, Wind in den Haaren und Sand unter den Füßen auftankten.

Dick eingemummelt in einen Schal, den ich bis an das Stirnband hochgezogen hatte, lief ich auf das Holzplateau, welches über dem Strand von Kampen lag. Ich lehnte die Hände auf das glatte Holzgeländer und ließ den Blick über das graublaue Meer schweifen. Schaumige Wellen durchzogen die stählerne Oberfläche. Sie rollten tanzend an Land, bildeten Schaumberge im nassen Sand, die zitternd dem Wind standhielten oder sich über den Strand wehen ließen und Hunde animierten, sie zu jagen. Auch Paul, der mit flatternden Ohren neben mir stand, liebte die Schaumjagd am Meer.

»Komm, mein Schatz, lass uns Schaumkronen fangen«, schlug ich vor, gab ihm das Zeichen aufzustehen und lief los in Richtung der Treppe, die nach unten an den Strand führte. Durch den tiefen Sand stapfte ich dem fröhlich voranhüpfenden Hund hinterher, um an der Wasserkante nach links gen Süden aufzubrechen. Um diese Zeit gehörten die Strände den Hunden, die sich hier unbeschwert austoben durften. Ich schätzte diese Zeit sehr.

Ich lief dort, wo die Wellen den Sand fest geformt hatten, sodass man angenehm darauf gehen konnte, ohne einzusinken. Kleine Muscheln, Steine und vereinzeltes Seeglas zierten den

Weg. Das matt und rund geschliffene Glas steckte ich jedes Mal ein und verwendete diese Geschenke des Meeres später in meinen Produkten, zur Dekoration oder für den Schmuck. Hin und wieder zwang eine stärkere Welle mich, einen Bogen zu machen, damit ich keine nassen Füße bekam.

Ich lief die feine Linie aus Schaum entlang, die wie eine silbrige Kette an Land blieb, wenn die Welle sich längst wieder zurückgezogen hatte, bis sie langsam versiegte, bevor eine neue gezogen wurde. Zurück blieben kleine Muschelschalen wie Perlen an dieser Kette.

Und da war sie wieder, die Inspiration. Genau solch ein Schmuckstück könnte ich gestalten. Als Halskette oder Armband. Gedankenverloren schaute ich auf meine Füße, den Sand vor mir und die Schätze des Meeres, als mir auffiel, dass Paul sich schon weiter von mir entfernt hatte, als ich es sonst von ihm gewohnt war. Auch schien er voll auf irgendwas fixiert und schaute sich gar nicht nach mir um.

»Paul, hier«, rief ich, und er horchte auf. Widerwillig hielt er an und kam auf mich zu, drehte sich aber immer wieder um.

Ich versuchte zu erkennen, was sein Interesse geweckt hatte. Während ich noch die Umgebung scannte, hatte Paul erneut abgedreht und war schon wieder losgelaufen.

»Ist hier irgendwo eine liebreizende Lady, die dir vollkommen den Kopf verdreht hat, mein Bester?«, scherzte ich und war ein wenig aus der Puste, weil ich ihm zu folgen versuchte. Als ich diesmal nach ihm rief, kam er nicht, hielt aber immerhin an. Um sicherzugehen, leinte ich ihn an, sobald ich bei ihm war, aber noch immer war ich völlig uninteressant.

»Merkwürdig«, sagte ich zu niemand Bestimmtem, als sich der Mann, der vor uns lief, plötzlich umdrehte.

Genauso dick eingepackt in Mütze, Schal und Mantel wie ich,

hatte ich Severin nicht erkannt. Als er Paul entdeckte, lachte er und sorgte damit dafür, dass der kleine Jack Russell wild in die Leine sprang. Ich erbarmte mich und ließ ihn wieder laufen.

»Na, bei dir vergisst mein Hundemann all seine gute Erziehung und schaltet auf Durchzug«, stellte ich empört fest, sobald ich ihn erreicht hatte, und lachte. Ich freute mich, Severin zu sehen.

»Oh, er hat offenbar sofort gemerkt, dass ich fremdgehe«, sagte er, und ich schaute ihn verwirrt an. »Hallo, Clara, was für ein schöner Zufall, dass wir uns treffen.«

Unter seiner Jacke kam etwas Kleines, Weißes zum Vorschein.

»Nanu«, wunderte ich mich. »Hast du den bisher geheim gehalten und mit auf dein Zimmer geschmuggelt? Das wäre nicht nötig gewesen. Wir haben ein großes Herz für Hunde.«

Er lachte. »Nein, es ist der Hund von Bekannten. Sie ist noch ganz jung und kann noch nicht so lange laufen. Außerdem weht sie beinahe weg hier am Wasser, da dachte ich, ich trage sie die paar Meter zurück. Ich mache nur die Mittagspausen-Ablöse.«

Ich trat näher und schaute in das liebe Gesicht eines Welpen, dessen Rasse irgendwo zwischen Jack Russell und Dackel liegen konnte. »Na, du süßer Knopf. Du hast es da ja ganz gut. Da wird mein Paulchen ganz neidisch.«

»Paulchen unter deiner Jacke würde sicher ein lustiges Bild abgeben«, vermutete Severin und grinste. »Bis zum Übergang können wir doch ein paar Schritte zusammen gehen, oder? Ihre Besitzer wollten sich da oben auf eine Bank setzen und ein wenig ruhen. Ich durfte mir die Kleine schnappen und habe versprochen, sie dann dorthin zurückzubringen.«

»Klar, gerne.«

»Dann lasse ich sie aber doch mal runter, vielleicht möchten die beiden sich ja ein bisschen beschnüffeln und toben.« Er setzte das Hundebaby auf den Boden, wo es sofort von einer Windböe erfasst wurde und schwankte. Unsicher tapste es voran. Paul ging vorsichtig zu ihm und schnupperte schüchtern. Ein zartes Schwanzwedeln verriet, dass sie sich wohlgesonnen waren.

»Hattest du bisher einen schönen Tag?«, fragte ich Severin, und er nickte.

»Danke, ja. Gute Gespräche, leckeres Essen, ein kleiner, kuscheliger Hundewelpe und nun noch so eine tolle Begleitung beim Strandspaziergang bei Sonnenschein. Und der Abend verspricht nicht minder gute Gesellschaft – was will man mehr?« Er lächelte, und in seinen hellblauen Augen funkelte das Licht der Wintersonne.

»Schau, wie süß die beiden miteinander sind. Ich würde sagen, sie freuen sich auch, dass wir uns hier getroffen haben«, lenkte ich ab, in der Hoffnung, dass er die Röte in meinem Gesicht nicht bemerkte oder auf den kalten Wind schob. Die Hunde schauten einander immer wieder an, kamen sich näher und sprangen ein paar Schritte nebeneinanderher und verfielen dann wieder in lässiges Schlendern. Für ein echtes Spiel war die Kleine aber noch zu unbeholfen und tapsig, und ich war erstaunt, wie sensibel Paul Abstand zu der schüchternen Hündin hielt und wie er es ihr überließ, zu entscheiden, wann sie sich mehr zutraute. Wie in den Anfängen einer Beziehung, wie das Kennenlernen von Severin und mir, schoss es mir durch den Kopf. Ich schob den Gedanken jedoch sofort wieder von mir. Er war verrückt an dieser Stelle und vollkommen übertrieben. Wir waren nicht einmal annähernd am Anfang einer Beziehung. Dennoch entlockte er mir ein kleines Lächeln.

»Hm? Siehst du das anders?«, fragte Severin, und ich merkte, dass ich seine letzten Sätze verpasst hatte.

»Entschuldige«, sagte ich. »Ich war in Gedanken und ganz in den Anblick der beiden Hunde versunken.«

»Alles gut. Ich habe nur gesagt, dass Paul sich wie ein echter Gentleman verhält und erkannt hat, dass die kleine Dame ein wenig Zeit braucht, auch wenn sie ihn sympathisch findet«, erklärte er, und mein Lächeln vertiefte sich noch, während ich nickte.

»Diese Qualitäten kannte ich an meinem Hunde-Partner auch noch gar nicht. Für gewöhnlich ist er ein ziemlicher Draufgänger, der Gute.« Wir lachten beide.

»Wie war dein Tag? Dass du dir hier eine kleine Auszeit nimmst, werte ich als gutes Zeichen, dass der Tag nicht allzu stressig ist.« Fragend schaute er mich an. »Oder ist er so stressig, dass die Pause nötig ist?«

Ich schüttelte lächelnd den Kopf. »Nein, es blieb einigermaßen ruhig. Ich konnte mich größtenteils darauf konzentrieren, neue Gäste willkommen zu heißen. Das war schön. Wenn unsere Stammgäste anreisen, ist das immer ein wenig wie ein Familientreffen. Ich schätze das sehr.«

»Ja, diese Familiarität ist es, was eure Pension ausmacht. Das habe sogar ich schon bemerkt. Ich mag es, wenn ich auch im Urlaub ankommen und mich zu Hause fühlen kann. Und dass euer Haus dafür das Potenzial hat, steht ja wohl außer Frage.«

»Danke dir, es freut mich, dass du das so siehst.«

»Ich kann jetzt schon versprechen, dass ich so schnell wie möglich wiederkomme, so wohl fühle ich mich. Und das liegt nicht nur an diesem super sympathischen Team.«

Ich sah von Weitem jemanden winken. Eine Frau und ein Mann standen am Übergang zum Strand. Severin winkte zurück und nahm den Hund wieder auf den Arm.

»Wir werden schon erwartet. Dann schnappe ich mir die kleine Maus mal wieder, damit sie nicht so lange warten müssen.«

Ich deutete zurück. »Dann will ich mal wieder den Heimweg antreten.«

»Willst du nicht kurz mitkommen?«

»Ich muss los. Richte doch bitte ganz herzliche Grüße aus. Unbekannterweise.« Ich lächelte versöhnlich. Ungern wollte ich einfach so dazwischenplatzen.

»Ich freue mich auf nachher«, sagte er, und sein Blick hing ein wenig länger an meinen Augen als nötig.

»Ich mich auch. Treffen an der Haustür?«, fragte ich.

Severin reckte einen Daumen in die Höhe. »Ich fahre uns.«

Beschwingt, als würden meine Füße trotz der schweren Stiefel über den Sand schweben, lief ich wieder nach Hause. Die Sonne schien mir ins Gesicht und ließ zusätzliche Glückshormone durch meinen Körper strömen. Plötzlich kam es mir gar nicht mehr kalt vor. Vielmehr schien mir die Wintersonne kuschelig warm, und ich nahm mir noch einen Moment auf der hölzernen Bank am Parkplatz, um die Strahlen zu genießen.

Ich hätte ewig hier sitzen können, wenn nicht die Kälte irgendwann meine Beine hinaufgekrochen wäre und darüber hinaus zu Hause Arbeit auf mich wartete. Außerdem wollte ich auf dem Rückweg an einem der Straßenstände für handgemachte Produkte vorbeischauen und für meine Mutter ein Glas frische Marmelade besorgen. Sie liebte eine bestimmte Sorte zum Frühstück auf einem Brötchen. Ich hatte Glück und ergatterte in dem kleinen Verkaufsstand am Straßenrand noch ein Glas des *Rosenblüten-Gelees*, das sie so gerne aß.

Zu meinem Ärger war unter den wenigen, aber freundlichen Anfragen einiger Gäste zu freien Zimmern auch eine Mail des großen Hotels, das gerade meiner Mutter noch den Brief mit der Gesprächsanfrage hatte zukommen lassen.

Es war eine Einladung zu einem sogenannten »Get-together« anlässlich des 100-jährigen Jubiläums des Hauses im Speisesaal des Hotels, zu dem alle namhaften Hoteliers und Unternehmer der Insel geladen waren. Ein Foto eines fantastischen Büfetts war angehängt. Spöttisch lachte ich auf, war dieses Hotel doch vor allem aufs Heilfasten spezialisiert, was in meinen Augen nicht mit einem so prunk- und prachtvollen Speisesaal zu vereinbaren war.

»Alles für die perfekte Show. Je nachdem, mit wem man es gerade zu tun hat«, murmelte ich leise vor mich hin. Ich war mir sicher, dort nichts zu verpassen. Eher war das Gegenteil der Fall, und es würde mich aufregen und aufwühlen, inmitten all dieser Leute gute Miene zum bösen Spiel zu machen, immer im Hinterkopf, dass das Unternehmen uns am liebsten längst aufgekauft und in seinen Konzern integriert hätte. Aber mit ein paar feinen Speisen und Champagner konnte man mich nicht um den Finger wickeln.

Einzig die Tatsache, dass sich an diesem Abend außerdem die neue Geschäftsleitung vorstellen wollte, ließ mich aufhorchen. Vielleicht konnte sich eine Änderung in der Firmenpolitik positiv auf unser Miteinander auswirken. Aber dann las ich, dass auch der neue Geschäftsleiter zur Hoteliersfamilie gehörte, und löschte die Mail ernüchtert.

10

»Hallo, mein Schatz«, begrüßte meine Mutter mich herzlich, als ich zu ihr in den Laden trat. »Schön, dass du vorbeischaust. Da hast du gerade eine kleine Pause abgepasst. Es war echt viel los heute.«

»Wie schön. Hattest du denn nette Kundschaft?«

»Sehr nette Leute waren hier. Ich habe so viele freundliche und interessierte Gespräche führen dürfen und hervorragenden Umsatz gemacht.«

Ich nickte. »Ich habe auch einige Buchungen für das Jahresende angenommen und bestätigt. Scheint ein guter Tag zu sein.«

Eine Kundin trat ein und verwickelte meine Mutter direkt in ein intensives Beratungsgespräch, das kurz darauf in einem umfangreichen Einkauf mündete. Ich widmete mich währenddessen dem Auffüllen der Auslagen und Regale, die heute tatsächlich tüchtig leer geräumt worden waren. Als meine Mutter zurückkam, strahlte sie. »Heute ist so ein guter Tag. Wie wäre es, wenn wir zum Ausklang am Abend irgendwo eine Kleinigkeit essen gehen?«, schlug sie vor.

»Es tut mir leid, so gerne würde ich mit dir was essen«, gestand ich. »Aber ich bin tatsächlich heute Abend schon verabredet. Ich hoffe, du bist nicht enttäuscht.«

»Enttäuscht?« Ein Strahlen zog über das Gesicht meiner Mutter. »Wie sollte ich da enttäuscht sein. Wie schön. Mit wem denn?«

Ich konnte nicht verhindern, dass ich rot anlief.

»Entschuldige«, sagte meine Mutter. »Ich bin so neugierig.«

»Du darfst das sein«, antwortete ich. »Mit Severin.«

»Oh, das klingt ganz wunderbar. Soll ich vielleicht auf Paulchen aufpassen?«, bot sie an.

»Gerne. Es ist für ihn sicher schöner, bei dir zu sein und sich mit in deinen Lesesessel zu kuscheln, als mit uns im Lokal zu sitzen.«

»Aber klar doch. Ich freue mich über seine Gesellschaft. Wo geht ihr denn hin?«

»Wir wollen ins Strandgut. Er hat das vorgeschlagen. Ich bin gespannt. Dort war ich nämlich noch nie.«

»Ich habe gehört, dort soll es besonders lecker sein – und romantisch, wobei das wahrscheinlich eher auf den Sommer zutrifft, wenn man den Sonnenuntergang bestaunen kann. Eine gute Wahl.«

Ich lachte. »Dann sollte mein Ziel sein, da im Sommer noch mal hinzugehen. Mit wem auch immer.«

»Ich wünsche dir jedenfalls einen besonders schönen Abend, mein Kind.«

»Danke, Mama. Ach, übrigens kam vorhin schon wieder eine Mail vom Dünenwind«, erzählte ich ihr nun.

»Was wollen die denn schon wieder?« Ihre Stimme klang aufgebracht. »Hätte ich wohl doch eher anrufen sollen und klare Worte finden.«

»Sie laden uns, gemeinsam mit anderen Sylter Unternehmern, zu einem vorweihnachtlichen ›Get-together‹ anlässlich ihres 100-jährigen Jubiläums ein.«

»Ach so. Na, das ist ja eine ganz interessante Idee, wieder ein wenig Sympathiepunkte zu sammeln.«

»Ja, es soll ein üppiges Essen geben und die Möglichkeit zum Austausch unter den Sylter Unternehmen. Außerdem stellt sich die neue Geschäftsleitung vor.«

»Aha.« Meine Mutter überlegte kurz. »Und?«

»Wie? Meinst du, ich möchte da hingehen? Die E-Mail habe ich sofort gelöscht. Ich ahne schon, dass sie uns mit diesem Event Honig um den Bart schmieren wollen und im Anschluss nur wieder irgendwelche dubiosen Angebote machen.« Vehement schüttelte ich den Kopf. »Vielen Dank, kein Bedarf! Am Ende wollen sie noch in einem vermeintlich freundlichen Gespräch herausfinden, was unsere Erfolgsgeheimnisse sind, nur um sie später in großem Stil zu kopieren. Kommt gar nicht infrage.«

»Leider habe ich diese Bedenken auch. Wobei Netzwerken sicher auch für uns wichtig wäre. Und vielleicht sind die neuen Geschäftsführer ja auch ganz umgänglich.« Meine Mutter seufzte. »Wenn ich nur wüsste, was der richtige Weg ist.« Ich hörte heraus, wie sehr meine Mutter mittlerweile selbst ins Schwanken geriet, ob ein Verkauf nicht doch eine Lösung für uns sein könnte.

»Mach dir da nicht zu viel Gedanken«, versuchte ich, sie zu beruhigen. Auch wenn ich mir selbst etliche machte.

»Du kannst es dir ja überlegen.«

»Danke, Mama. Aber ich habe da nicht lange zu überlegen.«

Ein liebevolles und dankbares Lächeln traf mich. Ich sah meiner Mutter an, wie der Wunsch nach einem sorgenfreieren Leben und der Wille, unser Unternehmen weiterhin zu führen, in ihrem Innern miteinander rangen.

»Dann mach wenigstens bald Feierabend und bereite dich auf dein Date vor«, schwenkte sie um. »Gibt es in der Pension noch was zu tun, was ich heute Abend übernehmen kann?«

»Ich schaue noch mal, ob die Teeküche ausreichend bestückt ist, damit Heide heute Abend alles hat, was sie braucht. Ansonsten hat alles Zeit bis morgen früh. Die vollen Abende kommen erst, wenn unsere Weihnachtsgäste da sind und wir die abendliche Küche wieder öffnen. Bis dahin genieße ich noch die ruhigen Abende.«

In den letzten Monaten seit dem Ende des Sommers hatten wir das Abendessen im Hotel gestrichen und boten zeitweise nur Frühstück an. Der Aufwand für die abendliche Bewirtung war für den Nutzen viel zu hoch.

»Die Familie, die angereist ist, geht sowieso gerne essen und Heide hat mir erzählt, dass sie sich was gekauft hat, was sie abends auf dem Zimmer essen möchte. Da kommt ihr unsere Mini-Küche auf dem Zimmer gerade recht. Nur ihr Tee am Abend vor dem Kachelofen, der ist ihr heilig.«

»Ach Kind, wie gut du dich immer um jeden einzelnen unserer Gäste kümmerst.« Meine Mutter lächelte. »Genau wie dein Papa!«

»Ach Mama, dem stehst du doch in nichts nach. Ist es nicht genau das, was uns ausmacht?«, überlegte ich.

Versonnen nickte meine Mutter, und ihr Blick ging zu seinem Lieblingsregal. Er hatte darauf bestanden, dass wir auch für vierbeinige Inselbesucher und -bewohner etwas im Angebot haben sollten. Hunde waren immer sein Leben gewesen und umgekehrt. Deshalb waren hier handgefertigte Produkte für Hunde ausgestellt, die Lena, die Tochter eines alten Jagdfreundes meines Vaters, anfertigte. Auch ich selbst nutzte die Leinen, Halsbänder und Co. sehr gerne.

»Severin hatte heute auch einen kleinen Hund dabei«, sagte ich. »Er gehörte wohl Bekannten. Ich muss ihn mal fragen, ob er mit dem kleinen Gefährten nun öfter spazieren geht. Dann muss er unsere Hundesachen unbedingt auch einmal in Augenschein nehmen.«

»Gute Idee. Ja, dass er ein großer Hundefreund ist, ist mir auch schon aufgefallen, als ich ihn mit unserem Paulchen beobachtet habe. Grüß ihn ganz lieb von mir und habt einen schönen Abend. Lass doch Paul gleich bei mir.«

In meiner Wohnung hüpfte ich schnell unter die Dusche, genoss diese kleine, wärmende Auszeit und den Duft meines Vanille-Duschgels und zog mir anschließend etwas an, in dem ich mich wohlfühlte, das aber dennoch ein bisschen schick wirkte. Ich war aufgeregt vor meinem Date mit Severin. So lange hatte ich mich nicht mehr mit einem Mann getroffen. Seit dem Ende meiner Beziehung hatte ich kein Interesse mehr daran gehabt. Zu groß war die Angst, wieder enttäuscht zu werden. Dann war mein Vater gestorben und ich emotional in ein tiefes Loch gefallen. Gleichzeitig hatte ich mir Sorgen um meine Mutter gemacht und mich um die Pension und den Laden gekümmert. Da war kein Platz für einen Mann gewesen.

Lässig gestylt, in Jeans, Bluse und mit einem Cape unter dem dicken Mantel, ein dezentes Make-up im Gesicht, trat ich pünktlich vor die Tür, wo in diesem Moment auch Severin auftauchte.

»Du siehst toll aus. Ich freue mich auf unseren Abend«, begrüßte er mich mit bewunderndem Blick.

»Danke. Ich mich auch.« Irritiert bemerkte ich, wie er sich umschaute, als warte er noch auf jemanden.

»Wo hast du denn Paul gelassen?«, fragte er dann, und ich lachte ein wenig zu hoch.

»Der macht sich mit meiner Mama einen gemütlichen Abend. Ich denke, da hat er mehr von als vom Lokalbesuch.«

»Das stimmt. Da ist er ja bestens aufgehoben. Wobei ich ihn genauso gerne mitgenommen hätte.«

»Er wäre auch sicher supergerne dabei, wenn er gewusst hätte, dass wir uns treffen. Das darf er nicht erfahren«, behauptete ich, und wir beide lachten.

Dann lief Severin zu seinem Auto und öffnete die Beifahrertür.

»Herzlichen Dank«, sagte ich und stieg ein.

Das Auto war bereits angenehm vorgewärmt, und als Severin auch einstieg, zog mit ihm eine Duftwolke aus Frische und Holz ins Auto. Der Duft, den er benutzte, erinnerte mich an den Wald mit einem Hauch Zitrone und Bergamotte, und ich mochte ihn sehr.

Das Lokal lag in Wenningstedt oberhalb des Strandes.

Ich genoss die Fahrt neben Severin. Zwar sah man um diese Tageszeit nicht mehr viel von der traumhaften Landschaft, aber dafür jede Menge liebevolle Weihnachtsdekorationen.

»Wow! Wie wunderschön das hier alles schon geschmückt ist«, bemerkten wir zeitgleich mit denselben Worten und mussten lachen.

»Es ist eine besondere Zeit«, fügte Severin hinzu. »Eine Schande, dass ich sie zum ersten Mal hier auf Sylt erlebe.«

»Aber die Hauptsache ist doch, du erlebst sie jetzt überhaupt, oder?«

»Da hast du vollkommen recht.«

Wir bestaunten die funkelnden Lichter in den Vorgärten und in den Straßen und plauderten über Weihnachten und was wir daran mochten.

»Im Job im Einzelhandel ist das mit Weihnachten ja immer so ein zweischneidiges Schwert, oder?«, vermutete Severin, und ich nickte.

»Schon, wobei das irgendwie anders ist, wenn man in seinem

eigenen Laden steht und in jeden einzelnen Verkauf so viel Herzblut fließt. Man bewertet jede Stunde im Laden doch anders als ein Angestellter, weil man weiß, wofür man dort steht. Deshalb geht man teilweise auch über die eigenen Grenzen hinaus.«

»Das stimmt natürlich. Das macht es besonders attraktiv, erhöht aber auch den Druck und den Anspruch an das, was am Ende dabei herumkommt.«

»Die Selbstständigkeit wird diese Unwägbarkeiten und Herausforderungen sicher immer mit sich bringen, ja«, stimmte ich ihm zu. »In guten Zeiten trägt einen dieses Gefühl, zu wissen, wofür. In schlechteren Zeiten zieht es einem manchmal den Boden unter den Füßen weg und lässt einen alles infrage stellen.«

»Ich hoffe, dass ihr das niemals tut. Das, was ihr da geschaffen habt, darf überhaupt gar nicht angezweifelt werden. Eure Pension ist ein absoluter Wohlfühlort und all die besonderen Kleinigkeiten in eurem Lädchen, die sind doch einmalig auf Sylt.«

»Einmalig ja. Aber nicht ungewöhnlich. Es gibt so viele wunderschöne, individuelle Geschäfte hier auf der Insel.«

»Es ist doch toll, dass es da eine Auswahl verschiedener Läden gibt. Sicher profitiert ihr auch gegenseitig voneinander, und trotzdem ist jeder für sich auf seine Art unersetzlich.«

»Lieb, dass du so wertschätzend von unserem kleinen Laden und der Pension sprichst.«

»Aus voller Überzeugung. Glaub mir. Sonst würde ich das einfach unkommentiert lassen. Ich bin sogar so begeistert von eurer Kombination aus dem Laden und der Pension, dass ich manchmal ein wenig übers Ziel hinausschieße.« Entschuldigend zuckte er die Achseln. »Auch wenn ich die Idee noch immer nicht abhaken kann. Ich verstehe, dass ihr genügend um die Ohren habt. Aber ich weiß, dass ihr aus dem, was ihr könnt, wofür ihr ein Händchen habt, noch viel, viel mehr herausholen könntet. Da bin ich mir sehr sicher, und ich kann es euch nur ans Herz legen, einmal intensiver drüber nachzudenken.«

»Danke dir. Aber meinst du wirklich, große Hotels haben ein Interesse an einer Kooperation mit einem so kleinen Laden wie unserem? Für mich klingt das abwegig.«

»Ich sehe darin eine Win-win-Situation. Ihr macht euch mehr und mehr einen Namen auf der Insel, und eure wundervolle Handschrift findet sich überall wieder. Und die Hotels haben die Chance, das, womit sie punkten können, nämlich die Größe, die Menge an Zimmern usw., mit dem feinen i-Tüpfelchen besonderer Dekoration und Einrichtung zu verfeinern. Ich denke schon, dass da ein beidseitiges Interesse sein kann und sowohl die Hotels als auch ihr profitiert.«

»Vielleicht hast du ja recht, und ich habe bisher nur nie darüber nachgedacht. Ich werde mir das einmal durch den Kopf gehen lassen.« Ich dachte an die Mail des Hotels. Dort war von Zusammenarbeit die Rede gewesen. Könnten damit auch solche Konzepte gemeint sein?

»Wenn du Tipps brauchst oder wir da gemeinsam mal brainstormen wollen, sag mir jederzeit gerne Bescheid.«

»Danke, das mache ich. Erst mal muss ich mich auf den Wintermarkt konzentrieren.«

»Klar. Erzähl mir davon. Was plant ihr da? Wie ist der Stand der Dinge?« Mit leuchtenden Augen sah er mich an.

»Wir bauen rund um das Schönerlei eine kleine Winterwelt auf. Die Produkte, die wir dafür vorgesehen haben, sind bereits gefertigt und stehen bereit, und über Plakate wird schon überall Werbung gemacht. Eine Freundin will mit ihrem Foodtruck zu uns kommen und dort Flammkuchen und heiße Getränke servieren, so können wir die Kunden neben unserem Verkaufsangebot noch länger binden und schaffen eine schöne Atmosphäre, ohne uns selbst um Verpflegung kümmern zu müssen. Außerdem haben wir unseren Laden an dem Abend open end geöffnet und wollen, wenn es geht und die Witterung es zulässt, auch vor dem Haus noch einen kleinen Stand aufbauen. Dafür haben wir ja unsere Holzhütte. Die wird mit Lichterketten, Tannenzweigen und Weihnachtsschmuck verziert und die Weihnachtssaison damit feierlich eröffnet.«

»Das klingt wirklich schön. Ich freue mich, dass ich dann auch dabei sein werde. Kann ich vielleicht irgendwie helfen?«

»Das ist superlieb, aber ...« Ich wollte seine Hilfe schon ausschlagen, schließlich war er unser Gast, da unterbrach Severin mich.

»Beim Aufbau doch bestimmt, oder?«

Ich nickte unsicher. »Klar, da können wir natürlich jede helfende Hand gebrauchen. Aber eigentlich sollen es nicht unsere Gäste sein, die hier zu Handwerkern werden. Ihr solltet viel eher die Atmosphäre genießen und es euch gut gehen lassen.«

»Ach, dafür wird parallel sicher genug Zeit sein. Und ich freue mich, wenn ich helfen kann. Am kommenden Wochenende findet der Markt statt?«

»Genau. Samstagnachmittag geht es los, und dann geht es bis Sonntag, jeweils ab den späten Nachmittagsstunden bis zum Abend. Laut Wetterprognose soll es kalt und trocken bleiben. Wenn wir dann auch noch den einen oder anderen wolkenfreien Sonnenuntergang bekommen, haben wir doch alles, was die Leute zu uns lockt – zahlreich hoffentlich, damit sich der ganze Aufwand auch lohnt.«

Severin parkte den Wagen direkt vor dem Restaurant, und wir stiegen aus.

»Wo macht ihr Werbung für den Markt? Ich meine, ich habe natürlich hier und da eines der Plakate entdeckt.«

»Ja, wir haben wirklich viele davon verteilt und werden auch häufig darauf angesprochen. Im Laden bekommt jeder einen Flyer mit in seine Einkaufstüte, welcher gleichzeitig ein Gutschein für einen Winterpunsch ist. Auch in anderen Läden, die selbst vielfältige weihnachtliche Aktionen planen, wird dafür geworben. Einige Buchhändler und Boutiquen wollen sich in diesem Jahr ebenfalls auf kleinen Weihnachtsevents präsentieren, und wir werben jeweils gegenseitig mit Flyern und Plakaten in unseren Unternehmen für die Aktionen der anderen. Außerdem liegen Flyer aus in Cafés im Ort und in benachbarten Dörfern.«

»Das klingt ja schon mal super«, stellte er fest. »Meinst du nicht, man sollte auch in den Hotels werben?«

Ich zog unsicher die Mundwinkel runter. »Ich weiß nicht. Warum sollten die ein Interesse daran haben?«

»Weil der Markt den Urlaubsort zusätzlich attraktiv macht und vermehrt Gäste in ihre Hotels spült, würde ich behaupten. Warum sollten nur Berlin, Dresden und Hamburg Weihnachtsattraktionen wie Weihnachtsmärkte haben? Und vor allem, warum sollte man auf ein solches Erlebnis verzichten, nur weil man seine Adventszeit oder die Feiertage auf der Insel verbringen möchte. Und glaub mir, wenn es so früh dunkel ist, tagsüber oft eisig kalt und insgesamt weniger Programm an der frischen Luft möglich, dann sind die Hoteliers sicher offen für Veranstaltungen, die ein wenig winterliche Magie verströmen und die Gäste mit Vorfreude auf Weihnachten erfüllen, anstatt sie nörgelnd an den Rezeptionen stehen zu lassen. Darüber freuen sie sich sicher, und ihr könnt zusätzliche Besucher begrüßen.«

»Da könntest du recht haben«, antwortete ich, gerade als Severin mir die Eingangstür zum Restaurant aufhielt. Angenehme Wärme strömte mir entgegen, vermischt mit köstlichen Düften. Sofort lief mir das Wasser im Mund zusammen.

Das Licht im Lokal, in dem eine ungezwungene und doch gleichzeitig gehobene Atmosphäre herrschte, war gemütlich dezent, ohne zu schummrig zu wirken. Kerzen standen auf jedem Tisch und in den Fenstern, die einen fantastischen Blick über den Strand böten, wäre es inzwischen nicht stockdunkel. Ein Kellner begrüßte uns freundlich und lotste uns, begleitet von den sanften Klängen von Loungemusik aus den Lautsprechern, an unseren Platz. Zusammen mit den Karten brachte uns der Kellner zu meiner Verwunderung einen Mini-Sektkühler mit einer kleinen Champagnerflasche, zwei Gläsern und dazu ein Schälchen mit verschiedenen Nuss-Variationen.

»Oh«, staunte ich und hob überrascht die Augenbrauen.

Zeitgleich sagte auch Severin: »Nanu! Ist das ein Gruß des Hauses?« Der Kellner grinste.

»Eher ein Gruß von Alma.«

»Von meiner Ma?« Ich schürzte die Lippen.

»Das ist ja lieb«, freute sich Severin und lächelte. Dann öffnete der Kellner die Flasche und schenkte uns jeweils ein Glas ein.

»Auf Almas Wohl«, sagte ich und hob mein Glas. Leise ließen wir die Gläser aneinanderklingen.

Severin schob sein Glas vor den Kühler, drapierte die Nüsse davor und nahm auch mein Glas dazu. »Lass uns deiner Ma ein Dankeschön schicken.«

Die Idee gefiel mir, also schoss ich ein Foto und sendete es meiner Mutter, die nur mit einem Herz-Emoji antwortete.

11

Wir bestellten beide eine Suppe vorweg, und als Hauptgericht wählte ich Rigatoni mit einer Lachssauce, während Severin die Spaghettini mit Garnelen orderte.

Vor dem Essen snackten wir zum Champagner ein wenig Brot mit Chili-Öl. Severin bestellte dann ein alkoholfreies Bier, weil er ja fahren musste.

»Schön, dass du dir Zeit genommen hast für unser Essen«, sagte Severin.

»Gerne. Ich freue mich sehr, mit dir hier zu sein.«

»Hast du abends sonst noch viel zu tun, oder ist es dann eher ruhig bei dir?«

»Wenn die Pension ausgebucht ist und wir die abendliche Bewirtung beenden müssen oder wir für den Laden noch etwas erledigen müssen, was wir tagsüber nicht geschafft haben, dann setze ich mich da abends oft noch dran. Aber meistens habe ich so um diese Zeit Feierabend. Vor allem jetzt, wo du bis auf Heide und die Familie, die heute angereist ist, ja unser einziger Gast bist und wir auch kein Abendbrot anbieten.« Zerknirscht presste ich die Lippen aufeinander. »Aber das wird sich in den nächsten Tagen und Wochen noch ändern. Die Festtage sind gut gebucht.« Heide wusste, dass wir normalerweise mit einem benachbarten Restaurant zusammenarbeiteten und so jeden Abend eine kleine

Auswahl an Gerichten anbieten konnten. Die Gäste wählten dann immer am Vortag, ob und was sie essen wollten, sodass das Restaurant die genaue Anzahl der Gerichte frisch gekocht liefern konnte. Diese Methode hatte mein Vater mal mit einem Freund installiert. Aufgrund der gesicherten Abnahmemengen konnten wir die Preise günstiger halten, als wenn unsere Gäste jeden Tag essen gehen würden. Gleichzeitig machten wir natürlich kostenlose Werbung für das Restaurant und legten unseren Gästen stets ans Herz, sich die wundervolle Atmosphäre im Lokal nicht entgehen zu lassen. Außerdem gehörte auch ein Gutschein für ein Dessert in diesem Restaurant zu unserem Begrüßungspaket in den Pensionszimmern, welches darüber hinaus aus einer Tüte handgemachter Bonbons und, je nach Jahreszeit, aus einer kleinen Flasche Prosecco oder einem Tütchen Tee bestand. Mittlerweile koordinierte ich das mit dem Sohn des früheren Küchenchefs. Auch an den Festtagen würden sie uns ein köstliches Mahl zaubern.

»Wird es rund um Weihnachten auf Sylt so voll wie im Sommer zur Hochsaison?«

»Annähernd ja. Vor allem an Silvester zieht es die Leute wieder magisch hierher, und die Insel brummt. Und doch ist es dann ganz anders als zur Sommersaison.«

»Was macht deiner Meinung nach den Winter hier auf Sylt aus?«

»Oh, da gibt es so viel. Ganz besonders schön ist natürlich aus Urlaubersicht die Zeit, in der noch wenig andere Leute da sind. Leere Strände, entspanntes Einkaufen und das Speisen in Restaurants, wo man ganz spontan noch einen Tisch bekommt, egal zu welcher Zeit. Dieses Leise, das unaufgeregt gemütliche Flair, das Sylt dann ausstrahlt, das hat schon seine ganz eigene Magie. Man schlendert durch die malerischen Gassen Keitums und bewundert dabei glitzernde Dekoration in den Fenstern und Gärten. Oder man wärmt sich bei einer heißen Tasse Tee und frischen Waffeln oder Friesentorte in einem der gemütlichen Cafés auf, liest ein Buch und schaut durch den duftenden Dampf eines Bratapfeltees aus den Sprossenfenstern, die erste Eisblumen zieren.« Verträumt lächelte ich. »Es ist herrlich.«

»Das glaube ich dir sofort«, gestand Severin. »Das klang ja wie aus einem Sylt-Wohlfühl-Roman.«

»Liest du gerne?«, fragte ich unvermittelt.

»Sehr gerne, aber viel zu wenig. Ich nehme mir einfach zu selten die Zeit, muss ich gestehen.«

»Aber die hast du hier auf Sylt doch, oder?«

»Ja. Und ich habe in der kurzen Zeit, die ich jetzt hier bin, so viel gelesen wie in den letzten fünf Jahren nicht. Ich liebe es, in eurer gemütlichen Leseecke zu sitzen, in einem der bequemen Sessel, den wärmenden Ofen in meiner Nähe und dazu eure feine, duftende Tee-Auswahl.«

»Toll. So soll das sein. Schön, dass du dich so wohlfühlst. Und es gibt noch so viele andere Orte, an denen man es sich auch und gerade bei diesem Wetter gemütlich machen kann.«

»Das klingt, als müsste ich mich auf jeden Fall noch ein bisschen umsehen.«

»Unbedingt.« Als wolle ich meiner Aussage mehr Nachdruck verleihen, hob ich den Finger.

Severin legte die Hand wie zum Salut an die Stirn, und wir lachten. »Sorry. Das sollte kein Befehl sein.«

»Doch, du hast ja recht. Und es ist schön zu sehen, wie sehr du in deinem Element bist, wenn es um die Insel geht und um Insider-Tipps.«

»Da lebe ich wahrscheinlich einerseits meine Herkunft aus, weil ich über meine Heimat sprechen darf, und andererseits ist das ja irgendwie auch mein Job, Empfehlungen für meine Gäste auszusprechen. Ich persönlich rate auch immer dazu, in der Keramikwerkstatt Porzellan zu bemalen, aber da bin ich mir unsicher, ob ich deinen Geschmack damit treffe oder das eher meiner persönlichen Leidenschaft entspricht.« Ich lächelte entschuldigend.

»Das ist doch was Besonderes. Ich finde so was toll.« Severin nickte, schaute mich dann aber nachdenklich an, was mich nervös machte.

»Alles okay? Habe ich etwas Falsches gesagt?«, hakte ich nach.

»Nein, nein. Ich habe nur gerade gedacht, dass diese Verabredung für mich auch etwas Besonderes ist. Mehr als nur ein Gespräch zum Austausch von Insider-Tipps und Empfehlungen.«

Mein Herz schlug schneller, und ich merkte, wie ich errötete. »So geht es mir auch.«

Mehr traute ich mich nicht zu sagen, oder vielmehr wusste ich auch gar nicht, was ich eigentlich sagen wollte. Von Schmetterlingen im Bauch und diesem aufregenden Gefühl, das ich so lange nicht zugelassen hatte, würde ich ihm ganz sicher nicht erzählen.

Zum Glück bewahrte mich der Kellner, der mit unserer Suppe an den Tisch trat, davor, mir eine umfänglichere Antwort zu überlegen. Ich war ganz froh, mich für eine Weile auf das köstliche Essen konzentrieren zu können und kurz zu schweigen. Entspannt, offen und vertraut, kein bisschen angestrengt, sondern aufrichtig und ruhig, so, wie ich Severin kennengelernt hatte.

Als die leeren Suppenschüsseln wieder abgeräumt wurden, lehnten wir uns zurück.

»Das war schon einmal fantastisch, oder?«, fragte ich, und Severin nickte zustimmend.

»Hast du denn eigentlich auch schon einmal einen Blick in unser Gästebuch geworfen?«, fragte ich ihn, um das Gespräch wieder in Gang zu bekommen.

»Nein, ich gestehe, das hab ich noch nicht. Ich habe es in der

Leseecke gesehen und geplant, mich dann bei meiner Abreise einzutragen.«

»Das kannst du natürlich machen, aber viele Gäste haben ihre Tipps und besonderen Erlebnisse darin verewigt. Ich würde dir raten, schon vor deiner Abreise einmal hineinzuschauen.«

»Na, wenn das so ist, dann ist das ja vielleicht der allerwichtigste Tipp. Ich bin gespannt, was ich da noch entdecke.«

»O ja, das kannst du. Sogar mir macht es jedes Mal Freude, darin zu lesen, und das liegt nicht nur an dem vielen Lob. Aber genau dieses Buch liegt schon jahrzehntelang an dieser Stelle aus und so mancher Gast hat warmherzig seine Erinnerungen notiert. Wenn auch manchmal ein wenig kryptisch.« Meine Gedanken gingen zu dem Eintrag mit der geheimen Liebe, den ich selbst erst vor Kurzem entdeckt hatte. Er berührte mich noch immer.

»Wo wir doch gerade bei den Tipps sind. Wo bist du besonders gerne auf Sylt?« Severins Blick war interessiert.

»Im Sommer oder jetzt im Winter?«

»Beides.«

»Oh«, entgegnete ich lachend. »Ich hoffe, du hast Zeit mitgebracht.«

»So lange, wie du magst«, antwortete er. »Aber Bedingung ist, dass du mir all diese Orte dann auch zeigst.« Jetzt lachte er, und ich stimmte ein.

»Also im Sommer bin ich natürlich supergerne, wenn auch dann manchmal viel zu selten, am Strand und im Meer. Mir am liebsten ist dafür der Strandabschnitt vor Kampen. Ich bin schnell da, kann, wenn es die Zeit zulässt, oberhalb des Strandes einen kleinen Snack auf der Sonnenterrasse genießen oder abends ein Glas Wein. Ich kann im Strandkorb sitzen, schwimmen gehen und, wenn ich mag, auch zu Fuß nach Hause laufen.« Kurz machte ich eine Pause und dachte nach. »Die Strandspaziergänge sind hier auch im Winter mein Highlight. Über das Büchercafé zum Einkehren haben wir ja schon gesprochen. Neben Kampen ist mein Lieblingsort auf Sylt aber immer auch Keitum. Das gilt für jede Jahreszeit. Hier warten diese malerischen kleinen Gassen mit ihren schnuckeligen Kapitänshäusern auf einen, das ruhige, grüne Watt, ein unvergleichlicher Einzelhandel und dazu natürlich überall die kleinen, inhabergeführten Cafés, Teestuben und Restaurants. Für Keitum kann ich zu jeder Zeit guten Gewissens meine Empfehlung aussprechen. Vor allem für den Sonnenaufgang, den du ja schon dort genossen hast.« Ich lächelte. »Aber im Sommer ganz früh, noch vor allen anderen aufzustehen, um zu sehen, wie die Sonne aus dem Meer auftaucht, das ist noch mal was ganz anderes. Paul und ich lieben es, frühmorgens dort ganz allein zu sein, den Vögeln zu lauschen und der prachtvollen Farbpalette am Himmel beim Verändern zuzuschauen. Das gilt aber genauso für die Wattseite von List, Kampen, Braderup oder Munkmarsch. Alles Orte, an denen mir, besonders in dieser frühen Stunde, das Herz aufgeht. Kraftvoller kann man nicht in einen Tag starten.« Bei dieser Frage sprudelte es nur so aus mir heraus.

»Ich merke, ich kann noch so manches von dir lernen für den perfekten Sylt-Urlaub. Cool. Ich freue mich über jeden einzelnen Tipp oder jeden Lieblingsort, den du mir persönlich zeigst. Und das ist nicht nur so dahergesagt.« Er schaute mir in die Augen, und das Licht der Kerze, die auf unserem Tisch stand, funkelte im Blau seiner Iriden. Mir wurde warm, und ich wich seinem Blick schüchtern aus.

»Ich weiß, du hast viel um die Ohren, und so ein Gast, den du auch noch auf seiner Erkundungstour auf der Insel an die Hand nehmen sollst, der hat dir wahrscheinlich gerade noch gefehlt.« Er schlug gespielt beschämt die Hände vors Gesicht.

»So wahnsinnig viel habe ich bisher ja nicht um die Ohren. Zumindest, was das Gästeaufkommen angeht. Und außerdem würde ich da jederzeit eine Ausnahme machen. Mir tut die gemeinsame Zeit bisher nämlich auch sehr gut«, stellte ich fest. Mit meiner Aussage nahm ich all meinen Mut zusammen, und mein Herz schlug mir bis zum Hals.

Er zog einen Mundwinkel hoch, und es bildete sich ein sympathisches Grübchen auf seiner Wange.

Wieder ersparte es uns der Kellner, das Gespräch weiterführen zu müssen, indem er unseren Hauptgang brachte.

»Es schmeckt großartig«, stellte ich fest, und Severin nickte zustimmend.

»Die Küche ist toll. Ich liebe ja auch das Ambiente hier. Lässig, gemütlich, aber irgendwie dennoch außergewöhnlich. Ich kann das gar nicht beschreiben, aber auf eine besondere Weise verkörpert das Unbeschwertheit. Urlaub, Sorglosigkeit und Seelenschmeicheln.«

»Das hast du schön gesagt. Dem stimme ich zu, also bis auf den Urlaub. Für mich ist Sylt Heimat. Mal mehr, mal weniger unbeschwert, aber immer außergewöhnlich.«

»Und das ist auch gut so. Da darfst du sehr stolz drauf sein. Wer kann das schon behaupten?«

»Neben harter Arbeit ist es ein großes Privileg, das Leben auf Sylt sein Alltagsleben nennen zu dürfen. Ich weiß das auch, nach einigen Anlaufschwierigkeiten, wirklich zu schätzen.«

»Fiel es dir also nicht auf Anhieb leicht, hier Fuß zu fassen? Ich dachte, wenn man hier aufgewachsen ist, bleibt man immer irgendwie ein Teil des Ganzen hier.«

Ich schüttelte den Kopf und überlegte erst, wie ich auf seine Frage eingehen konnte, ohne zu viel von mir preiszugeben. Doch dann kam es mir gar nicht verkehrt vor, ehrlich zu ihm zu sein.

»Dass ich hierhergehörte, das war schon immer so, und Sylt blieb auch immer mein Zuhause. Aber bei mir war es doch ein wenig anders. Ich bin zurückgekommen, weil eine persönliche Enttäuschung mir jeglichen Boden unter den Füßen weggezogen hat.« Ich hob die Schultern. »Ich dachte, die Welt stünde mir offen und ich hätte einen Menschen an meiner Seite, der bereit schien, sie mit mir zu erkunden. Und dann bin ich plötzlich wach geworden und habe gemerkt, dass ich die Einzige war, die daran geglaubt hat.« Höhnisch lachte ich. »Und während ich zwischen Traurigkeit und Wut geschwankt bin, ist so langsam die Erkenntnis durchgesickert, dass ich einfach nur unglaublich naiv gewesen bin und mir wilde Fantastereien ausgemalt habe. Plötzlich stand ich da, und mein komplettes Leben lag in Scherben.« Mein Blick ging ins Leere der Dunkelheit, während ich aus dem Fenster schaute. »Es war mein Glück, dass hier meine Heimat, unsere Pension, der Laden und allem voran meine Eltern auf mich warteten und mich liebevoll auffingen. Allein in einer anonymen Großstadt wäre ich wahrscheinlich eingegangen vor Selbstmitleid und hätte mich schwer verletzt an den Scherben meiner Hoffnungen auf die große Liebe, die lange noch an mir klebten.«

»Sylt ist also auch in dieser Hinsicht ein Ort voller Magie, habe ich das richtig verstanden?«

»Ja. Zwar vor allem in Verbindung mit meiner Familie und dem tief verankerten Gefühl von Heimat, aber ja. Sylt war meine Magie, um zu heilen und Mut zu schöpfen, dass es weitergeht, und ist es bis heute. Weil es hier immer weitergeht, im Rhythmus der Gezeiten und dem stetigen Anrollen der Wellen an den Strand. Auch, wenn dabei hin und wieder ein Stück Land verlorengeht, wächst es vielleicht an anderer Stelle nach.«

»Wow, das sind sehr starke, wertschätzende Worte. Aber auch abgeklärt. Es klingt ein wenig traurig.«

Ich nickte, den Blick auf den Korb mit frischem Brot gerichtet, der zwischen uns stand. »Ein wenig. Aber nicht, weil ich noch immer in dieser Geschichte hänge, sondern vielmehr, weil wir uns seit dem Tod meines Papas immer häufiger Sorgen machen müssen, wie es hier alles weitergehen kann und wird. Das ist nicht leicht und schmerzt. Vielleicht noch viel mehr, als es in jedem anderen Job täte, weil ich meinen Eltern gerne so viel zurückgeben will. Ich möchte, dass sie stolz auf mich sind, dass sie wissen, dass ich ihr Erbe in Ehren halte und fortführe, jetzt, wo ich einmal eingestiegen bin. Und wenn man dann merkt, dass das, was mein Papa für seine Pension zum Markenzeichen gemacht hat – Individualität und Persönlichkeit – weniger gefragt ist und die Menschen eher in die großen, schicken Ketten abwandern, mit denen unser doch recht bodenständiger Standard kaum mithalten kann, dann tut das unheimlich weh.« Eine Pause entstand, und ich überlegte, ob ich zu viel preisgab und zu schwere Themen ansprach. Gerade hatte er noch gesagt, dass er dieses Gefühl der Unbeschwertheit so sehr genoss. Ich schämte mich. Was war denn nur los mit mir, dass ich hier Sorgen und Gedanken offenbarte, die ich sonst nur meiner Mutter anvertraute? Und selbst mit ihr sprach ich nicht über alles, weil ich sie schützen wollte.

Aber Severin gab mir das Gefühl, sich aufrichtig für mich und das, was mein Leben bedeutete, zu interessieren. Er stellte die richtigen Fragen, schien wirklich wissen zu wollen, was mich bewegte. Und das, obwohl wir uns erst so kurz kannten. Ich hatte das Gefühl, eine außergewöhnliche Verbindung zwischen uns zu fühlen. Eine kleine Magie, die ich gerade noch nicht richtig greifen konnte, die aber da war, spätestens, seit wir gemeinsam die Polarlichter bestaunt hatten.

»Das glaube ich dir, Clara. Aber ich habe den Eindruck, deine Ma ist bereits sehr, sehr stolz auf dich. Meinst du nicht?«

Ich hob die Schultern und ließ sie einen Moment lang dort. »Ja, wahrscheinlich hast du recht.« Ich lächelte schief. »Trotzdem fällt es mir manchmal schwer, ihr nahezulegen, dass wir manche Dinge verändern *müssen*, wenn wir weiterhin an Bord bleiben und den Anschluss nicht verlieren wollen.«

Severin hob die Augenbrauen.

»Du hast ja gesehen, wie sie auf deinen Vorschlag reagiert hat. Sie tut sich schwer mit Neuerungen.« Über die Avancen der großen Hotels sprach ich nicht mit ihm. Das betraf schließlich nicht nur mich, sondern unser Unternehmen und ging ihn nichts an.

»Ach so. Ich habe es so aufgenommen, als hättet ihr einfach keinen zeitlichen Spielraum für zusätzliche und sicher auch zeitaufwendige Ideen. Das klingt verantwortungsvoll für mich.«

»Ja, das ist sicher auch ein Punkt. Ich merke aber, dass da vieles mitschwingt. Sie hinterfragt dann, warum etwas geändert werden muss, was doch seit Jahrzehnten erfolgreich funktioniert. Und vor allem, ob Papa das gewollt hätte.«

»Okay, verstehe. Aber *du* würdest so was gerne mal ausprobieren und in solche Richtungen weiterdenken?«

»Vielleicht. Aber ich weiß natürlich auch, dass das viel Arbeit bedeutet und wenn, dann muss meine Mama auch voll dahinterstehen, weil ich sie einerseits nicht verärgern will und andererseits auch auf ihre Unterstützung angewiesen bin. Momentan ist mein erstes Ziel, dass wir wieder ganzjährig stärker ausgebucht sind und ich so irgendwann jemanden für die Pension einstellen kann, was es mir ermöglicht, mich wieder voll auf den Laden und die Werkstatt zu konzentrieren und dann vielleicht auch das Konzept weiter auszubauen. Möglicherweise auch in die Richtung, die du vorschlägst.«

»Das freut mich. Ich stehe jedenfalls, wenn du da Support brauchst, gerne zur Verfügung.«

»Danke dir. Das ist superlieb. Woher nimmst du eigentlich deine Ideen? Kommst du aus einer ähnlichen Branche?«

Er nickte. »Ja, ich habe eine Zeit lang mit Hotels eng zusammengearbeitet und Konzepte entwickelt, um verschiedene Häuser zu pushen und Strategien zu finden, wie man Kooperationen umsetzt.«

»Verstehe. Vielleicht hat meine Mutter das gespürt, als du diesen Vorschlag mit den Hotels machtest. Wir haben da nämlich echt schlechte Erfahrungen gemacht.«

»So? Wie schade«, bemerkte Severin.

Ich nickte. »Als mein Vater noch lebte, hatten wir es mit einem solchen Konzept zu tun«, setzte ich an. »Es gab da ein großes Unternehmen für Wohnaccessoires, das hier auf Sylt für Furore sorgte. Damals suchten sie hier auf der Insel nach Flächen für ihr Unternehmen. Sie warben gezielt damit, Häuser und Wohnungen individuell und auf den Kunden abgestimmt auszustatten mit Produkten aus ihrem umfangreichen Sortiment. Wieder jemand, der uns kleinen Unternehmern den Rang ablaufen wollte und den Inselmarkt für sich erobern. Das Unternehmen hatte damals versucht, eine freistehende Immobilie in zentraler Lage zu kaufen. Aber es gab eine Initiative, die sich gegen die Neueröffnung einsetzte und die am Ende die Eigentümer davon überzeugen konnte, von einem Verkauf an diesen Interessenten abzusehen. Man hat damals gezielt versucht, Unternehmer als Arbeitskräfte anzuwerben und damit deren traditionellen Kundenstamm abzugreifen. Dabei kann man das, was wir bieten, nicht in großem Stil reproduzieren, denn dann wäre es kein Urlaub in familiärer Atmosphäre mehr. Man kann auch dort Flair schaffen, keine Frage, aber das Gefühl ist ein anderes, ist man in einer Pension, die individuell und dabei unheimlich gemütlich und persönlich eingerichtet ist. In der man handgefertigte Produkte erwerben kann, um das Urlaubsgefühl direkt aus den liebevoll damit dekorierten Zimmern mit nach Hause zu nehmen. Wo man selbst gebackene Kekse und Kuchen genießen kann, im Sommer auf der sonnigen Terrasse im vom Friesenwall umfriedeten Garten, im Winter in dem von Kiefern eingerahmten Wintergarten. Dieses Ambiente, eine kleine Pension in Kombination mit einem Laden für feine, erlesene Dinge, ist bisher auf Sylt einmalig.«

»Es ist wirklich etwas ganz Besonderes«, bestätigte Severin, der meiner Erzählung gespannt gelauscht hatte.

»Ja. Zum Glück. Hinter der ganzen Aktion steckte ekelhaft viel Kalkül. Man wollte aus den hart erarbeiteten Namen der kleinen Unternehmer Profit schlagen.«

»Derlei Ansätze entsprechen so gar nicht dem, was ich mir unter Kooperationen zwischen Unternehmen vorstelle«, erwiderte Severin. »Es müssen immer beide Seiten profitieren können, sonst ist es ja keine Kooperation. Tut mir leid, was ihr da erlebt habt.« Er machte eine Pause. »Ich überlege ja im Moment auch, wohin mein Leben gehen und ob ich mich verändern soll, aber ich komme gedanklich immer wieder bei beratenden Tätigkeiten in diesem Bereich an.« Er hob entschuldigend die Hände.

Ich lächelte. »Aber wenn du doch glücklich bist in deinem Job, warum denkst du dann darüber nach, etwas grundlegend zu verändern? Oder hast du erst hier gemerkt, dass du immer wieder zu deiner bisherigen Tätigkeit zurückkehrst?«

Er schaute mich nachdenklich an, als stelle er sich diese Fragen gerade selbst zum ersten Mal. Dann nickte er. »Ja, ich glaube, diese Erkenntnis habe ich hier erst gemacht. Der frische Wind um die Nase hat wohl auch für etwas frischen Wind in meinem Kopf gesorgt.«

»Welcher Ort könnte besser sein?«

»Da gebe ich dir absolut recht. Auslöser für meine Auszeit

hier waren übrigens persönliche Differenzen, um deine Frage zu beantworten. Ich bin deshalb dort, wo ich aktuell arbeite, nicht mehr glücklich. Menschliche Enttäuschungen sind wohl mit das Schlimmste. Da kann man noch so zufrieden sein mit der Tätigkeit – wenn das Zwischenmenschliche nicht passt, dann macht das sogar den eigenen Traum am Ende unmöglich, wenn nicht sogar kaputt.«

»Ich wünsche dir, dass dir die Zeit hier Klarheit bringt, wie du dich davon lösen und trotzdem bei dem bleiben kannst, was dir Spaß macht. Man spürt, dass du für das brennst, was du tust. Das Leuchten in deinen Augen, wenn die Ideen sprudeln. So, als ob da ein Flackern vor lauter Begeisterung ist. Das gefällt mir.«

Severin schaute mich an, und für den Hauch einer Sekunde sah ich dieses Funkeln auch jetzt in seinem Blick.

»Das ist es, ja. Aber das Leuchten ist auch unterschiedlich, je nachdem, mit wem ich mich über Gedankenstürme unterhalte. Mag sein, dass meine Augen spiegeln, wie ich mich fühle, wenn wir uns unterhalten.«

Ich merkte, wie mir kurz der Atem stockte und mein Herz polternd dagegen anlief, als wolle es ihn wieder anstoßen. Es knisterte zwischen uns. Das war deutlich. Ich meinte, fast könnte man es als Außenstehender hören. Ich sagte nichts, lächelte nur und gab mir Mühe, seinem Blick standzuhalten, was mir dieses Mal gut gelang, ohne feuerrot anzulaufen, auch wenn eine prickelnde Wärme durch meinen gesamten Körper zog, die sich wie eine innere Umarmung anfühlte. Wir spürten beide, dass die Richtung, in die unser Gespräch ging, ziemlich klar war, und ich war mir sicher, dass es uns beiden gleichermaßen unheimlich war, während wir es dennoch genossen.

»Wie sieht denn dein Tag morgen aus?«, fragte er, und ich überlegte kurz.

»Ich will morgen neben der Arbeit in der Pension die letzten Dinge für den Wintermarkt vorbereiten. Darauf freue ich mich, denn das Packen kleiner Präsente, das Schreiben von Kreidetafeln und das Sortieren von Dekoration macht mir immer riesengroßen Spaß. Und außerdem reist noch eine Freundin von mir an, die über die Festtage Urlaub von der Familie macht und mir zur Hand gehen will.« Ich lächelte. »Sie braucht mal eine Auszeit.« Ich zuckte die Schultern und schmunzelte.

»Das klingt interessant«, stellte Severin mit einem vielsagenden Grinsen fest, das ich erwiderte. »Ich habe geplant, zu einem Strandspaziergang von Kampen nach Wenningstedt aufzubrechen. Einfach mal ein paar Kilometer stramm laufen, Wind und Wellen wirken lassen und den eigenen Körper herausfordern – bei dieser Eiseskälte.« Er schlotterte gespielt, und wir lachten. »Da gebe ich dir recht. Aber dennoch ist so ein Weg am Wintermeer meine ganz große Empfehlung für Phasen im Leben, die nach einer neuen Ordnung verlangen oder in denen das Sortieren der Gedanken notwendig ist.« Ich nickte und blickte auf meine Hände, in denen ich ein Stück Brot hielt. »Mir hat das immer sehr geholfen. Laufen, atmen, schreien – all das tut manchmal einfach nur gut.«

»Schreien?« Verblüfft schaute er mich an.

»Klar. Das ist sehr befreiend. Du kannst morgen meine Freundin fragen. Die hat sich auch erst schwer damit getan, aber seit sie meinem Tipp gefolgt ist, schwört sie darauf. Wann kann man schon einmal so richtig aus voller Kraft schreien, ohne jemanden dabei zu stören? Wenn das Meer vor dir liegt, kein Mensch weit und breit zu sehen ist, du gegen den Wind anbrüllst und all deinen aufgestauten Gedanken, dem Ärger und dem Zweifel Luft machst – was kann es Besseres geben?«

»Das ist so naheliegend, und dennoch habe ich das noch nie ausprobiert.«

»Tja, vielleicht hat Sylt auf dich gewartet, damit du es hier testen kannst«, riet ich. »Auch, wenn es ehrlicherweise ein wenig Überwindung kostet. Ich habe trotz allem immer noch die Angst, dass mich mal irgendwann jemand hört und mir Hilfe anbietet und ich dann vor Peinlichkeit im Boden versinken möchte. Aber gerade jetzt, am winterleeren Strand, besteht die Gefahr eigentlich nicht. Er eignet sich besonders gut für Einsteiger.«

Severin lächelte. »Das kann ich mir gut vorstellen. Ich werde berichten, wenn ich mich getraut habe.«

»Da bin ich gespannt und kann versprechen, dass du es nicht bereuen wirst«, sagte ich.

»Echt spannend, was du so für Ideen hast für mich. Mal schauen, ob ich hier auch noch das ein oder andere Highlight entdecke, von dem *ich dir* berichten kann. Manchmal hat man ja als Urlauber noch mal eine ganz andere Sicht auf die Dinge und unternimmt ganz andere Sachen. Ich würde mich freuen, wenn ich mich für deine Tipps revanchieren kann.«

»Da bin ich mir sehr sicher. Hast du denn schon bestimmte Unternehmungen geplant?«

»Geplant nicht. Manches habe ich spontan entschieden. Ein Bekannter erzählte mir bei einem zufälligen Treffen, dass er gerade Richtung Watt zwischen List und Kampen aufbricht, und noch Plätze frei seien, da habe ich mich ihm angeschlossen.«

»Zu einer Wattwanderung? Und ich habe mich vorhin gar nicht getraut, dir das als Winter-Tipp vorzuschlagen, obwohl ich schon daran gedacht hatte. Ich hielt es für zu heftig zu dieser Zeit.« Ich war überrascht.

Severin lachte leise. »So ähnlich. Es war eine Wattwanderung der besonderen Art. Ich habe an einer Austern-Tour am Watt nahe der Lister Heide teilgenommen. Organisiert war sie von einem Hotel. Das war echt eine gelungene Aktion. Hast du so was schon mal gemacht?«

Erstaunt blickte ich ihn an. »Nein, in der Tat noch nicht. Davon hab ich auch noch nie gehört. Aber eine tolle Idee. War das wie eine Wattwanderung mit Verköstigung, oder wie kann ich mir das vorstellen?«

»Wie eine Wattwanderung mit einem kleinen, feinen Snack unterwegs, ja. Eine Station war mitten im Watt aufgebaut. Der Koch des Hotels hat auf uns an einem Tisch gewartet, richtig edel, mit weißer Tischdecke, Schalen und silbernem Kühler samt Eis, während wir in unseren Friesennerzen und Gummistiefeln gen Austernbank steuerten. Man konnte dort sowohl vom Profi lernen, wie Austern geöffnet werden, als auch die ein oder andere Spezialität kosten – vor allem verschiedene Soßen. Dazu gab es ein passendes Getränk. Das war schon außergewöhnlich.«

»Toll. Ja, die Hotels lassen sich schon so manches einfallen.« In meinem Bauch zwickte es. So schön die Idee mir erschien, so intensiv nagte sofort wieder der Gedanke an mir, dass derlei Aktionen nur mit viel Personal darzustellen waren und für uns als kleines Unternehmen damit nicht umsetzbar.

»Ich habe mal mit meinen Gästen einen Ausflug in eine Sylter Kerzenmanufaktur gemacht. Da konnte jeder nach Herzenslust selbst ausprobieren, wie es ist, wenn man seine eigene Kerze zieht oder gießt, sich den Wunschduft dafür überlegt und alles selbst gestaltet. Grad in der Vorweihnachtszeit war das eine schöne Sache, weil man direkt ein ganz persönliches Geschenk für seine Lieben oder sich selbst kreieren konnte. Dieses kleine Event passte für mich gut zu unserem Schönerlei. Dinge mit den Händen zu erschaffen ist für die meisten eine ganz besondere Auszeit für die Seele. Ich kann immer ganz in den Dingen versinken und bin dann voll im Hier und Jetzt, vergesse den Alltagstrubel und schiebe die nicht enden wollende To-do-Liste für ein paar Stunden gedanklich in den Hintergrund. Meinen Gästen ging es da ganz ähnlich, das habe ich gespürt. Das war eine wirklich gelungene Aktion, zumal man hiermit auch kleine, inhabergeführte Unternehmen unterstützt.«

»Wie schön.«

»Ja, das war es. Es sind nicht immer die großen Dinge, die einen Urlaub wirklich hervorheben. Es geht darum, Momente zu sammeln. Das ist unersetzlich und egal, was kommt – diese Eindrücke kann einem niemals wieder jemand nehmen. Wir bauen ja bereits unser Angebot dahingehend aus, dass wir auch immer mehr Workshops anbieten, wie für den handgemachten Schmuck. Aber wenn die räumlichen Bedingungen und die Ausstattung es nicht optimal hergeben, weiche ich dann gerne auf andere Unternehmen wie die Kerzenmanufaktur aus.«

»Es ist toll, wie du trotzdem eine Lösung findest, das umzusetzen, was du dir vorstellst.«

»Was wir im Rahmen unserer Möglichkeiten dafür tun können, dass unsere Gäste mit einem Herzen voller Glücksmomente die Insel wieder verlassen, um möglichst bald wieder hierherzukommen, das tun wir. Da ticken meine Mutter und ich sehr gleich und sind uns einig. Aber ohne das passende und ausreichende Personal klappt das eben nicht. Und das können wir uns momentan nicht leisten – noch nicht. Wer weiß, was noch kommt.«

Severin hob nachdenklich die Augenbrauen. »Eben! Träume sind wichtig, denn nur wenn man an sie glaubt, können sie wahr werden«, ermutigte er mich und auch wenn seine Worte nicht neu waren, tat es gut, sie zu hören.

12

Nach einem köstlichen Dessert, bestehend aus einer Variation aus verschiedenen Schokoladenpralinen an Vanillecremeschaum und Zartbittermousse mit einem Hauch weihnachtlicher Zimtaromen, die den Abend perfekt abrundeten, machten Severin und ich uns auf den Heimweg.

»Severin, ich kann dir hiermit nur sagen, dass du mir jetzt bereits etwas Neues auf Sylt gezeigt hast. Es war köstlich, und ich werde ganz bestimmt wieder hierherkommen.«

»Das freut mich sehr. Vielleicht wiederholen wir das ja gemeinsam.« Er lächelte, und mein Puls wurde ein klein wenig schneller, als ich nickte. »Gerne. Sehr gerne. Unsere kleine Auszeit hat mir wirklich gutgetan«, gab ich zu.

»Mir auch. Ein paar Stunden hat mein Gedankenkarussell mal angehalten, und trotzdem haben mich unsere Gespräche so viel weitergebracht. Das ist wirklich sehr wertvoll.«

»Ich glaube, ich kenne dieses Gefühl. Manchmal kann man noch so viel über etwas nachdenken, man kommt nicht voran. Dann muss man für einen Moment ausbrechen. Ein Gespräch mit jemandem, ein Spaziergang oder irgendeine Tätigkeit, die einen abschalten lässt, und plötzlich sieht man manches so viel klarer als zuvor und fragt sich, warum man das nicht sofort erkannt hat. Ist es das, was du meinst?«

»Genau das, ja. Vielleicht ist es vergleichbar mit Seenebel auf einem Strandspaziergang am frühen Morgen. Erst liegt er wie ein undurchsichtiger Schleier über allem, dann lichtet er sich plötzlich, und mit einem Mal sieht man alles klar. Jede einzelne Schaumkrone, die Sonne, die am Horizont auftaucht und alles in gleißendes Licht tunkt. Manchmal ist es beinahe unheimlich, wie schnell das geht.«

»Das hast du schön gesagt«, erkannte ich. »Und ich stimme dir zu. Mir ging es auch schon so.«

Die Fahrt zurück zur Pension war ruhig. Wir redeten kaum, ließen jeder für sich den Abend Revue passieren. Es war, als ruhten wir beide in uns, aufgetankt mit Energien aus diesem guten Gespräch der letzten Stunden. Wir hatten viel über den anstehenden Wintermarkt gesprochen, und Severin hatte so viele Tipps, die ich unbedingt umsetzen wollte. Er hatte mir von dem Bekannten erzählt, mit dessen Hündin ich ihn am Strand getroffen hatte. Er hatte eine mobile Station gebaut, an der Kinder, im richtigen Abstand zum Feuer und vor Wind oder Regen geschützt, Spieße mit Stockbrot ins Feuer halten konnten, ohne dass die Eltern sich um ihre Sicherheit sorgen mussten. Ich war so begeistert gewesen, dass Severin seinem Bekannten kurzerhand eine Anfrage für Stockbrot und Bauchladen geschrieben hatte, ob er uns beim Wintermarkt unterstützen möchte. Meine Vorfreude auf das alljährliche Event wuchs sekündlich. Auch weil Severin dabei sein und uns unter die Arme greifen wollte.

Eine tiefe Zuversicht, dass unsere Veranstaltung nur gelingen konnte, breitete sich in mir aus.

Als wir gerade auf das Haus zufuhren, konnte ich ein Gähnen nicht unterdrücken. Die Müdigkeit übermannte mich und erschlagen von den schönen, aber aufregenden Eindrücken dieses Abends sehnte ich mich nach meinem Bett.

Severin grinste, als er bemerkte, wie ich versuchte, das zweite Gähnen zu überspielen.

»Es tut mir leid. Die Tage sind einfach lang«, erklärte ich entschuldigend.

»Alles gut.«

Wir stiegen aus und traten auf die Tür zu und hinein in den warmen Flur, wo nur noch ganz zart gedimmtes Licht brannte. Es war mucksmäuschenstill im Haus, alle schienen bereits zu schlafen.

Severin stand vor mir, und ich rang unsicher mit den Händen, tat, als wärmte ich sie auf, als er plötzlich die Arme um mich legte und mich sanft, aber mit einem angenehm verbindlichen Druck an sich zog. Er duftete so gut, war so groß und wie ein starker Halt zum Anlehnen. Kurz schloss ich die Augen und genoss das wohlige Kribbeln in meinem Bauch, welches diese Berührung auslöste. Sie war nicht übergriffig, ging nicht zu weit, war fast eher freundschaftlich liebevoll, doch tat so gut.

Er schob mich wieder leicht von sich, schaute mich an und rieb sanft meine Arme. »Danke für den schönen Abend, Clara.«

»Danke *dir*, Severin«, sagte ich, und er löste unsere Berührung, ging einige Schritte rückwärts, den Blick unverwandt auf mir, bis er sich zur Treppe umdrehte und sie hinaufstieg.

Als er um die Ecke verschwunden war, drehte auch ich mich um und ging, ein breites Grinsen im Gesicht, zu meiner Wohnung.

Beinahe wäre mir ein Juchzen herausgerutscht, doch gerade noch rechtzeitig presste ich die Hand vor den Mund und unterdrückte den Ton, um meine Mutter nicht zu wecken.

Heute wurde ich nicht von Paul begrüßt, woraus ich schloss, dass er es sich bei meiner Mutter im Schlafzimmer gemütlich gemacht hatte.

Ich hingegen war plötzlich wieder hellwach, an ein Gähnen war kaum mehr zu denken, weshalb ich ins Bad ging, mich zwar bettfein machte, mir dann aber noch ein Hörbuch anschaltete, um zur Ruhe zu kommen.

Als ich am nächsten Morgen aufwachte, fühlte ich mich erholt und wunderbar ausgeschlafen.

Der Duft frischer Brötchen zog bereits durchs Haus, als mein Wecker klingelte. Meine Mutter schien schon das Frühstück vorzubereiten.

Schnell stand ich auf und warf einen Blick durchs Fenster, hinter dem mich ein blauer Himmel erwartete. Ich kippte das Fenster an und mit dem Öffnen zog ein kühler Windhauch in den Raum, der mich leicht schaudern ließ.

Ich lief ins Bad und ließ schon kurze Zeit später das warme Wasser aus der Regendusche auf mich niederprasseln. Dampf stieg auf und ließ mich an den Morgennebel denken, über den ich gestern mit Severin gesprochen hatte. Ich atmete tief und genoss den Moment.

Als ich in den Frühstücksraum kam, wirbelte meine Mutter bereits darin herum und Paul sprang schwanzwedelnd auf mich zu.

»Hey, guten Morgen, du lieber Schatz«, begrüßte ich ihn und knuddelte seinen kleinen, süßen Kopf mit den zarten Schlappöhrchen. Er schmiegte sich sanft in meine Hände und legte sich auf den Boden, direkt bereit, dass man ihm sein weiches, rosafarbenes Bäuchlein streichelte. Während ich ihm seine allmorgendlichen Streicheleinheiten zukommen ließ, bedankte ich mich bei meiner Mutter.

»Du hast ja hier schon so viel vorbereitet. Danke, Mama. Das wäre aber nicht nötig gewesen«, erklärte ich. Diese winkte ab.

»Ich war so früh wach, weil Paul rauswollte. Da hatte ich keine Lust mehr, mich wieder hinzulegen. Ist doch schön, wenn ich dir auch mal ein wenig Arbeit abnehmen kann. So haben wir beide sogar noch Zeit, einen gemeinsamen Kaffee zu trinken. Du musst mir ja auch noch von eurem Abend erzählen. Dass er schön war, hörte ich bereits.«

Verwundert schaute ich sie an. Sie lachte. »Severin ist mir vorhin schon begegnet. Er wollte ganz früh ans Watt vor Braderup und dort den Sonnenaufgang bestaunen.«

Ich lächelte. »Wie schön.« Es freute mich, dass er meinem Tipp gefolgt war.

»Jedenfalls machte er auf mich einen sehr zufriedenen Eindruck, was ganz bestimmt auch mit eurem schönen Abend zu tun haben wird.«

»Erst einmal herzlichen Dank fürs Paul-Sitting und auch noch mal für den Empfang im Restaurant. Das war ja eine besondere Überraschung.«

Sie lächelte nur wissend.

»Der Abend war wirklich sehr schön. Mal schauen, ob sich das wiederholen lässt.«

»Fortführen wäre der noch bessere Plan.«

Ich schaute meine Mutter an, und meine Gedanken gingen zu dem Abend. »Ja, da hast du vollkommen recht.«

»Zeig ihm doch ein paar Insider-Orte der Insel. Nutze die paar Tage, in denen hier noch Ruhe herrscht. Ändern können wir es sowieso nicht mehr, und dann machen wir wenigstens das Beste draus. Sollte hier was sein, bekomme ich das auch parallel zum Laden gewuppt.«

»Das ist lieb, Mama. Aber das kommt nicht infrage. Außerdem muss ich heute noch ein paar letzte Vorbereitungen für den Wintermarkt machen und die nächsten Zimmer für die kommenden Gäste vorbereiten. Wenn ich das jetzt nach hinten schiebe, dann kommt später wieder alles auf einmal. Wir haben bestimmt auch außerhalb meiner Arbeitszeit noch Gelegenheit, uns wieder zu treffen. Wenn es sein soll, wird das klappen.«

»Das soll ganz bestimmt sein, mein Schatz. Da bin ich mir sehr sicher.« Das Funkeln in den Augen meiner Mutter war hoffnungsvoll, und sosehr es mich rührte, sosehr fürchtete ich auch, dass wir beide viel zu viel in unser Treffen hineininterpretierten.

Was, wenn Severin doch einfach nur höflich war und sich für meine Tipps zu seinem Sylturlaub interessierte. Ja, ich hatte gestern während unserer Umarmung etwas gespürt, und natürlich ging ich nicht mit jedem alleinstehenden Gast schick essen und verabschiedete mich dann so von ihm. Aber ansonsten hatte er sich nichts weiter anmerken lassen, ob von seiner Seite aus mehr Interesse bestand.

Wäre ein Kuss nicht vielleicht der nächste Schritt nach einem so schönen Abend gewesen? Bildete ich mir die Anziehung zwischen uns nur ein? Ich spürte, wie meine Ängste wieder aufkeimten. Beißend und drückend schoben sie sich über meine Brust, durch meinen Hals bis in den Kopf.

Oder war er in Wirklichkeit gar nicht nur privat hier? Wollte er mit seinen Tipps zu Kooperationen und weiteren Veranstaltungsdetails eine Geschäftsbeziehung in Gang bringen und uns letztendlich seine Beratung verkaufen?

Nein, ich war noch längst nicht geheilt von all dem Misstrauen und den Verletzungen, die mein Ex mir zugefügt hatte. Ich würde das hier langsam angehen und mich keinesfalls kopflos und überstürzt auf etwas einlassen, was vielleicht voll gegen die Wand fahren würde. Schließlich kannte ich den Mann praktisch noch gar nicht, und er würde sich mein Vertrauen erst erarbeiten müssen.

Die Zeiten, in denen ich das leichten Herzens verschenkt hatte, waren längst vorbei.

»Alles okay?«, riss meine Mutter mich aus meinen Grübelströmen, und ich nickte nur. »Jaja. Alles gut. Habe gerade nur überlegt, was heute ansteht«, flunkerte ich und blätterte in meinem Kalender.

»Die Biebers reisen doch in den nächsten Tagen an, oder? Simone hat mir schon geschrieben, dass sie dringend ein paar Dinge aus dem Laden benötigt – Weihnachtsgeschenke.« Meine Mutter lächelte. »Da habe ich schon was Feines zusammengestellt. Ist das Zimmer schon so weit fertig oder kann ich, bis der Laden öffnet, noch was für dich tun?«

Ich schüttelte den Kopf. »Das Zimmer ist fertig. Darum hatte ich mich schon gekümmert.« Simone, Jan und Leo Bieber hatten schon ihren Sommerurlaub bei uns verbracht und sich sofort entschieden, auch Weihnachten hier feiern zu wollen.

»Wenn du was für mich tun würdest, liebe Alma, wäre ich für eine heiße Tasse Tee zum Frühstück sehr dankbar«, klang es da hinter uns, und wir drehten uns um.

Es war Heide, die ganz leise den Frühstücksraum betreten hatte und nun mit einem Lächeln vor uns stand.

»Moin«, sagte sie.

»Moin, Heide. Entschuldige bitte, wir waren so in Gedanken. Bist du schon länger hier?«

»Keine Sorge, ich belausche euch doch nicht heimlich.« Sie schüttelte empört den Kopf, deutete dann aber auf mich. »Nur sehe ich da so eine tiefe Grübelfalte auf deiner Stirn. Habt ihr Kummer, ihr beiden?«

Vehement schüttelte ich den Kopf. »Nein, nein, Heide. Mach dir keine Gedanken, alles gut.«

Heide legte den Kopf schief, schaute dann aber rüber zum Frühstück, das bereits für sie vorbereitet war.

»Der Tee kommt gleich. Wir haben noch ein paar Minuten Zeit, bis der Laden öffnet. Clara, trinkst du auch einen mit? Brötchen sind auch ausreichend da«, bot meine Mutter an.

»Sehr gerne. Warte, ich helfe dir.«

Wir kochten den Tee, servierten ihn Heide, und ich bereitete mir selbst ein kleines Frühstück. Gemeinsam mit Heide starteten wir vergnügt in den Tag.

»Wie sieht denn dein Plan für heute aus, Heide?«, erkundigte ich mich.

»Oh, der ist ganz wunderbar«, sagte diese und strahlte. »Ich bin mit meiner alten Berliner Freundin in Westerland verabredet. Sie kam gestern auch auf Sylt an. Weil der liebe Severin wohl auch irgendwas dort zu tun hat, hat er mir angeboten, mich zu fahren und danach auch wieder mit zurückzunehmen. Das ist doch nett, oder?«

Heides Freude war zu niedlich. »Ja, das ist lieb. Was hast du mit deiner Freundin denn geplant?«

»Oh, was ganz Verrücktes. Wir wollen ins Kino gehen – mitten am Vormittag! Da waren wir beide Urzeiten nicht.« Sie kicherte wie ein junges Mädchen. »Und danach ist sicherlich schon Zeit für ein feines Mittagessen.«

Ich nickte. »Das klingt ganz wunderbar, wie schön.«

»Wo ist er denn eigentlich, unser Severin? Hat er gar keinen Hunger heute Morgen?«, wunderte sie sich.

»Er ist zu einem Date mit dem Sonnenaufgang am Watt«, erklärte ich, und bei Heides nun erstaunt fröhlichem Blick wurde ich rot.

»Soso«, murmelte sie und grinste breit.

Ich deutete auf meine Mutter. »Die Info habe ich von meiner Mama. Ich habe ihn heute noch gar nicht gesehen.«

»Sonst hätte er dich ja wohl hoffentlich mitgenommen zu diesem romantischen Erlebnis, oder nicht?«

Für einen Moment war ich irritiert. »Na ja, wenn ich mit jedem Gast morgens zum Sonnenaufgang fahren würde, hätte ich ziemlich viel zu tun«, stellte ich nüchtern fest.

»Ha, Kindchen, du bist ganz schön schlagfertig!« Heide sagte das in diesem sympathisch rauen Ton und mit einer gewissen Anerkennung in der Stimme. »Aber mit ihm solltest du doch einmal darüber nachdenken, über das Konzept, finde ich.«

»Heide«, mahnte sie meine Mutter und schüttelte bedacht den Kopf. Sie musste jedoch grinsen, als sie meinen Blick sah.

»Also, Mama, das sagt die Richtige«, bemerkte ich und zog eine Augenbraue hoch. »Du bist doch ganz weit vorne mit dabei, wenn es darum geht, mich hier wieder an den Mann zu bringen«, schimpfte ich gespielt tadelnd. »Heide, du musst nämlich wissen, dass die liebe Alma schon innerlich frohlockt, weil ich gestern einen besonders schönen Abend mit Severin Westphal verbracht habe.« Heide nickte anerkennend, wirkte aber nicht überrascht.

»Soso.« Dann hob sie die Augenbrauen, und ihr Blick ging an mir vorbei. Offenbar war jemand hereingekommen und stand am Empfang. Ich drehte mich um. Kurz fürchtete ich, es wäre Severin, der alles mit angehört hatte. Mein Puls schnellte in die Höhe. Aber es war eine Frau, die auffallend schick gekleidet war. Sie lächelte freundlich.

»Moin, ich hoffe, ich störe gerade nicht. Ich bin extra so früh gekommen, weil ich Sie noch vor dem Alltagstrubel und vor Ladenöffnung erwischen wollte«, begrüßte sie uns. »Mein Name ist Sabrina Asmussen. Ich komme vom Dünenwind, wo ich als Assistenz der neuen Geschäftsleitung arbeite. Die rechte Hand meines

Mannes Falk Asmussen sozusagen. Er ist gerade in die Fußstapfen unseres Seniors getreten, und wir wollen einige Dinge neu aufziehen.«

»Alma Hertz«, stellte sich meine Mutter vor. Sie deutete auf mich. »Das ist meine Tochter Clara Hertz.« Ihre Worte klangen distanziert, wenn auch nicht unhöflich.

»Ich freue mich, Sie kennenzulernen«, sagte Sabrina Asmussen und streckte mir die Hand entgegen. Widerwillig griff ich danach und schüttelte sie kurz.

»Was führt Sie zu uns?«, fragte meine Mutter. Nur wer sie kannte, konnte den Unterton heraushören, der eigentlich sagte: »Wollen Sie nicht einfach wieder auf dem Absatz kehrtmachen? Sie sind hier unerwünscht und wir legen keinerlei Wert auf Ihre Gesellschaft.«

Frau Asmussen schaute sich um, als überlege sie, ob unser Gast etwas vom Gespräch mitbekommen dürfte. Meine Mutter erkannte den Blick. »Unser Gast Heidemarie Berlin gehört quasi zur Familie«, erklärte sie, und Sabrina Asmussen lächelte charmant in Heides Richtung. Der Blick meiner Mutter blieb eisig.

»Unsere Einladung hatten Sie bekommen?«, erkundigte sie sich mit freundlicher Stimme, und meine Mutter nickte. »Wir sind bei Ihrer Veranstaltung nicht dabei.«

Sabrina Asmussen hob bedauernd die Hände. »Wie schade, dass unser kleines Event Sie nicht begeistern kann, Frau Hertz. Ich würde mich wirklich freuen, wenn Sie kommen könnten. Mit der Übernahme der Geschäftsleitung durch meinen Mann wollen wir einige Dinge umstellen und verstärkt auf ein Miteinander der lokalen Unternehmen setzen. Wir wollen nicht der Feind sein, und es wäre uns wirklich eine Freude, wenn wir Sie in unserem Haus willkommen heißen dürften.« Ein eindringlicher Blick folgte, auf den meine Mutter jedoch nicht reagierte. »Aber deshalb bin ich nicht hier. Also nicht nur«, wechselte sie das Thema. »Es geht um ein etwas spezielles Anliegen. Ich hatte Ihnen auch dazu geschrieben, aber vielleicht ist das untergegangen, deshalb habe ich gedacht, ich komme einfach persönlich vorbei. Haben Sie einen Moment Zeit für mich? Ich würde Ihnen die Sache gern in Ruhe erklären.«

Widerwillig nickte meine Mutter und bot der Frau einen der ungedeckten Tische im Frühstücksraum an. Während Heide hinter ihrem Buch verschwand, nahmen wir drei Platz.

»Ein Gast von uns zieht zur Dauermiete in ein Appartement des Hotels. Wie Sie vielleicht wissen, betreiben wir neben den Zimmern in der Hauptimmobilie kleinere, über die Insel verteilt liegende Anlagen. In diesem Fall liegt das Appartement in Braderup am Watt. Die Wohnung ist schick eingerichtet und nach den neuesten Standards renoviert, aber der Dame fehlt es an Individualität, und ich kann ihr da nur zustimmen. Sie hat von Ihrem wundervollen Laden erzählt und den liebevoll gestalteten Einzelstücken. In Absprache mit ihr haben wir uns überlegt, die Wohnung mit einigen Details aus Ihrem Laden auszustatten. Und nun bin ich also hier, um mit Ihnen zu besprechen, ob wir da ein Modell für derlei Aufträge entwerfen könnten und wenn ja, wie das von Ihrer Seite aus aussehen könnte.«

Eine Pause entstand, in der ich fragend den Blick meiner Mutter suchte.

»Sie sind nicht die Erste, die mit dieser Idee an uns herantritt«, stellte sie fest, und Sabrina Asmussen wirkte für einen Moment irritiert, meine Mutter ließ ihr jedoch keine Zeit nachzuhaken, bevor sie fortfuhr: »Sie können diese Überlegungen gerne mit meiner Tochter Clara besprechen. Sie führt derlei Gespräche auch mit den anderen Interessenten und hat in allen Belangen der Pension und des Ladens freie Hand.« Meine Mutter nickte mir zaghaft zu, und ich sah erstaunt zurück. Es stimmte, was sie sagte – wir waren absolut gleichberechtigte Teile unseres Unternehmens. Das war meinen Eltern von Anfang an wichtig gewesen. Ich sollte nicht das Gefühl haben, nur für sie zu arbeiten, sondern sollte mich genauso damit identifizieren. Trotzdem trafen wir solche Entscheidungen normalerweise gemeinsam, und ich war es nicht gewohnt, dass sie sich bewusst daraus zurückzog. Aber mir war klar, was dahintersteckte. Bei aller Abneigung gegen das Dünenwind und die Methoden, die Jahre vorher stattgefunden hatten, sah sie die Chance dieses Angebots und wollte mir diese Gelegenheit nicht verbauen.

»Oh, das freut mich. Was meinen Sie? Sollten wir uns einmal intensiver zusammensetzen und überlegen, was wir oder vielmehr unser Gast und Sie für Ideen und Vorstellungen haben und wie wir da zusammenkommen können?« Jetzt sah sie mich fragend an. »Ich will Sie damit nicht überrumpeln, Sie können sich gerne Zeit nehmen.«

»Vielen Dank. Diese Anfrage ehrt uns ja sehr, und es freut uns, dass unser Sortiment offenbar Gefallen findet«, antwortete ich. »Gerne bieten wir Ihrem Gast diesen Service an. Wir haben uns bereits verschiedene Konzepte durch den Kopf gehen lassen. Hat sie denn bestimmte Wünsche geäußert oder den Umfang abgesteckt, in dem sich unser Angebot bewegen darf?«

»Sie hat sich wohl schon Gedanken gemacht und uns ein paar Dinge genannt, die ihr wichtig wären. Noch ist sie nicht selbst auf der Insel. Aber wenn sie angekommen ist, könnte sie mit dem Kollegen, der derlei Dinge bei uns betreut, noch mal alles besprechen. Er wird sich dann mit Ihnen in Verbindung setzen und alle Details abklären.« Sie schaute erst mich an, dann meine Mutter. »Dann stellen Sie ein Angebot zusammen, und ich schaue mit unserem Mitarbeiter, inwiefern wir das umsetzen können. Und wenn die Zusammenarbeit gut funktioniert, könnte man möglicherweise für zukünftige Projekte darauf aufbauen.«

Sie wagte einen ziemlichen Vorstoß, aber es imponierte mir. Sie wusste, was sie wollte und dass sie es nur erreichen würde, wenn sie Tatsachen schuf. Sie wirkte offen, ehrlich und sympathisch dabei. Außerdem war die Idee, die sie uns gerade vorgestellt hatte, interessant. Jetzt, wo es nicht mehr nur ein vager Vorschlag in einer Unterhaltung war, sondern ein konkretes Angebot, fand ich immer mehr Gefallen daran, zumal meine Mutter auch nicht mehr komplett abgeneigt wirkte.

Trotzdem irritierte mich die Ähnlichkeit dieses Angebots zu Severins Vorschlägen. Hatte er etwas damit zu tun? Ich schüttelte leicht den Kopf, um diesen Gedanken zu verscheuchen. Nein, das war doch vollkommen abwegig. Er kannte sich einfach in der Branche aus, wusste, wie die Dinge funktionierten, und hatte deshalb ähnliche Ideen. Das war einfach ein schöner Zufall, und ich musste aufhören, alles gedanklich zu zerpflücken.

»Wie gesagt. Meine Tochter bespricht gerne alles Weitere mit Ihnen. Leider muss ich mich nun verabschieden. Der Laden will geöffnet werden.«

Mit diesen Worten verschwand meine Mutter in Richtung Laden, und Sabrina Asmussen schaute ihr nur ernüchtert hinterher. Dann wandte sie sich wieder mir zu und lächelte unsicher. »Ich muss unbedingt noch mal vorbeikommen, wenn der Laden geöffnet hat. Danke, dass Sie sich der Anfrage annehmen wollen«, sagte sie.

»Selbstverständlich. Ich freue mich über das Interesse. Wollen Sie Ihrem Kollegen meine Nummer geben, damit er sich direkt bei mir melden kann? Gerne zeige ich ihm alles und werde mich dann auch persönlich um die Gestaltung und die Lieferung kümmern. Ich habe auch einen Profi an der Hand, der mich beraten kann und den wir möglicherweise mit ins Boot holen könnten«, sagte ich in Gedanken an Severin. Irgendwie hatte ich das Gefühl, Frau Asmussen so unsere Professionalität zu beweisen.

»Danke, Frau Hertz.« Sie reichte mir ihre Karte, und nach ein wenig höflichem Geplänkel verabschiedete sie sich wieder.

Kaum war die Tür hinter ihr ins Schloss gefallen, ließ ich mich etwas überrumpelt auf einen Stuhl neben Heide fallen.

»Das klingt spannend, aber deine Mutter scheint skeptisch zu sein«, hakte Heide nach, und ich nickte.

»Ja, aber dass sie mir die Entscheidung übergeben hat, empfinde ich als Zugeständnis. So ein Auftrag ist nicht nur eine Herausforderung, die mir großen Spaß machen würde. Ich glaube, der Aufwand wäre überschaubar, der Ertrag dafür umso besser. Das würde uns aktuell sehr weiterhelfen, und wenn daraus dann noch etwas Längerfristiges entstehen könnte, wäre das umso besser.« Bedauernd hob ich die Handflächen und presste die Hände aufeinander. »Mama weiß das, auch wenn es ihr schwerfällt, auf das Dünenwind zuzugehen und zu vertrauen.« Ich seufzte. »Nur halte ich den Weg, zu kooperieren, für eine Möglichkeit, dass eine Existenz nebeneinander überhaupt langfristig möglich ist. Es hat keinen Sinn, sich gegenseitig anzufeinden. Wir sind nun einmal alle hier und wollen ein Stück vom Kuchen, und wenn wir den gerecht aufteilen wollen, müssen wir das gemeinsam tun.«

»Ich finde, das ist eine gute Einstellung und dass ihr euch geehrt fühlen könnt, dass sie sich mit einer solchen Anfrage einer offenbar einflussreichen Person direkt an euch wenden. Sie werden sicher nicht für jeden Gast einen solchen Aufwand betreiben. Es kann nicht schaden, ein Angebot zu erstellen.«

»Ja, ich glaube, du hast recht.«

In diesem Moment ging die Tür erneut auf, und Severin kam herein. Paul begrüßte ihn überschwänglich.

»Moin«, rief Severin lächelnd in den Raum. »Guten Morgen, Paul. Na, du freust dich ja.«

»Moin, hattest du Glück mit einem tollen Sonnenaufgang?«

»Er war perfekt! Ein paar kleine Wölkchen am sonst klaren Himmel. Diese Farben – so ein malerisches Rosa, über das leuchtende Orange und irgendwann der Übergang zum hellen Blau, das habe ich noch nie zuvor gesehen. Dann der Weg dorthin durch die Heidelandschaft. Ich möchte unbedingt im Sommer wiederkommen, wenn die Heide blüht.«

»Na, da ist aber jemand begeistert«, stellte Heide fest.

»Das bin ich. Es gab nur einen Nachteil an diesem tollen Morgen«, sagte er bedauernd und schaute mich an.

»Du hast noch nicht gefrühstückt, oder?« Ich deutete auf den Korb mit Brötchen und auf die Teekanne. »Möchtest du einen Tee dazu?«

»Danke, das ist lieb. Das meinte ich aber nicht.« Er lächelte. »Wenn man so einen fantastischen Sonnenaufgang bestaunen darf, ist es traurig, wenn man allein ist. Ich hätte diese Eindrücke gerne mit jemandem gemeinsam genossen.«

Röte kroch meinen Hals empor, breitete sich in meinem Gesicht aus und brachte die Haut zum Glühen.

In dem Moment sprang Paul an Severins Bein hoch. »Paul«, schimpfte ich.

»Na, wenn ihr so rätselhaft sprecht, denkt Paulchen halt, er muss Bescheid sagen, dass er jederzeit mitgekommen wäre«, sagte Heide und drehte sich um. »Severin, ich freue mich auf unsere Fahrt nach Westerland. Ich mache mich noch mal frisch und bin dann bald startklar. Aber iss bitte erst mal in Ruhe.« Dann ging sie aus dem Raum zu ihrem Zimmer.

»Paul hätte ich auch gerne mitgenommen«, sagte Severin.

»Aber vielleicht schaffen wir es ja auch einmal zu dritt? Paul, du und ich?«

»Ganz bestimmt. Solange es hier noch so ruhig ist, kriege ich das bestimmt auch morgens mal hin.« In meiner Brust flatterte es nervös. »Setz dich doch. Ich hole dir mal den Tee.«

Als ich zurückkam, hatte Severin ein Brötchen schon fast aufgegessen. »Sitzt dir Heides Verabredung im Nacken?« Ich lächelte, als er ertappt nickte, den Mund noch voll mit dem letzten Bissen Brötchen. »Es ist sehr lieb von dir, dass du sie fährst.«

»Heide ist eine so liebenswerte Person. Sie hat mir so euphorisch von ihrer Kino-Verabredung berichtet, da konnte ich nicht drum herum, ihr anzubieten, sie nach Westerland und zurückzufahren. Außerdem will ich mir sowieso den kleinen Wintermarkt dort anschauen und mich auf einen Mittagssnack mit meinen Bekannten treffen.«

»Eine schöne Idee. Der ist sehr niedlich und gemütlich. Ich komme leider selbst viel zu selten dazu, ihn zu besuchen, aber ich mag ihn sehr.«

»Bald habt ihr hier ja euren eigenen Markt. Aber das ist natürlich nicht vergleichbar für dich, das ist klar.«

»Stimmt. Auf unserem eigenen Markt habe ich kaum Gelegenheit, mich selbst mal umzusehen, und bin auch meist zu sehr fokussiert, um eine richtige Weihnachtsstimmung aufkommen zu lassen. Wir schaffen uns das Weihnachtsmarktgefühl dann zusammen auf der Couch, Mama und ich. Gebrannte Mandeln, weißer Glühwein – es gibt so Rituale, die wir uns nicht nehmen lassen. Arbeit hin oder her.« Ich lachte leise. »Stell dir vor, vorhin war eine Frau vom Dünenwind bei uns. Das große Hotel in Hörnum. Sabrina Asmussen. Sie hat uns darum gebeten, ein Appartement für einen Gast auszustatten«, berichtete ich ihm jetzt. »Ist das nicht ein verrückter Zufall? Unsere bisherige Kommunikation war ja eher weniger herzlich, und jetzt kommen sie mit einer Idee, ganz ähnlich wie deine. Kurz dachte ich, du könntest deine Finger im Spiel haben.« Erwartungsvoll schaute ich ihn an und war kurz irritiert, dass er zunächst nur verhalten lächelte.

»Echt? Jemand vom Dünenwind war hier? Ach was. Das ist ja wirklich verrückt. Aber ich habe da nichts mit zu tun.« Ein leises Lachen folgte. Es wirkte unsicher. »Und hast du zugesagt? Oder hat deine Mama was dagegen?«

»Sie hat mir die Entscheidung überlassen. Wir hören uns mal an, was sie sich vorstellen und ob wir das umsetzen können und wollen.«

»Gratulation! Das klingt ja erst mal super. Auch dass sie überhaupt offen dafür ist. Hört euch das an. Aber prüft bitte ganz genau deren Angebot.« Ich wunderte mich über die Aussage und nickte nur stumm. Severin schaute mich an und trank seinen Tee. In seinem Blick meinte ich, einen Hauch von Nachdenklichkeit zu erkennen. Noch bevor Severin seinen Tee ausgetrunken hatte, kam Heide zurück. Sie hatte sich richtig schick gemacht, wie ich gerührt bemerkte. Ihr königsblauer Hosenanzug harmonierte wunderbar mit ihrer langen Perlenkette und den feinen Schuhen. Den Mantel trug sie noch über dem Arm.

»Heide, du siehst toll aus«, stellte ich fest, und sie lachte glockenhell.

»Ach, du liebe Zeit! Danke dir. Wann habe ich schon mal die Zeit, meine elegante Garderobe auszuführen? Derlei Chancen müssen in meinem Alter beim Schopfe gepackt werden.« Sie machte eine dazu passende Handbewegung, und wir mussten lachen. Severin stand auf, half Heide in den Mantel und bot ihr seinen Arm an.

»Auch von mir ein großes Kompliment. Die Farbe steht dir

fantastisch. Darf ich dich zum Auto begleiten?«, fragte er höflich, und sie legte ihre Hand auf seinen Arm.

»Ach, dass ich das noch erleben darf«, freute sie sich, juchzte dabei, und wir lachten. »Warte mal ab, was Sylt noch so zu bieten hat. Wer weiß, wen deine Freundin und du noch so alles kennenlernt im Kino«, scherzte Severin, und Heide nickte. »Höre ich da etwa Ironie? Unterschätz uns alte Schachteln mal nicht, junger Mann.« Sie hob mahnend den Zeigefinger.

»Ich würde es nicht wagen! Das meine ich absolut ernst!« Severin streckte demonstrativ den Rücken durch und strich über Heides Hand. »Wenn ich in deinem Alter nur halb so gut drauf bin wie du, Heide, dann habe ich schon vieles richtig gemacht. Du bist ein Vorbild. Das steht jetzt schon fest.«

»Nu' is' aber gut! Los jetzt!« Sie ging schnellen Schrittes los, und Severin grüßte über seine Schulter hinweg. »Bis später!«

»Bis später.« Ich schaute ihnen lächelnd hinterher. Es war ein lustiges, vor allem aber schönes Bild, die beiden so zu sehen.

13

Die Zeit, in der Heide und Severin unterwegs waren, wollte ich nutzen, um in ihren Zimmern klar Schiff zu machen.

Heides Zimmer sah aus, als sei sie noch nicht einmal eingezogen. Die alte Dame war der wohl ordentlichste Mensch, den ich kannte. Außerdem hatte sie, bis auf ihre kuschelige Cashmere-Decke und die Hausschuhe, die an der Tür standen, kaum persönliche Gegenstände, die sich außerhalb des Kleiderschrankes befanden. Nicht ein einziges Bild stellte sie auf, auch wenn sie einige Wochen hier war. Da gab es keine Lesebrille, die neben dem Bett lag, und keine Tablettenbox. Alles war sorgfältig irgendwo eingeräumt. Das Bett hatte sie jeden Tag so aufgeschüttelt, dass ich es nicht besser hinbekommen hätte. Sogar die Tagesdecke lag immer so akkurat, dass ich jederzeit Fotos für Werbeaufnahmen hätte machen können.

Ich saugte, legte neue Handtücher ins Zimmer und stellte frisches Wasser auf den Couchtisch. Außerdem hatte ich einen kleinen Strauß Blumen für sie bestellt, den ich auf die Kommode stellte. Heide liebte kleine Blumensträuße.

Ein schneller Gang durch das Bad, das ich einmal reinigte und den Müll rausnahm, dann war das Zimmer fertig.

In das Zimmer von Severin zu gehen fühlte sich merkwürdig an. So, als dringe ich in seinen privaten Bereich ein, auch wenn ich dieses Zimmer in- und auswendig kannte, weil es mein Zuhause war. Das war zwar grundsätzlich bei jedem Gast so, aber bei Severin ins Zimmer zu gehen sorgte für Herzklopfen bei mir. Dankbar, dass mich niemand sehen konnte, blieb ich kurz im Türrahmen stehen, trat dann langsam ein und zog die Tür hinter mir zu. Ich schloss die Augen, als sein Duft mir entgegenströmte und eine mir bisher ganz unbekannte Sehnsucht entfachte. Eine Sehnsucht danach, mich weiter mit diesem Mann zu unterhalten, danach, dass er mich wieder so in den Arm nahm wie am Abend zuvor bei unserer Verabschiedung. Danach, dass darüber hinaus noch viel mehr geschah. Mich einfach endlich wieder einmal in Gegenwart eines Mannes so wohlzufühlen wie mit ihm. Und dabei war kaum etwas passiert. Ein gutes Gespräch, eine gemeinsame Wellenlänge und eine Umarmung, die so mit vielen anderen Menschen geschehen konnte. Und doch fühlte es sich anders an. Besser.

Auch Severins Zimmer war superordentlich. Jedes Teil lag an seinem Platz, nur wenig deutete darauf hin, dass hier jemand wohnte.

Kurz checkte ich das Bad, wo ich ebenso neue Handtücher drapierte, Kosmetika ergänzte, die er benutzt hatte, und Toilettenpapier auffüllte. Ich ertappte mich dabei, wie ich sein Parfüm in die Hand nahm und kurz daran schnupperte.

Ich zog auch in Severins Zimmer den Staubsauger zu mir und ging damit einmal durch den Raum. Gerade saugte ich unter der kleinen Couch vorm Balkonfenster, da gab es ein dumpfes Geräusch. Der Sauger hatte irgendetwas angezogen, was nicht durch das Rohr passte. Es klang wie Papier.

Erschrocken schaltete ich ihn aus, woraufhin eine Visitenkarte herunterfiel. Ich hob sie auf und legte sie auf den Couchtisch.

Zum Glück war es nur dieses Stück Papier gewesen, das stabil geblieben war und nicht zerknitterte.

Ohne es wirklich zu wollen, fiel mein Blick auf das Design der Karte. Sie lag mit der Rückseite nach oben auf dem Tisch. Ich kannte das Design. Es war das Logo eines der größten Anbieter für Einrichtungsartikel im Norden Deutschlands – desjenigen, der hier noch zu Lebzeiten meines Vaters für Furore gesorgt hatte. Mein Magen zog sich zusammen beim Anblick des einprägsamen Logos aus haptischen Ornamenten. Ich überlegte, was Severin mit der Firma zu tun haben könnte, und während ich weiter das Zimmer saugte, ließ mich diese Grübelei nicht los.

Hatte er die Karte von jemandem bekommen, der dort arbeitete? Warum hatte er sie aufgehoben und warum mit nach Sylt genommen? Oder aber hatte er selbst etwas direkt mit dem Unternehmen zu tun?

Ich wusste, dass es nicht richtig war, dieser Frage auf eigene Faust auf den Grund zu gehen, und spürte instinktiv, dass ich womöglich etwas erfahren würde, was ich lieber gar nicht wissen wollte. Dennoch konnte ich nicht anders, als die Karte zu drehen und den Namen zu lesen, der darauf stand.

Kaum hatte ich sie umgedreht und erfasst, was dort stand, ließ ich sie vor Schreck direkt wieder fallen.

Severin Westphal, CEO Nordic Home.

Mein Herz schlug mir bis zum Hals. Das war doch nicht möglich! Ich hatte kaum Zeit, mich zu sammeln, als ich erneut zusammenzuckte, weil die Tür zum Apartment geöffnet wurde und Severin eintrat. Er stieß einen erschrockenen Laut aus und fasste sich ans Herz.

»Clara!«

Ich schlug ertappt die Hand vor den Mund.

»Hast du mich erschreckt«, presste ich mühsam hervor. »Entschuldige, ich wollte nicht ... Ich, ich ... Ich habe nur sauber gemacht. Ich dachte, ihr seid erst mal unterwegs und so störe ich euch nicht«, stammelte ich, und Severin legte beruhigend die Hand auf meine Schulter, was einerseits angenehm war, vor dem Hintergrund meiner Entdeckung jedoch für zusätzlichen Schwindel sorgte und in mir den Impuls auslöste, mich wegzudrehen. Aber die Sehnsucht nach seiner Nähe war weiterhin da, was mich innehalten ließ.

»Alles in Ordnung«, sagte er. »Ich habe nur was vergessen und bin zurückgekommen, nachdem ich Heide abgesetzt hatte«, erklärte er. Sein Blick ging durch das Zimmer zu seinem Portemonnaie, das noch auf dem Nachttisch lag, und streifte die Karte auf dem Boden. Dann schaute er mich einen Moment lang an, und bis ich seinen Blick einordnen konnte, sprach er weiter.

»Ich kann gar nicht mit ansehen, dass du hier für mich sauber machst.« Er schaute sich um. »Im Prinzip ist doch auch alles in Ordnung, oder?« Er bückte sich, griff nach der Karte, die er kurz in den Händen drehte und dann beiläufig in etliche kleine Schnipsel zerriss und in den Mülleimer warf. »Du musst ja nicht meinen Müll beseitigen. Wobei ich hoffe, dass ich mich ganz anständig verhalten habe, was die Ordnung angeht.«

»Alles bestens, klar«, gab ich ihm recht und nickte, hatte aber das Gefühl, meine Stimme höre sich hohl an. »Ich habe nur schnell nach dem Rechten gesehen, deine Handtücher gewechselt und einmal durchgesaugt. Hier auf Sylt mit all dem Sand muss man das regelmäßig machen, sonst werden die Zimmer zum Sandkasten. Und es soll ja schön wohnlich bleiben.« Ich lächelte unsicher.

»Von mir aus musst du hier aber echt nichts mehr machen«,

erklärte er. »Komm doch lieber mit mir nach Westerland und genieß in der Zeit ein kleines Mittagessen auf dem Wintermarkt mit mir. Du hast doch gesagt, dass du viel zu lange nicht da warst, oder? Ich bin mir sicher, meine Freunde und du, ihr versteht euch hervorragend. Den Hund kennst du ja schon, und Paul würde sich sicher auch darüber freuen.«

»Oh, ja, vielleicht. Danke, aber ...«, stammelte ich. »Ich habe eigentlich noch zu tun.« In meinem Kopf rotierten die Gedanken. Hatte er die Karte absichtlich zerrissen, um zu verhindern, dass ich sie las, oder war das eher gedankenlos passiert? Ich presste angespannt die Kiefer aufeinander.

»Entschuldige, klar. Ich will mich auch nicht aufdrängen«, ruderte er zurück und lächelte dabei schüchtern. »Ich vergesse manchmal, dass das hier nicht dein Urlaubsort ist.«

»Schon okay. Ich wünsche euch ein leckeres Essen und viel Spaß.«

»Danke. Hilft es dir, wenn ich Paul mitnehme? Dann gehe ich noch eine Runde mit ihm am Strand.«

Das Angebot war sehr freundlich, und ohne meine Entdeckung eben hätte ich sofort zugesagt. Wahrscheinlich wäre ich auch direkt mitgegangen und hätte mir diese kleine Auszeit auf dem Wintermarkt und am Strand mit Severin sogar gegönnt. Aber unter diesen Umständen ... am liebsten hätte ich ihn direkt vor die Tür gesetzt.

»Nein. Ich gehe später mit ihm. Danke, aber mir tut die Runde mit ihm nach getaner Arbeit auch gut. Kopf frei pusten und so.« Mit schmalen Lippen lächelte ich und schob mich mit meinem Staubsauger an ihm vorbei. Dabei blieb ich mit dem Kabel hängen und strauchelte. Ich fand erst in seinem Arm wieder Halt und war ihm plötzlich wieder so nah, wie ich es mir gerade vor wenigen

Minuten noch so sehr gewünscht hätte. Jetzt wollte ich es um jeden Preis verhindern.

»Oh, wie ungeschickt. Danke.« Mühsam rappelte ich mich auf und wand mich aus dieser unverhofften Umarmung. Ein Lächeln, und ich verschwand im Nachbarzimmer. Das war gar nicht das Zimmer, das ich für die neuen Gäste angedacht hatte. Ich wollte nur so schnell wie möglich aus Severins Nähe verschwinden.

Hastig warf ich die Tür hinter mir ins Schloss, ließ mich matt auf das Sofa fallen und stützte den Kopf in die Hände. Seufzend fuhr ich mir durch die Haare und versuchte, die aufsteigenden Tränen zu unterdrücken.

Meine Entdeckung rückte Severins Idee mit der Ausstattung von Hotelzimmern in ein ganz anderes Licht. Was war sein Auftrag hier? Warum hatte er nicht reagiert, als ich ihm von der Geschichte mit meinem Vater und dem großen Einzelhändler erzählt hatte? Auch wenn ich nicht den Namen genannt hatte, so musste er doch erkannt haben, von wem ich sprach. Ich dachte an seine Aussage, dass eine solche Vorgehensweise nicht das war, wie er arbeiten wollte und was er als Kooperation verstand. Dann der Hinweis, wir sollten genau prüfen, was das Hotel uns anbot, als ich ihm von Frau Asmussens Besuch erzählt hatte. Jede unserer Unterhaltungen hallte in meinem Kopf nach. Hatte er insgeheim gehofft, uns und den Hotels sozusagen als großer Vermittler die Konzeptidee teuer verkaufen zu können? Ärgerte er sich nun über den direkten Kontakt, der entstanden war, ganz ohne Nordic Home? War diesmal nicht das Hotel der Böse in diesem Spiel, sondern Severin mit seiner Halsabschneider-Firma? Wiederholte sich gerade, was schon vor Jahren meinem Vater passiert war? Vielleicht wollte er ganz nebenbei unseren guten Namen hier auf Sylt nutzen, um einen Fuß in die Tür zu bekommen. Oder steckte Nordic Home nach wie vor mit großen Hotels wie dem Dünenwind unter einer Decke, während das Unternehmen erneut einen Angriff startete, uns seine Marktmacht zu demonstrieren? Hatte Severin und mit ihm Nordic Home es sogar mit Wohlwollen betrachtet, dass das Dünenwind uns Sabrina Asmussen geschickt hatte, damit Nordic Home uns den lukrativen Auftrag vor der Nase wegschnappen konnte? Oder war das alles eine Nummer zu groß für uns, und Nordic Home würde sich letztendlich als der Held aufspielen können, der derlei Aufträge mit links absolvierte, während die kleinen Unternehmen scheiterten.

Und welche Rolle spielte Severin dabei? Er trat hier auf wie das ahnungslose Unschuldslamm und schleimte sich bei mir ein, um was zu tun? Insiderinformationen abzugreifen? Mir nah zu kommen, um so viele Details wie möglich zu erfahren, einen unvoreingenommenen Einblick in unser Unternehmen und unser Sortiment zu erhalten?

Ich atmete tief durch, stand auf und trat zur Balkontür. Ich öffnete sie und sog die kühle, salzige Luft ein, die in den warmen Raum strömte. Sofort ging es mir besser.

Ich lauschte in die Stille vor unserem Haus. Nur der Wind rauschte in den Kiefern, die am Friesenwall standen, und erzählte von Heimat, die mein Herz Wärme und Geborgenheit fühlen ließ.

Dann hörte ich plötzlich, wie die Nachbarbalkontür aufging. Severin schien zu telefonieren. Jetzt konnte ich unmöglich wieder reingehen, das würde er am Klacken der Tür hören. Stattdessen stellte ich mich ganz nah an die Trennwand der beiden Balkone und bewegte mich nicht mehr.

»Warum machst du Druck? Ich habe dir gesagt, ich schaue mir hier einige Dinge an, klopfe ab, was möglich ist, und nehme mir genau die Zeit, die ich brauche, und dann werden wir sehen. Es ergibt überhaupt gar keinen Sinn, mir da in irgendeiner Form Stress zu machen. Dann bin ich raus, und du kannst dein Ding von vornherein ohne mich planen. Tschüss.«

Ich schluckte und wagte nicht zu atmen, dabei hätte ich am liebsten geschrien vor Wut. Es blieb still nebenan, und auch ich blieb stehen, hinter der Wand, wo er mich nicht sehen konnte. Dann schloss er die Tür wieder, und ich war erneut allein.

Als ich sicher war, dass er nicht mehr zurückkam, und es mir zu kalt wurde, ging auch ich wieder rein, zog die Tür zu und blieb einen Moment hinter der Glasscheibe stehen. Ich blickte über den Garten in die Ferne.

Meine Gedanken überschlugen sich, und ich versuchte zu vereinen, was ich gehört und gesehen hatte. Severin hatte wütend geklungen. War es falsch, mir wilde Szenarien auszumalen, während in Wirklichkeit alles anders war?

Aber was gab es hier misszuverstehen?

Severin war der Geschäftsführer der Firma, die uns und alle anderen kleinen Unternehmen hier und sicherlich auch in anderen Ferienorten für den eigenen Profit in den Ruin treiben wollte. Vor den neuen Informationen über diesen Mann kramte ich in meinem Kopf nach der Motivation, die hinter Severins Auftritt hier stecken könnte.

»Ich klopfe ab, was möglich ist«, sagte ich zu mir selbst und wiederholte damit, was er gesagt hatte. Dabei starrte ich aus dem Fenster. »Das darf nicht sein, oder? Er ist nicht hier, um mich auszuhorchen, dem Dünenwind Informationen zuzuschustern und nach dem Tod meines Vaters einen neuen Versuch seitens Nordic Home zu starten, oder?« Ich stellte diese Fragen gegen die kalte Scheibe, die von meinem Atem beschlug. In der Tasche meines Hoodies, den ich zum Putzen angezogen hatte, ballte sich meine Faust. Die Nägel bohrten sich in meine Handfläche, und es schmerzte. Erst dann minderte ich den Druck. Ich war so wütend. So hilflos wütend, verletzt und traurig.

Ich gab seinen Namen in die Suchmaschine meines Smartphones ein und fand tatsächlich einige Artikel, die ihn als Geschäftsführer bestätigten. Weil Tränen in meinen Augen mir die Sicht nahmen, konnte ich nicht länger lesen. Doch das musste ich auch nicht. Ich hatte genug gesehen. Ich wollte, dass er auszog. Sofort! Ich wollte ihn nie wieder sehen, wollte mich nie wieder von einem Mann für seine Zwecke ausnutzen lassen. Das hatte ich einmal getan, weil ich zu gutgläubig, zu verliebt gewesen war, aber das würde mir nicht erneut passieren. Ich war nicht mehr der naive Vollidiot von damals!

Wie im Nebel ging ich wieder zur Tür, horchte kurz und öffnete sie, als ich keinen Laut hören konnte.

Durch das Fenster im Flur sah ich, wie Severins Auto vom Hof fuhr. Ich atmete auf und lief mit langsamen Schritten den Flur entlang, stieg die Treppe hinunter und verstaute meine Putzmaterialien in der Kammer neben meinem Büro.

Wie mechanisch arbeitete ich einige E-Mails ab, räumte die Leseecke auf und erledigte einige Telefonate und sehnte doch nur den Spaziergang mit Paul herbei.

Schon dick in Jacke, Mütze und Schal gepackt, machte ich mit Paul einen Abstecher in den Laden, um mich bei meiner Mutter abzumelden und zu sehen, wie es lief.

»Hallo, Mama«, begrüßte ich sie und versuchte, möglichst fröhlich zu klingen. Ich war noch nicht bereit, ihr von meinen Entdeckungen zu berichten. »Wie ist dein Tag?«

»Danke, mein Schatz. Bisher kann ich mich nicht beschweren. Und wie sieht es bei dir aus?«

»Okay«, lautete meine kurze Antwort. »Ich habe nur ein wenig sauber gemacht und alles auf Vordermann gebracht, bevor die neuen Gäste kommen. Nun will ich eine Runde ans Wasser, und dann werde ich schon mal ein bisschen was für den Wintermarkt vorbereiten.«

Ich ging zu dem Regal, in dem wir bereits zusammengestellt hatten, was wir beim Markt anbieten wollten. »Wie ich sehe, ist zwischenzeitlich noch manches verkauft worden, habe ich recht?« Ich deutete auf die Lücken, die entstanden waren.

Meine Mutter nickte. »Severin hat vorhin ein paar Produkte gekauft.«

Überrascht legte ich die Stirn in Falten. »Severin? Will er sein Zimmer neu dekorieren? Ich dachte, es gefällt ihm alles so gut.« Ich schluckte. Vor dem Hintergrund, dass er für dieses Unternehmen arbeitete, hatten jedes interessierte Wort, jedes Lob und jede Wertschätzung für unsere Arbeiten nun einen fahlen Beigeschmack.

Meiner Mutter fiel das nicht auf, sie lachte leise. »Als Geschenk für Bekannte, sagte er. Da habe ich ihm auch mal die Hunde-Ecke gezeigt. Er sprach von dem Welpen.«

»Ach so, verstehe. Ja, er ist in Westerland verabredet«, sagte ich. »Davon hat er erzählt.« Weil auch eins der handgefertigten Hundehalsbänder in Mini-Größe fehlte, passte das, was meine Mutter sagte, zu dem Treffen mit den befreundeten Hundebesitzern. Außerdem fehlten einige handgemachte Schalen.

»Da müssen wir für den Markt vielleicht noch mal ein bisschen nachproduzieren. Das Regal mit den Hundesachen sieht auch schon wieder recht leer aus. Da bestelle ich noch mal was. Oder wollen wir andere Produkte hinzunehmen?«

Meine Mutter griff nach einem Karton, der hinter dem Tresen stand. Ich sah, dass darin kleine funkelnde Artikel waren. Bei näherem Hinsehen entpuppten sie sich als mit Edelsteinen verzierte Kerzen.

»Schau mal, diese Idee finde ich ganz wundervoll. Meine Freundin Martje aus dem Dünenglanz hat mir einige davon vorbeigebracht. Eine neue Kreation ihrer Nichte. Wäre das nicht eine feine Idee für den Markt? Passt doch ganz wunderbar zu Kerzenschein, Wärme und als Geschenkidee.«

Ich griff nach einer Kerze und drehte sie.

»Das kann ich mir richtig gut in unserer Auslage vorstellen.« Ich hielt die gelbe Kerze mit Holzdocht, auf deren Oberseite ein Rosenquarz-Stein und ein Amethyst eingearbeitet waren, gegen das Licht und bewunderte das Funkeln im Licht des Deckenleuchters. »Die sind wirklich wunderschön. Können Sie nicht hiervon vielleicht gleich noch einen zweiten Karton liefern?«

Mit einem zufriedenen Lächeln griff meine Mutter erneut in das Regal und zog einen weiteren Karton hervor.

»Ich habe direkt zwei Kartons geordert. Unabhängig vom Markt werden wir die hier bestimmt ebenso gut verkaufen können. Als kleinen Pop-up-Store der Kerzenmanufaktur hier bei uns im Laden. Im Austausch habe ich ihnen von uns einige der handgefertigten Seifenschalen gegeben. Die wollen sie im Dünenglanz mit aufbauen und ein paar Kerzenständer dazu sowie unsere Kärtchen mit dem QR-Code-Gutschein. Da sind ja schon einige Kunden vom Dünenglanz direkt zu uns gekommen. Umgekehrt wird es auch so sein, und so wäscht eine Hand die andere. Wir kleinen Unternehmen müssen doch zusammenhalten.«

Ich nickte, und vor allem der letzte Satz verursachte ein unschönes Ziehen in meinem Bauch. »Da sagst du was Wahres«, stimmte ich ihr zu.

Eine Kundin kam, und ich räumte die Kartons schnell ins Regal zu den anderen Sachen für den Markt und verließ den Laden. Paul folgte mir auf den Fersen.

Durch den Ort, vorbei an malerischen Reetdachhäusern, gingen wir gen Westseite. Die Insel war noch immer recht leer, sodass ich kaum jemandem begegnete. Am Campingplatz vorbei ging es eine Weile durch die Dünen, bis ich am Übergang zum Strand ankam. Für einen Moment blieb ich dort einfach stehen, ließ den Wind durch die Haarsträhnen wehen, die unter meiner Mütze hervorlugten, lauschte dem Rauschen der Wellen und sog die salzige Luft tief ein.

Die winterklare, kühle Atmosphäre hier am Strand tat sofort so gut und ließ winzig klein erscheinen, was eben noch so groß und mächtig durch meinen Kopf gewabert war.

Es würde sich alles klären, und vielleicht übertrieb ich total und es war alles nicht so, wie es gerade schien. Schließlich hatte Severin von Differenzen gesprochen und auch das Telefonat eben hatte angespannt gewirkt.

Ich lief weiter zu den Holzstufen, die nach unten zum Strand führten. Paul, der diesen Weg auswendig kannte, sprang voran. So menschenleer, wie es gerade hier war, würde er niemanden stören.

Der Wind wehte vom Wasser her und brachte frische Kälte mit sich. Sie ließ mich schaudern und tat gleichzeitig so gut, weil sie den Körper mit einer neuen Energie flutete. Durch den tiefen Sand stapfte ich bis an die Meerschaumkante und blieb gerade so stehen, dass die kraftvoll an Land treffenden Wellen mich nicht erreichen konnten. Nasse Füße im Winter waren sehr unangenehm. Das wollte ich lieber gar nicht erst ausprobieren.

Paul hatte davor weniger Sorge. Ich sah, dass hin und wieder sogar eins seiner Pfötchen das Wasser berührte, während er Schaumkronen jagte. Mein kleiner Kämpfer, meine unerschütterliche Riesenportion Lebensfreude. Das war Paul für mich. Ihn hier am Strand so fröhlich und aktiv zu sehen ließ mein Herz aufgehen.

Von hier aus lief ich gen Norden, den Blick an der Wasserkante entlang, vorbei am Roten Kliff, bis weit hinter das Haus Kliffende, welches hier bei Kampen über die Kante zum Meer lugte.

Immer, wenn ich hier zu dieser Jahreszeit entlanglief, wuchs in mir eine Mischung aus Wehmut und großer Zufriedenheit an, die mich vollkommen erfüllte, frösteln ließ und gleichzeitig wärmte. Hier reihten sich im Sommer die blau-weiß gestreiften Strandkörbe aneinander, und es wimmelte bis spät in die Abendstunden hinein nur so von Menschen. Familien mit Kindern und Hunden, Paare, Menschen, die allein oder mit ihrem Hund am Wasser entlangspazierten. Immer war etwas los, nie war es wirklich still. Selbst in den frühen Morgenstunden nicht, in denen die ersten Frühschwimmer sich in die etwas milderen, aber dennoch kühlen Fluten wagten.

Jetzt war ich hier allein, dabei hätte ich jetzt so gerne mit jemandem über meine Sorgen gesprochen.

Es machte mich irre, dass ich mit all meinen Fragen und Gedanken so allein war. Meine Mutter machte sich ohnehin schon genügend Sorgen. Sie würde ich damit erst einmal nicht belasten. Ich hoffte, dass ich mich am Nachmittag mit viel Arbeit ablenken konnte, damit ich weniger an Severin dachte und er einfach wieder zum »normalen Gast« werden würde. Dabei wusste ich selbst, dass das nicht passieren würde. Nicht nach diesen besonderen, schönen Augenblicken, die zwar so fein, aber dennoch spürbar gewesen waren, dass ich nicht mehr so tun konnte, als sei da nie etwas gewesen.

Und während ich an Severin dachte, mir vorstellte, wie er gerade mit den Leuten und dem kleinen Hund über den Wintermarkt flanierte, war da kein böser Groll, dass er mich womöglich nur aushorchte, sondern nur die Sehnsucht danach, auch dort zu sein. Danach, mich mit ihm zu unterhalten, mehr über ihn zu erfahren und vielleicht auch ein klein wenig der Wunsch, dass mir bestätigt werden würde, dass er kein böser Mensch war. Dass er es wirklich gut mit mir meinte und mich nicht hinterging. Das Meer, die See und der Wind hatten mal wieder erreicht, positiven Gedanken in meinem Kopf Raum zu schaffen.

Ich setzte meinen Weg fort, genoss, dass es der Sonne gelungen war, mit ihrer winterklaren Strahlkraft einen Hauch von Wärme auf mein Gesicht zu zaubern.

Dieser Wintertag hatte fast etwas von einem Sonnentag im Spätherbst, und ich wäre noch stundenlang weiter am Wasser entlanggelaufen, wenn nicht die Uhr mich ausgebremst hätte. Also machte ich kehrt und ging zur Pension zurück, damit ich am Nachmittag noch genügend Zeit für all die Dinge hatte, die ich mir vorgenommen hatte.

Auf dem Heimweg überlegte ich, was ich Severin antworten sollte, wenn er mich fragen würde, ob wir am Abend gemeinsam etwas essen gehen wollten. Ich wollte so gerne Zeit mit ihm verbringen, aber andererseits auch wieder nicht. Ich musste unbedingt mehr über ihn erfahren und hatte gleichzeitig großen Respekt davor, dass etwas dabei sein würde, was ich lieber nicht wüsste.

Aber weil die Option, ihn ohne Begründung wortlos rauszuwerfen, nicht bestand, blieb mir nur übrig, mich entweder zu distanzieren und mich ihm gegenüber wie eine Vermieterin und Dienstleisterin zu verhalten, ohne jede persönliche Verbindung und damit auch ohne tiefere Gespräche, bei denen er womöglich mehr erfahren würde, als mir lieb war. Oder mich auf ihn einzulassen und auf die Hoffnung zu vertrauen, dass es für all das eine Erklärung gab, die mich beruhigen würde.

Das allerdings barg das Risiko, bitter enttäuscht zu werden. Ich seufzte, weil mich diese Vorstellung spürbar ernüchterte und in meinem Bauch ein Gefühl der Leere verursachte, die Übelkeit hervorrief.

Auch wenn die frische Luft mir gutgetan hatte, war ich geistig nicht so freigepustet, wie ich es mir gewünscht hätte.

Ich ging zunächst noch einmal in den Laden zu meiner Mutter.

Paul rollte sich in seinem Körbchen hinter dem Verkaufstresen zusammen und fiel sofort in einen tiefen Schlaf.

»Na, tat deine Runde gut?«, erkundigte meine Mutter sich, nachdem sie eine Kundin verabschiedet hatte.

»Der Weg am Meer tut ja immer gut«, antwortete ich ausweichend und lächelte.

»Aber?« Meine Mutter erkannte sofort, dass das nur die halbe Wahrheit war.

»Ach, ich bin nicht so gut drauf.«

»Hat das einen bestimmten Grund?«

Wir wurden unterbrochen, weil ein Lieferant zur Tür hereinkam, der neue Kerzen brachte.

»Mach dir keine Gedanken, Mama. Einfach ein schlechter Tag. Ich nehme die Ware an«, erklärte ich und lief zum Lager, wo ich die Tür öffnete, sodass der Lieferant von draußen direkt hereinkommen konnte.

Als alle Kerzen abgeladen waren und ich die Menge geprüft hatte, öffnete ich einen Karton, und sofort stieg mir der Duft von Zimt, Orange und Nelken in die Nase. Ein winterlich-weihnachtlicher Hauch strömte durch den Raum, und ich freute mich richtig, dass es nun losgehen würde mit der Weihnachtszeit.

»Soll ich ein paar schon mit nach vorne bringen und dekorieren? Den Rest stelle ich für den Markt bereit.«

»Klar, so können wir sie schon mal zeigen, und wenn schon einige verkauft werden, umso besser«, sagte meine Mutter.

Ich schnappte mir eins der weihnachtlichen Tabletts, die wir bereits im Verkaufsraum hatten, auf dem ich ein paar Kerzen mit etwas Tannengrün dekorieren wollte. Im Raum lag ein Hauch von Weihnachten und wohlig wärmende Vorfreude auf diese Zeit. Im Lager angekommen, breitete ich alles, was ich benötigte, vor mir aus.

Im Hintergrund spielte leise Weihnachtsmusik, und ich summte die Melodien, die für mich immer etwas von Geborgenheit und Heimatgefühl hatten, mit, als ich mit einem Mal ertappt erschrak, weil jemand in der Lagertür auftauchte.

»Hallo, Clara«, klang es. Es war Severin, und diese Erkenntnis ließ mein Herz augenblicklich rasen. »Ich wollte dich nicht schon wieder erschrecken. Entschuldige bitte. Wie ich sehe, bereitest du schon wunderschönen Nachschub vor.«

Ich lächelte unsicher. »Ich gebe mir Mühe, ja. Jede freie Minute will genutzt werden.«

»Ich will dich auch gar nicht stören. Weil ich aber vorhin eine Empfehlung meiner Bekannten bekommen habe, unbedingt ein Restaurant in Westerland zu testen, dachte ich mir, dass du dafür die perfekte Begleitung bist.«

Seine Gegenwart gab mir so ein gutes Gefühl. Das konnte ich nicht leugnen. Auch wenn mein Verstand an meine Vernunft appellierte, hämmerte mein Herz heftig gegen meine Brust. Und ich wusste, was es mir sagen wollte. Es wollte so schnell nicht aufgeben und diesen Mann unbedingt näher kennenlernen. So fröhlich klopfend und voller Glück hatte es sich seit Jahren nicht mehr gefühlt. Dennoch sortierte ich mich innerlich kurz in der Hoffnung, doch noch einen klaren Kopf zu bekommen.

»Ich, also«, setzte ich an, als ich hinter Severin den fragenden Blick meiner Mutter sah. Sie nickte vehement, als wolle sie sagen: »Hallo? Klar bist du die perfekte Begleitung!«

»Ich muss mal schauen, wie gut ich hier vorankomme. Später hab ich in der Pension noch viel zu tun. Der Wintermarkt und so.«

»Okay, klar.« Severin überlegte kurz. »Ich will dich auch nicht stressen. War nur eine spontane Idee. Das läuft ja nicht weg. Wir können uns auch einfach wann anders dafür verabreden.«

»Mhm. Ja, vielleicht ist das besser«, sagte ich, und dabei war das nur ein unbeholfenes Aufschieben meiner Situation.

»Falls du doch noch Lust bekommst, sag Bescheid, dann frage ich kurzfristig nach einem Tisch. Und sonst ein andermal.« Er lächelte, und ich nickte stumm.

Severin schaute sich um, und diesmal schien eine gewisse Neugier in seinem Blick zu liegen, die jedoch gleich wieder von seinem liebevollen, sympathischen Lächeln abgelöst wurde.

»Sogar euer Lager sieht so schön aus, das könnte glatt noch als Verkaufsraum durchgehen«, stellte er anerkennend fest, und ich musste ein wenig schmunzeln. Er traf mit diesem Satz wieder einmal mitten in mein Herz. Was er sagte, war meinem Vater immer wichtig gewesen. »Egal wer wo den Laden betritt, soll immer das bestmögliche Bild haben. Im Prinzip dürfte hier jeder Kunde selbst hineinschauen, ob sein Lieblingsprodukt noch im Lager ist«, hatte er immer gesagt, und nicht selten waren unsere Stammkunden, wenn alle im Gespräch waren und sie ein Produkt suchten, direkt hierhergegangen und hatten sich ihre Wunsch-Artikel herausgesucht. Und das war immer in Ordnung gewesen für uns.

»Wir können so jederzeit erweitern, wenn die Situation es fordert«, sagte ich kurz ab. »Meinem Papa war es immer total wichtig, dass das hier keine Rumpelkammer ist.«

Meine Mutter kam hinzu. »Nur in unsere Werkelküche, da sollten die Kunden doch eher keinen Blick hineinwerfen. Da herrscht das kreative Chaos.« Sie lachte.

»Verstehe. Aber das muss doch irgendwie auch so sein im kreativen Prozess, oder?« Fragend hob er die Augenbrauen. »Ich glaube, es gibt die Leute, die einen leeren Schreibtisch und eine klare Ordnung brauchen, um kreativ zu sein, und die, die ganz ungebremst kreativ ans Werk gehen und dabei erst einmal alles stehen und liegen lassen, was womöglich für zusätzliche Inspiration sorgt.«

»So ein Mensch ist Clara, absolut. Und ich liebe es«, sagte meine Mutter.

»Finde ich auch toll. Ich bin eher der Leerer-Tisch-mit-leerer-DIN-A4-Seite-darauf-Typ. So ergänzen sich manche Menschen wohl«, sagte er, und ich lachte leise, schneller, als dass ich darüber hätte nachdenken können. Verschämt wich ich seinem Blick aus.

»Darf *ich* mir denn mal eure Werkelküche anschauen?«, fragte er dann, und ich blickte ihn erstaunt an. »Ich zähle doch nicht mehr zu den normalen Kunden, oder?« Das Funkeln in seinen Augen war so eindringlich, dass mir ganz warm wurde.

»Meinst du also, dass du hier bei uns eine Sonderstellung hast, ja?« Meine Mutter grinste, und ich spürte ein Zwicken im Bauch, als Severin mich in diesem Moment anschaute.

»Ich hoffe es.«

»Ich weiß nicht«, sagte ich und erntete einen erschrockenen Blick.

»Nein, also ich weiß nicht, in welchem Zustand sich unsere

Werkelküche gerade befindet und ob ich dir den zumuten kann.« In mir rang mein von diesem Mann total begeistertes Herz mit dem Gedanken an die Visitenkarte und die Möglichkeit, dass er für eine größere Firma spionierte. »Das ist da nichts für dich. Es ist unser Chaos-Reich. Wenn dir das Lager hier so aufgeräumt gut gefällt, sollten wir das Bild gar nicht erst zerstören.« Unsicher lächelte ich und spürte selbst, dass mein Lächeln nicht meine Augen erreichte. »Typ leere Seite versus Chaos-Queen und so«, stammelte ich.

»Ich bin mir sicher, so ein wenig Konfrontationstherapie kann nie schaden. Vielleicht kann ich ja noch was von euch lernen.« Beim Ausdruck »von euch lernen« drehte sich mein Magen.

Er trat einen Schritt zurück und ging durch den Laden. »Aber alles gut.«

»Kann ich irgendwas tun?«, erkundigte sich meine Mutter mit einem freundlichen Lächeln bei Severin, und dieser schüttelte den Kopf. »Danke, nein. Ich schaue mir einfach immer wieder gerne diesen Laden an, weil mich begeistert, mit wie viel Liebe zum Detail und welcher Sorgfalt in der Auswahl ihr hier arbeitet.«

Stolz stellte meine Mutter sich neben ihn. »Danke. Es freut mich wirklich sehr, dass das so gut rüberkommt und dir so gefällt.«

Ich merkte, dass der Kloß, der sich in meinem Hals gebildet hatte, sich nicht herunterschlucken ließ, und zwang mich, nichts zu sagen.

»Ungewöhnlich, dass jemand so seiner Begeisterung Ausdruck verleiht. Das ist wirklich selten. Es kommt mir fast vor, als seist du vom Fach«, stellte meine Mutter fest, und ich horchte interessiert auf.

»Am Rande hatte ich mit Präsentation von Waren und so weiter zu tun, ja«, antwortete Severin, und ich hatte den Eindruck, diese Antwort war so formuliert, dass er zwar nicht log, aber auch nicht unbedingt die komplette Wahrheit sagte.

»Ich muss mal wieder los«, sagte Severin. »Bis später bestimmt.«

Ich hob die Hand zum Gruß, und Severin verließ den Laden.

Meine Mutter trat ans Fenster und schaute seinem Auto mit verschränkten Armen hinterher. »Was für ein sympathischer Mann er ist. Da hast du guten Geschmack bewiesen, Liebes«, sagte sie, und perplex schaute ich sie an, als sie sich zu mir umdrehte und vielsagend die Augenbrauen hob.

»Langsam, Mama«, mahnte ich sie.

»Ja, du kommst mir in der Tat so vor, als stündest du eher noch ein wenig auf der Bremse. Hat er irgendwas gesagt oder getan, was dich so zurückhaltend agieren lässt?«

Ich zuckte beiläufig die Schultern. »Ich bin einfach vorsichtig. Nach der Story mit Hagen ist das ja auch kein Wunder, oder?« Ich senkte das Kinn und warf meiner Mutter einen vorwurfsvollen Blick zu. »Ich glaube, mich in so einem Zustand wieder zu erleben wollen wir beide nicht. Da ist so ein wenig Vorsicht der bessere Ratgeber als blinde Euphorie. Das würdest du mir doch auch raten, oder?« Ich rollte die Augen.

»Nun ja. Ich möchte, dass mein Kind glücklich wird, und wenn ich denke, dass ein Mann es gut meint mit dir, dann rate ich dazu, diese Vorsicht abzulegen, damit du endlich wieder glücklich sein kannst. Eine Garantie wird es nie geben. Wohl aber ein Bereuen, wenn man Chancen zum Glück verstreichen lässt.«

»Ich bin nicht unglücklich ohne Mann.« Ich meinte es gar nicht so böse, dennoch ärgerte mich, wie sehr meine Mutter Severin in den Himmel lobte. Am liebsten hätte ich ihr von meinem Verdacht erzählt, aber ich hatte Sorge, dass sie das zu sehr aufregen würde. Ich wollte erst mehr Beweise, bevor ich ihre Illusion von Severin zerstörte.

»Ich gehe mal wieder ins Lager«, sagte ich, müde, mir über Severin Gedanken zu machen und mich über ihn zu unterhalten. Meine Mutter verstand und hakte nicht länger nach. Ich merkte jedoch, wie sie hin und wieder zu mir herüberschaute, als wollte sie fragen, ob wirklich alles in Ordnung war oder ich eine Umarmung brauchte.

14

Meine Mutter hatte im Laden gut zu tun, und als ich alle Kerzen drapiert hatte, verabschiedete ich mich leise in die Pension. Heide war zwischenzeitlich mit Severin zurückgekommen, und beide waren in ihren Zimmern verschwunden, um die Beine ein wenig hochzulegen, was mir gerade ganz recht war.

In aller Ruhe kümmerte ich mich um die Buchhaltung, telefonierte mit einer Online-Zeitung, in der wir Anzeigen schalten wollten, und bestellte diverse Produkte, die wir laufend für den Betrieb in der Pension benötigten.

Ich verließ meinen Platz am Empfang am Abend recht zeitig, weil ich niemandem mehr begegnen, sondern maximal noch eine Weinschorle mit meiner Mama trinken wollte. Paul hatte mit meiner Mutter seine Abendrunde gedreht, weswegen er sich zufrieden neben uns zusammenrollte und schlummerte.

Ich saß bereits unter einer kuscheligen Decke mit einer Schale Chips auf dem Sofa, als meine Mama mit zwei Gläsern Weinschorle und Eiswürfeln ins Wohnzimmer kam.

»Was hast du denn mit Paulchen angestellt, dass er so müde ist?«, wunderte ich mich und deutete auf den Hund, der tief schlief.

Meine Mutter lächelte. »Paulchen und ich hatten sehr nette Begleitung bei unserer Abendrunde. Wir haben unten an der

Straße Severin getroffen und dann mit ihm, weil er gerade losging, noch eine Extrarunde gedreht.«

Mein Herz geriet für einen Moment aus dem Takt.

»Ach, okay. Ja, schön.« Meine Worte klangen dünn und wenig aufrichtig.

»Er mag dich sehr, Liebes«, sagte sie dann, und wieder schlingerte mein Herz für wenige Sekunden. Dann zog sich meine Brust zusammen. »Wenn er von dir redet, leuchten seine Augen auf eine ganz besondere Weise.«

»Ach, Mama.« In der Hoffnung, sie würde das Thema wechseln, winkte ich ab.

»Er machte auch echt einen traurigen Eindruck, dass ihr nicht essen gegangen seid.«

»Ja, aber der Job geht vor. Ich bin erschöpft und muss morgen wieder fit sein«, sagte ich kurz ab. Meine Mutter erwiderte nichts, aber ihr Blick war auch ohne Worte schon Aussage genug. Ich trank einen Schluck Schorle und aß ein paar Chips. Kurz überlegte ich, ob ich ihr erzählen sollte, was ich in Severins Zimmer entdeckt hatte, aber dann tat es mir leid, sie vielleicht enttäuschen zu müssen. Sie mochte Severin, und ich konnte das so gut verstehen. Außerdem wollte ich nicht, dass sie sich Sorgen machte, dass irgendwas unserer Pension gefährlich werden könnte. Damit wollte ich mich lieber erst einmal allein auseinandersetzen und mir ein genaues Bild machen, bevor ich ihr gegenüber die Pferde scheu machte.

»Was hat er denn so erzählt, der Herr Wunschschwiegersohn?«, fragte ich mit einem Grinsen auf den Lippen.

»Ach, so viel hat er gar nicht erzählt. Er wollte alles Mögliche über den Laden erfahren, interessierte sich für unsere Lieferanten und die Philosophie hinter den Unternehmen, mit denen wir zusammenarbeiten. Der Gedanke, dass es sich dabei ausschließlich um kleine, ausgesuchte Hersteller handelt, gefällt ihm offenbar.«

Ich nickte, spürte dabei, wie Wut in mir aufkeimte. »Klar gefällt ihm das. Warum auch nicht?«

»Ja, schon. Aber es fällt auf, dass er besonders interessiert ist.« Sie lächelte und schaute mich an. »Ich habe ja den Verdacht, dass das nicht nur an unserem Laden und der Philosophie hinter den Produkten liegt, sondern vielmehr an dir. Aber lassen wir das. Das willst du ja nicht hören.«

»Genau, Mama.« Ich war froh, das Thema für heute zu beenden. Trotzdem drifteten meine Gedanken immer wieder zu Severin und seinen Absichten ab, während wir uns von einem leichten Krimi berieseln ließen.

Als ein filmischer Schusswechsel mich aus einem kurzen Traum riss – ich hatte nicht einmal bemerkt, dass mir die Augen zugefallen waren –, rappelte ich mich auf, brachte mein Glas in die Küche und verabschiedete mich zusammen mit Paul ins Bett.

Ein Blick aus dem Sprossenfenster meines Schlafzimmers verriet einen sonnigen Morgen. Es dämmerte noch, doch es versprach schon jetzt, ein klarer Tag zu werden.

Ich stand auf, machte mich fertig und ließ Paul vor die Tür. Dieser war sofort hinterm Haus in unserem Garten verschwunden, und ich ließ die Tür einen Moment offen stehen.

Die morgendliche Lieferung der frischen Brötchen war auch bereits angekommen. Vor der Haustür hatten wir dafür eine Box aufgebaut, in der der Lieferservice unseres Bäckers die Tüte schon früh am Morgen hinterlegte. Klare, kühle Luft flutete den Raum, als ich mit dem Gebäck wieder hereinkam.

Ich zündete die Kerzen auf den Tischen im Frühstücksraum an und schaltete die Kaffeemaschine ein. Außerdem bereitete ich alles für frisch aufgebrühten Tee vor. Anschließend bestückte ich das Kühlbuffet mit allen Zutaten für das Frühstück.

Dann mahlte ich den ersten Kaffee für mich selbst und genoss den Duft der gerösteten Bohnen, der durch den Raum zog. Dazu schmierte ich mir ein Brötchen mit hausgemachter Marmelade.

Als ich gerade mein Geschirr spülte und die letzten Handgriffe im Frühstücksraum erledigte, sah ich Severin, der vor dem Haus Paul begrüßte.

Paul freute sich so sehr. Es war ein rührendes Bild, die beiden so zu sehen.

Versunken in den Anblick meines Hundes, der sich ausgiebig den Bauch kraulen ließ, hatte ich nicht bemerkt, dass Heide sich an ihren Stammplatz gesetzt hatte.

Leise räusperte sie sich. »Moin, Carla«, sagte sie und lächelte mit ihrem warmherzigen, großmütterlichen Blick.

»Moin, Heide. Ich hoffe, du hast gut geschlafen?«

»Hervorragend, du auch?«

»Danke dir, ja. Wie immer?«

Heide nickte, und ich bereitete ihr ihren Lieblingstee Wintersonnenzauber zu, stellte ihr zwei Brötchen und Marmelade an den Tisch und dazu ein wenig Käse.

Währenddessen plauderte sie ganz euphorisch von ihrem gestrigen Treffen mit ihrer alten Freundin und schwärmte von Severin, der offenbar alle Frauen unter diesem Dach für sich gewinnen konnte. Schon allein diese Tatsache sollte mir wahrscheinlich zu denken geben, schoss es mir durch den Kopf. Es war wie in den romantischen Filmen. Die smarten Typen, die auf den ersten Blick wie der Traumschwiegersohn wirkten, waren in Wirklichkeit die Bösewichte, die Hinterhältiges im Schilde führten.

Dann sah ich allerdings wieder, wie Severin Paul unermüdlich Stöckchen warf, ihn tätschelte und knuddelte und dabei so aufrichtig herzlich wirkte, dass ich den Gedanken direkt wieder verwarf. Nichts an diesem Mann wirkte hinterhältig oder bösartig. Eine tiefe Ruhe breitete sich mit einem Mal in mir aus, und ich hatte das Gefühl, dass alles sich zum Guten wenden würde.

»Da scheint aber jemand nicht sehr hungrig zu sein«, stellte Heide beinahe empört fest und deutete zum Fenster in Richtung Severin.

»Vielleicht lässt Paul ihn einfach nicht reingehen. Wenn er jemanden zum Spielen gefunden hat, dann ist es nicht ganz leicht, da wieder herauszukommen.« Ich schmunzelte beim Anblick meines zuckersüßen Hundes, dem man wirklich nur sehr schwer einen Wunsch abschlagen konnte, wenn er einen aus seinen bernsteinfarbenen Augen anschaute.

Wie auf Kommando drehte sich Severin in diesem Moment nach uns um und zuckte gespielt verzweifelt mit den Schultern. Dabei deutete er mit dem Kopf auf den Hund.

Ich hob die Handflächen und grinste, woraufhin Severin sich auf den Weg zur Tür machte. Er schob sie auf, Paul blieb ihm auf den Fersen.

»Moin«, sagte er und klang dabei ein wenig außer Atem.

»Danke für diese erste Morgengymnastik für Paulchen«, sagte ich, und Severin lachte.

»Und für mich.«

»Darf es denn jetzt ein kleines Frühstück sein?«, fragte ich, und Severin fuhr sich durch die Haare und blickte auf die Uhr an seinem Handgelenk.

»Leider habe ich gleich schon einen Termin. Ein gemütliches Frühstück schaffe ich jetzt nicht mehr.« Bedauernd hob er die Augenbrauen.

»Wie schade. Dann hebe ich dir ein Brötchen auf, und falls es für ein zweites Frühstück passt, steht hier im Kühlschrank in der Küche alles bereit«, bot ich an.

»Herzlichen Dank.« Er lächelte, und der Blick in seine hellblauen Augen wickelte mich sofort wieder ein. »Es ist ein bisschen, wie nach Hause zu kommen, wenn man hier bei euch wohnen darf«, sagte er dann. »Obwohl ich ja noch gar nicht so lange hier bin.«

»So soll das sein«, antwortete ich.

»Hast du denn vielleicht heute Zeit für ein gemeinsames Abendessen?«, fragte er hoffnungsvoll.

Ich hob die Schultern. Ich wollte so gerne zusagen, aber in mir tobte ein Sturm, der das verhindern wollte. Die Fallhöhe, würde er mich wirklich enttäuschen, würde mit jedem Abend, den ich mit ihm verbrachte, nur noch weiter ansteigen. Dessen war ich mir sehr bewusst.

»Kannst ja schauen, wie du vorankommst«, schlug er vor, als er mein Zögern bemerkte, und ich nickte. Dann ging er aus der Tür, während ich die neuen Gäste begrüßte, die gerade den Frühstücksraum betraten.

Wir plauderten kurz über ihre Anreise und ihren ersten Spaziergang am Meer gestern Nachmittag.

Als alle versorgt waren und zufriedenes Murmeln den Raum erfüllte, ging ich zum Empfang und widmete mich dem aufgelaufenen Mailverkehr.

Beim Leeren des E-Mail-Papierkorbs kam mir die E-Mail zum »Get-Together« wieder in den Sinn. Nach dem Besuch von Frau Asmussen überdachte ich unsere Entscheidung noch einmal. Wir waren bereits einen Schritt auf sie zugegangen und vor allem sie auf uns. Sollte ich die Gelegenheit nutzen, um dieses Entgegenkommen zu intensivieren?

Andererseits bestand immer noch die Möglichkeit einer Verbindung zwischen Severin und Frau Asmussen. Grübelnd rieb ich mir die Stirn.

»Entschuldigung?«, hörte ich da eine Frauenstimme sagen und zuckte zusammen. Eine schlanke, gut aussehende junge Frau mit braunen, dichten Haaren und tiefdunkelbraunen Augen war hereingekommen.

»Oh, moin. Entschuldigen Sie bitte. Ich war ganz in meine Post vertieft.«

»Alles gut. Ich möchte auch ungern stören, aber vielleicht können Sie mir weiterhelfen.«

»Was kann ich denn für Sie tun?«

»Eine inhabergeführte Pension, der sogar ein Laden mit außergewöhnlichen Produkten angeschlossen ist. So etwas liebe ich ja. Leider bin ich noch zu früh für den Laden.« Sie lächelte und machte eine ausschweifende Handbewegung. »Im Fenster habe ich ein paar Windlichter und einen Jöölboom gesehen, die ich sehr gerne reservieren und später abholen würde. Wäre das möglich?«

»Sehr gerne. Ich notiere mir gerne Ihren Namen und reserviere die Produkte. Dann können Sie sie abholen, wenn es Ihnen passt. Wenn Sie die Sachen direkt mitnehmen wollen, kann ich das aber auch möglich machen. Hier ist gerade nicht viel los, ich kann sie Ihnen eben abrechnen«, bot ich an. Die Frau winkte jedoch ab.

»Ich möchte sowieso noch mal wiederkommen, und so habe ich wenigstens einen handfesten Grund.«

»Dann bleiben Sie also länger, wie schön. Benötigen Sie denn auch eine Unterkunft?«

»Das kläre ich gerade. Möglicherweise komme ich darauf zurück.« Ich nickte.

»Sie sind auf jeden Fall jederzeit herzlich willkommen. Aktuell haben wir noch Zimmer frei. Dann notiere ich aber erst mal, was Sie aus dem Laden wünschen. Wie ist denn Ihr Name?«, fragte ich, und sie nannte mir ihren Namen.

»Birkenfels, Tanja Birkenfels.«

»Woher kommen Sie denn, und waren Sie bereits häufiger auf Sylt?«

»Nein, tatsächlich noch nie, was mich auch gerade wundert. Dabei komme ich aus Hamburg, und es war immer so naheliegend. Aber Sylt war irgendwie in meiner Familie nie ein Thema.« Sie hob die Handflächen und schüttelte den Kopf. »Erst jetzt, wo ich jemandem hinterhergereist bin, der mir sehr nahesteht, komme ich dazu. Bisher muss ich sagen, hat es sich absolut gelohnt.« In dem Moment klingelte ihr Handy, und sie entschuldigte sich und nahm das Gespräch an. Sie stand so nah, dass ich ihre Worte unweigerlich mithörte.

»Es ist so schön hier auf Sylt. Hätte ich nie gedacht, dass das im Winter so ist. Mich haben die Kälte und Nässe immer davon abgehalten, hierherzureisen. Was für ein Fehler! Aber da komme ich wohl ganz nach den brasilianischen Vorfahren meines Vaters. Aber so schön ist es hier! Das habe ich unterschätzt. Ich bin sogar der Meinung, ich habe auf Anhieb genau den Ort gefunden, von dem Severin mir erzählt hat. Ist das nicht verrückt? Dabei hatte ich ja gar keinen Namen oder so. Da hat mich das Schicksal direkt hierhergelenkt.« Sie lachte. »Hör mal, ich melde mich später noch mal, okay?« Dann wandte sie sich mir wieder zu. Ich musste mir Mühe geben, sie nicht konsterniert anzustarren, und lächelte verkrampft. Immer wieder hallte der Name in mir nach, den sie eben ausgesprochen hatte.

War das ein Zufall? Kannte sie jemand anderen mit diesem Namen? Nein, musste ich mir eingestehen, das war äußerst unwahrscheinlich.

»Wollen Sie meine Rufnummer noch notieren?« Ohne eine Antwort abzuwarten, nannte sie mir die Zahlen.

»Vielen Dank.« Ich rang mir ein Lächeln ab und war mir sicher, dass es unecht und falsch wirkte. »Sie können jederzeit zu den Ladenöffnungszeiten vorbeischauen, wenn Sie mögen. Die Dinge liegen dann bereit.«

»Perfekt.« Tanja Birkenfels schaute auf die Uhr. Dabei fiel ihr dickes, glänzendes Haar ihr ins Gesicht. Mit einer lässigen Handbewegung warf sie es nach hinten. Sie war wirklich wahnsinnig hübsch. »Dann mache ich mich erst mal wieder auf den Weg. Vielen Dank schon einmal und bis ganz bald.«

»Bis bald«, rief ich noch, dann sank ich matt auf den Stuhl hinter dem Empfang. »Na wunderbar. Da steht wohl dem trauten Pärchen-Urlaub unter Reet bald nichts mehr im Wege«, sagte ich zu mir selbst und stützte den Kopf in die Hände. Ich seufzte und legte den Zettel mit dem Namen der Frau neben mich. Das konnte warten, bis meine Mutter den Laden öffnete.

Als sie etwa eine Stunde später mit den Einkäufen hereinkam, erkannte sie sofort, dass mit mir etwas nicht stimmte.

»Du siehst angestrengt aus, mein Kind«, stellte sie fest.

»Hier war gerade eine Tanja Birkenfels, und ich glaube, sie ist hier, um Severin zu treffen. Ich habe versehentlich ein Telefonat mit angehört, in dem sie seinen Namen genannt hat.« Zerknirscht presste ich die Lippen aufeinander. »Aber abgesehen davon möchte sie ein paar Dinge aus dem Laden kaufen und hat mich gebeten, sie für sie zurückzulegen. Würdest du das übernehmen?« Ich deutete auf den Zettel mit ihren Wünschen. »Sie holt sie dann ab, so schnell es geht.«

»Na, nun lenk nicht vom Thema ab, Liebes. Meinst du, er ist liiert?«

Ich hob die Schultern. »Wir haben nie direkt darüber gesprochen. Er sagte, er nehme sich hier eine Auszeit, und ich habe das ausschließlich auf seinen Beruf bezogen, aber es kann natürlich sein, dass er damit auch das Private meint. Sie wirkte nicht, als läge sie mit ihm im Streit.« Mein Magen zog sich zusammen.

»Nun warte mal ab, mein Schatz«, versuchte meine Mutter, mich zu beruhigen. »Wie sah die Frau denn aus?«

Verblüfft schaute ich sie an. »Hübsch. Sehr elegant. Feste, dunkle, recht lange Haare, klassisch gekleidet, schlank. Sie wären sicherlich ein hübsches Paar.«

»Mhm.« Meine Mutter wirkte abwesend. »Ich bin Severin vorhin auch kurz begegnet.«

»Aha.« Fragend schaute ich meine Mutter an.

»Ich war beim Bäcker in Keitum, da bin ich noch mal kurz den Weg runter ans Watt gegangen.«

Mein Puls beschleunigte, weil ich schon ahnte, dass Severin da nicht allein gewesen war. Schließlich hatte er für seinen angeblichen Termin sogar das Frühstück ausfallen lassen.

»Es war aber nicht die Frau, von der du gerade sprachst. Die Frau war blond, trug allerdings eine Mütze, einen dicken Schal und Mantel. Sie liefen spazieren. Auf mich wirkten sie distanziert, also eher weniger vertraut.«

»Okay.«

»Was mich irritiert hat, war, dass mir die Frau bekannt vorkam. Ich bin mir nicht ganz sicher, aber es könnte die Frau vom Hotel gewesen sein, die letztens bei uns war.«

»Du meinst Sabrina Asmussen?« War mein Herz eben noch losgerast, kam es mir jetzt vor, als setze es einen Schlag aus. Ich seufzte. »Glaubst du, es ist vielleicht kein Zufall gewesen, dass sie mit ihrem Anliegen bei uns war? Könnte Severin da was mit zu tun haben? Mama, was hat das zu bedeuten?«

»Ich habe keine Ahnung, mein Schatz. Es könnte alles bedeuten und ich befürchte, herausfinden kannst du es nur, wenn du ihn selbst danach fragst. Spekulationen werden uns hier nicht weiterbringen. Er wirkte so verzaubert von dir. Ich glaube einfach nicht, dass er das nur spielt. Was, wenn du für heute Abend zusagst und siehst, was du herausfinden kannst?«

»Mama, leider ist dieses Wirrwarr um die weiblichen Bekanntschaften von Severin nicht alles, was mich an seiner Integrität zweifeln lässt«, setzte ich an, und im Blick meiner Mutter lag nun Sorge. Ich musste jetzt mit ihr reden, alles andere fühlte sich falsch an.

»Als ich sein Zimmer gereinigt habe, fiel mir eine Visitenkarte auf, die auf dem Boden lag. Severins Karte, die ihn als Teil der Geschäftsleitung von Nordic Home auswies.«

Aus dem Gesicht meiner Mutter wich jede Farbe, und sie schaute mich mit offenem Mund an. Eine Zornesfalte bildete sich auf ihrer Stirn.

»Wie bitte?« Ihre Stimme klang scharf. »Severin arbeitet für Nordic Home? Na, dann wird mir einiges klar. Deshalb kennt er sich so gut aus und ist so übermäßig interessiert an allem, was wir anbieten. Der will Insiderwissen abgreifen.«

»Das ist in der Tat auch seit Kurzem meine große Sorge. Ich wollte dich nicht beunruhigen, bevor ich Genaueres weiß. Aber nun muss ich es dir unbedingt sagen. Ich weiß einfach nicht mehr, was ich von all diesen Puzzleteilen halten soll, denn das Bild, das daraus entsteht, ist alles andere als vertrauenerweckend. Es passt alles viel zu gut zusammen und sieht gleichzeitig viel zu schlecht aus.«

»Das darf doch nicht wahr sein«, sagte sie müde. »Hat er sich wirklich nur hier eingeschlichen, um einen Auftrag zu erfüllen? Würde er so weit gehen?«

»Keine Ahnung, Mama. Der Gedanke macht mich auch ziemlich fertig. Er hat mir gegenüber behauptet, er wolle neue Wege gehen und sei mit seinem bisherigen Arbeitgeber nicht mehr einer Meinung. Aber ich weiß einfach nicht, was ich ihm glauben kann.«

»Diese Firma hat Papa so viel Kummer gemacht. Wie kann er uns das antun?« Sie presste die bebenden Lippen aufeinander.

»Es tut mir leid, Mama, dass du dich so aufregen musst. Das wollte ich eigentlich verhindern.«

»Da kannst du doch nichts dafür. Mir tut es leid, dass du erneut enttäuscht wirst. Das hatte ich dir so anders gewünscht. Und ich habe auch wirklich nicht damit gerechnet. Severin wirkte so aufrichtig interessiert und liebevoll.« Meine Mutter war sichtlich verzweifelt, und ich nahm sie in den Arm. Genau das hatte ich mit meinem anfänglichen Schweigen vermeiden wollen, und es tat mir weh, sie so zu sehen.

»Alles wird gut, Mama. Und besser, ich merke *jetzt*, mit wem ich es zu tun habe, als wenn wirklich mehr passiert wäre. So bitter es ist – dann soll es nicht sein. Ich komme klar, Mama. Wichtig ist unser kleines Unternehmen hier und wir beide. Das ist alles, was zählt. Das müssen wir schützen. Dass du und ich glücklich sind hier auf Sylt, in unserer Heimat. Da kann kommen, wer will. Die brauchen wir alle nicht zu unserem Glück. Gemeinsam schaffen wir das und werden unser Schönerlei gegen jedes Unternehmen verteidigen. Es wird in Familienhand bleiben. Nur das zählt am Ende. Für uns und für Papa. Und wenn wir unsere Produkte bekannter machen und zusätzlichen Umsatz generieren können, dann machen wir das. Vielleicht ist das Hotel eine Chance dafür, vielleicht erweist es sich als Flop. Aber wir stehen auf eigenen Beinen und treffen unsere eigenen Entscheidungen, und zwar nur so, dass wir uns damit wohlfühlen. Was Severin damit zu tun hat, steht dann auf einem anderen Blatt.«

Meine Mutter nickte und stellte dann mit einem Blick in den Laden fest: »Oh, Himmel!« Hektisch lief sie los. »Da wartet schon jemand. Ich muss los.«

»Bis später«, verabschiedete ich sie und machte mich wieder an die Arbeit am Schreibtisch.

Was ich zum Schluss gesagt hatte, stimmte. Ich war glücklich hier mit Mama, und ich war bereit, für dieses Leben zu kämpfen, ganz egal, gegen wen und unter welchen Voraussetzungen. Wir würden uns nicht unterkriegen lassen.

15

»Clara, hallo. Wie war dein Tag?« Severin betrat mit einem charmanten Lächeln auf den Lippen und einem Blick, als könne er kein Wässerchen trüben, die Pension.

»Danke, okay. Und deiner?« Meine Frage klang weit weniger freundlich, eher höflich distanziert, dessen war ich mir bewusst.

»Anstrengend«, sagte er, und ich nickte.

»Aha.« Eine unschöne Pause entstand, die sich drückend anfühlte. Offenbar fühlte auch Severin das.

»Alles in Ordnung? Störe ich dich?«

»Nee, nee. Alles okay. Hab nur viel um die Ohren.«

»Meinst du, du hast bis heute Abend alles geschafft und wir könnten unseren gemeinsamen Abend nachholen?«

»Nachholen?« Es wunderte mich, dass er weiterhin an einen gemeinsamen Abend dachte. Offenbar wusste er noch nichts von seinem Besuch auf der Insel. Irritiert blinzelte ich und überlegte, was ich nun korrekterweise antworten sollte. Aber was hieß schon korrekt? Im Reinen mit mir selbst oder meinem Herzen folgend? Plötzlich meldete sich mein Verstand glasklar und energisch. »Nein, leider geht es heute nicht.«

Ja, Mama hatte recht. Wenn ich Antworten wollte, dann durfte ich mich nicht um ein Gespräch mit ihm drücken, aber ich hatte keine Lust, mich in diese Beziehungsquerelen hineinzubegeben. Das sollte er mal schön alles klären, bevor er sich mit mir traf.

»Schade.« Severins Blick war betrübt, und ich hatte noch immer den Eindruck, dass sein Bedauern aufrichtig war. War es meine Verliebtheit, die mich daran glauben ließ? »Ich werde dich nicht länger nerven, Clara. Es tut mir leid«, erklärte er dann, und seine Worte ließen mein Herz sich schmerzlich zusammenziehen.

»Ich hatte mich gefreut, dich näher kennenzulernen, Severin. *Ich* finde es schade. Sehr schade.«

»Aber warum? Was meinst du? Bitte sag mir doch, womit ich dich so gekränkt habe, dass du mir ausweichst und jede meiner Verabredungen ausschlägst. Das kam so plötzlich und ohne, dass ich es mir erklären kann. Ich hatte den Eindruck, dass wir eine gute Zeit zusammen hatten. Ein zarter Beginn mit Aussicht auf so viel mehr. Habe ich mich da so sehr getäuscht?«

Ein Schnauben entfuhr mir. »Sorry, aber ich finde, die Frage, ob eine grobe Täuschung vorliegt, die sollte lieber ich mir stellen.«

»Aber wieso?« Seine Stimme klang höher als sonst, fast schrill. Wieder wirkte er ehrlich überrascht und irritiert.

»Sortiere du am besten erst mal dein Privatleben, dann kannst du vielleicht wieder klarer denken«, riet ich ihm kryptisch.

»Mein Privatleben? Aber da bin ich ja gerade dabei. Das weißt du doch. Und ich hatte, ehrlich gesagt, gehofft, dass ich die gemeinsame Zeit mit dir auch dazuzählen darf.« Matt zuckte er die Achseln, und seine Augen schauten mich so traurig an, dass ich ihn am liebsten in den Arm genommen hätte. Selten hatte ich eine solche innere Zerrissenheit gespürt wie in dieser Unterhaltung. Dennoch wollte ich nicht wieder mein Herz über den Verstand siegen lassen, um meine Fallhöhe immer weiter zu steigern.

»Ach so, ja, dann lass dich nicht aufhalten. Aber hab bitte Verständnis, dass ich da keine Rolle spielen möchte inmitten deiner Aufräumarbeiten.«

Severin sagte nichts, sondern schaute mich nur aus tieftraurigen Augen an.

»Eine Frau Birkenfels war hier«, sagte ich, und meine Stimme klang eiskalt. »Sie hat nicht konkret nach dir gefragt, aber ich habe unweigerlich einen Teil eines Telefonats mithören müssen, das sie direkt hier geführt hat. Sie ist dir hinterhergereist, Severin.«

»Wie bitte? Was wollte sie?« Auf seiner Stirn bildete sich statt der traurigen Sorgenfalte nun eine Zornesfalte.

»Sie hat ein paar Artikel aus dem Laden zurücklegen lassen. Der war noch zu. Sie wird noch mal vorbeikommen, um sie abzuholen. Aber so wie es klang, wird sie sich vorher sowieso bei dir melden.«

Er wirkte sichtlich angespannt, und ich sah noch immer die Wut in seinen Augen. Er schaute sich um. »Clara, ich ...«

In dem Moment betraten Anka und Karl den Raum, ein älteres Ehepaar, das ebenfalls über die Feiertage bleiben wollte. Ich war ganz dankbar für diese Unterbrechung.

»Entschuldige. Ich habe zu tun.« Und dann platzte es aus mir heraus: »Severin, ich glaube, es ist besser, wenn du dich nach einer anderen Unterkunft umschaust.«

Mit diesen Worten wandte ich mich meinen Gästen zu, hörte noch, wie er nach einer sprachlosen Pause sagte: »Okay, Clara. Das mache ich. Selbstverständlich.« Eine Träne, gefüllt mit Wut und Enttäuschung, zitterte an meinem Augenlid. Severins Reaktion war eindeutig. Da war blanke Wut zu sehen. Verzweifelte Wut. Warum? Weil ich sein falsches Spiel durchschaut hatte?

Innerlich schnaubte ich fassungslos und war dankbar, dass er sich zurückzog, während ich mich um unsere Gäste kümmerte.

Am Abend saßen meine Mutter und ich bei Kerzenschein am Esstisch. Nachdenklich sah meine Mutter mich an.

»Du hast Severin gebeten auszuziehen?«

Ich zuckte die Schultern und tat betont beiläufig. »Ich sehe keine Alternative.« Dabei war das ganz und gar nicht das, was ich fühlte.

»Das war tatsächlich auch mein erster Gedanke. Aber meinst du wirklich, dass das der richtige Weg ist?«

»Ja.«

»Ich respektiere deine Entscheidungen. Das weißt du. Dennoch fürchte ich, dass du dir damit eine Chance verspielst und im Nachgang traurig darüber sein könntest.«

»Ja, um ehrlich zu sein, bin ich das jetzt schon. Aber ich fürchte, noch trauriger wäre ich, wenn ich mich weiter auf ihn einließe und es irgendwann zum großen Knall käme, weil sich bewahrheitet, was ich jetzt befürchte.«

»Ach, Liebes. Wie hat er denn reagiert?«

»Ganz gefasst irgendwie. Fast schon zu abgeklärt, vielleicht schuldbewusst. Ich bin mir nicht sicher. Aber vor Anka und Karl wollte er sicher nicht in eine Diskussion gehen.«

»Verstehe.« Meine Mutter wirkte ernsthaft bedrückt.

»Ich habe heute Mittag eine kleine Runde am Strand gedreht und dabei Frau Asmussen getroffen. Sie war dort mit einem Herrn unterwegs, den sie mir als unseren Ansprechpartner bezüglich der Ausstattungsfragen der Wohnung vorstellte. Sie war wirklich nett.«

Ich stieß entsetzt Luft durch die Lippen aus. »Na, super. Hast du sie vielleicht morgen zum gemeinsamen Futjes-Essen eingeladen, damit wir bei der Gelegenheit alles noch einmal ganz in Ruhe besprechen können? Am besten direkt mit Severin gemeinsam!«

Meine Mutter schenkte mir einen vielsagenden Blick. »Clara, bitte. Natürlich nicht.«

»Wenn sie doch so nett ist.« Ich wusste selbst nicht genau, wo die Wut in mir plötzlich herrührte. Vielleicht war einfach alles ein bisschen zu viel.

»Hör doch auf. Ich habe übrigens noch etwas herausgefunden. Sie wird schon bald für einige Zeit nicht mehr für das Haus tätig sein.«

»Aha. Warum stellt sie sich dann noch groß vor? Das klingt ja schon wieder merkwürdig.« Ich konnte nicht anders, stellte jetzt vollkommen auf Abwehr.

»Clara, jetzt bleib mal auf dem Teppich. Sie ist schwanger und übergibt gerade all ihre Prozesse an ihre Vertretung. Wollte diesen ersten Kontakt zu uns aber gern persönlich übernommen haben.«

»Aha.«

»Severin hat also höchstwahrscheinlich zumindest keine privaten Verwicklungen mit der Frau, denn ihr Mann ist Falk Asmussen, der neue Geschäftsführer des Hotels.«

»Okay. Im Privaten hat er vielleicht nichts mit ihr zu tun, ja«, sagte ich. »Aber in diesem Fall macht mir das Berufliche fast noch mehr Angst.«

»Du meinst also wirklich, sie sind Geschäftspartner?«

»Keine Ahnung. Ist doch komisch, dass erst Severin mit dieser Geschäftsidee um die Kurve kommt und kurz darauf ein Unternehmen genau diese Leistung einfordert. Und du hast sie mit Severin zusammen gesehen – und seine Visitenkarte.« Ich schäumte innerlich und gab mir Mühe, nicht allzu scharfe Worte zu finden und mich zu beherrschen.

»Bald wird sich alles lichten und wir werden wissen, wie es weitergeht für uns, da bin ich mir ganz sicher«, sagte meine Mutter, und ich hörte eine Hoffnung darin, die all meine Wut verrauchen ließ. Sie hatte recht. Wir mussten positiv denken.

Schweigend hingen wir einen Moment unseren Gedanken nach, und mit einem Mal fühlte es sich an, als würde mir alles zu viel. In diesem Moment verspürte ich meinen ganz geheimen Wunsch, nur noch für den Laden da zu sein, stärker denn je. Alles andere kam mir wie Ballast vor.

Ich wollte Dinge verkaufen, die mir am Herzen lagen, Dinge herstellen, die mir Freude bereiteten und andere glücklich machen konnten. Diese Erkenntnis verursachte ein Kneifen in meinem Bauch, aber irgendwie auch ein Drängen, dass ich dieses Gefühl, diesen Gedanken, der lange schon in mir schwelte, aussprechen musste. Also holte ich tief Luft und entließ die Worte.

»Mama, manchmal denke ich darüber nach, wie es wäre, unsere Pension an den Meistbietenden zu verkaufen und all unsere Kraft in den Laden zu stecken«, hörte ich mich sagen und spürte, wie meine Mutter förmlich zusammenzuckte. Dennoch nickte sie.

»Ja, Clara. Auch ich denke hin und wieder daran. Wenn einem alles über den Kopf wächst, überlegt man, wie das Leben wieder ein Stück leichter werden könnte. Aber sicher hast du dieselben Bedenken wie ich …«

Ja, da war es, das schlechte Gewissen, dass wir nicht wertschätzten, was mein Vater uns hinterlassen hatte.

»Aber sollte das nicht die allerletzte Möglichkeit sein, Liebes?« Die Stimme meiner Mutter zitterte. »Ich gönne diesen gierigen Haien einfach unser wundervolles Kleinod nicht. Und Papa wäre todtraurig.« Sie seufzte.

»Ja, Mama. Du hast so recht. Wir sollten uns nicht unterkriegen lassen, nur weil wir die Nerven verlieren«, antwortete ich, und dieser zarte Hauch von Aufbruch und Veränderung war schnell wieder verflogen.

»Jetzt werden wir den Gästen erst einmal ein vorzügliches Festessen servieren und im Frühstückssaal einen Tannenbaum aufstellen, der ihre Augen leuchten lässt. So wie Papa es immer schon gemacht hat, und wie sie es vom Meerglück kennen«, sagte ich energisch. Meine Mutter schloss genießerisch die Augen.

»Ich rieche schon den Duft der frischen Nadeln, sehe das Funkeln der Lichter am Baum und höre die leise klassische Musik im Hintergrund. Weißt du noch, wie Papa sich immer ans Klavier gesetzt hat?« Sie öffnete die Augen wieder, und ich entdeckte einen zarten Schimmer darin. Sanft streichelte ich ihre Hand und nickte.

»Er war der beste Pianist, ja.«

»Ich vermute, das Klavier ist mittlerweile schrecklich verstimmt«, überlegte meine Mutter, und mir fiel ein, dass ich vor einiger Zeit einem Klavierstimmer begegnet war und mich gut mit ihm unterhalten hatte. Er verbrachte hier auf der Insel seinen Ruhestand und hatte mir erzählt, dass er in Zukunft nur noch zum Zeitvertreib hin und wieder ein paar alte Instrumente stimmen wollte. Ich nahm mir vor, ihn unbedingt zu finden und zu bitten, sich um Vaters Klavier zu kümmern. Es wäre ein großartiges Weihnachtsgeschenk für meine Mutter.

Wenig später ging ich todmüde ins Bett. All diese Sorgen und der emotionale Ärger hatten mich ausgelaugt, und ich fiel sofort in einen tiefen Schlaf.

Mitten in der Nacht fuhr ich aus einem Albtraum auf. Mein Vater war darin wieder am Leben und wir mussten ihm, ausgerechnet an Heiligabend, sagen, dass es für uns mit der Pension und unserem Laden nicht weitergehen würde. Mein Papa, der zwar ein herzlicher, aber vor allem hoch emotionaler Mensch gewesen war, hatte im Traum mit Tränen in den Augen vor mir gestanden und leise und zurückhaltend, aber dennoch hörbar Vorwürfe formuliert, die mich schweißgebadet aufschrecken ließen.

Ich stieg aus dem Bett, trat ans Fenster und sog durch den Spalt des leicht geöffneten Fensters die kühle, klare Winterluft ein, die der Wind in mein Zimmer trug. Er nahm das klamme Gefühl mit sich, das die Erinnerungen an den Traum in mir hinterlassen hatten. Ich war wieder im Hier und Jetzt. Es stimmte nicht, was mein Geist mir da vorgegaukelt hatte. Mein Vater wäre stolz auf uns und ja, vielleicht wäre er auch ein wenig traurig, sollten wir uns gegen die Pension entscheiden. Aber gleichzeitig wusste ich, dass er es verstehen würde. Dass er nicht wollen würde, dass wir unglücklich waren, nur weil wir es ihm recht machen wollten.

Ich schaute in den dunklen Nachthimmel. »Oder, Papa? Das wärest du doch?«, versicherte ich mich und nickte, weil niemand anders mir eine Antwort gab. Tränen stiegen mir in die Augen. Das war jedes Mal so, wenn ich nachts aufwachte und an meinen Vater denken musste. Dann überkam mich die große Sehnsucht nach unbeschwerten Tagen, in denen wir uns alle noch hatten. Ich vermisste es, spontan am Abend noch ein Gläschen Wein zu trinken und mich mit ihm über die kleinen Dinge des Lebens auszutauschen oder ihm mehrfach am Tag über den Weg zu laufen und mal eben schnell um Rat zu fragen. Sogar nachts hatte er sich manchmal meine Probleme angehört, wenn ich ruhelos durch das Haus gegeistert war und er noch in seinem Lesesessel gesessen oder die letzten Handgriffe in der Buchhaltung gemacht hatte. Er war ein Nachtmensch gewesen. Hatte die dunklen, stillen Stunden geliebt.

Nicht immer waren wir uns einig gewesen, und häufig kam es auch zu Diskussionen und Streit, wenn mein Vater nicht damit konform ging, was ich vorschlug für die Pension und den Laden und ich dennoch darauf drängte, neue Wege zu gehen. In Wirklichkeit wusste ich immer, wie sehr er mich für meine Kreativität, meinen Enthusiasmus und meinen Durchsetzungswillen bewundert hatte. Weil wir uns ähnlich waren in der Art, in der wir für etwas brannten, wenn wir etwas wirklich wollten.

Meine Mutter war stets der Ruhepol zwischen uns gewesen. Wenn wir uns aneinander die Köpfe wundgeschlagen hatten, weil keiner nachgeben wollte, dann hatte sie den richtigen Weg gefunden und uns beiden Türen geöffnet, aufeinander zuzugehen.

Ich wollte gerade das Fenster wieder schließen, um den kalten Wind auszusperren und es mir im warmen Bett wieder gemütlich zu machen, als ich eine ärgerliche männliche Stimme hörte.

Sofort erkannte ich, dass es Severin war. Doch ich hörte keinen Gesprächspartner, also schien er zu telefonieren. Ein Blick auf die Uhr zeigte mir, dass es 0:30 Uhr war. Eine ungewöhnliche Zeit für ein Telefonat.

Obwohl ich mir einredete, nicht lauschen zu wollen, verharrte ich einen Moment am geöffneten Fenster.

»Warum respektierst du nicht, dass ich sage, ich möchte eine Auszeit? Was soll das, dass du mir hinterherfährst?«

War das Tanja Birkenfels am anderen Ende der Leitung? Und Severin forderte eine Auszeit. Hieß das also, dass die beiden sich wirklich in einer Beziehung befanden?

»Es ist mir vollkommen egal, was sie dazu sagt. Sie ist doch selbst schuld an der Misere«, hörte ich Severin weiterschimpfen. Das konnte ich nun überhaupt nicht einordnen, also schloss ich jetzt doch lieber leise das Fenster. Hoffentlich hatte er mich nicht bemerkt.

Matt legte ich mich wieder ins Bett und starrte einen Moment lang an die Decke. Großartig. Jetzt lief mein Gedankenkarussell wieder auf Hochtouren, und ich wusste nicht, wie ich es stoppen sollte. Nur eines wusste ich sicher: Das verwirrende Gefühl bezüglich Severin verstärkte sich immer mehr.

Es war richtig, dass Severin auszog. So würde ich nicht ständig wieder mit ihm und meinen Gedanken und Gefühlen konfrontiert werden.

Am nächsten Morgen fühlte ich mich unausgeschlafen und müde. Trotzdem stand ich pünktlich zum Frühstück bereit und hatte alles hergerichtet, als Heide in den Raum trat.

»Moin, Clara«, begrüßte sie mich mit einem warmherzigen Lächeln, das sich in ein skeptisches verwandelte, als sie mich anschaute.

»Alles in Ordnung?«, erkundigte sie sich und legte den Kopf schief. Vor ihr konnte ich einfach nichts verbergen.

Unsicher nickte ich. »Wieso?«

»Du wirkst ganz erschlagen.«

Ich nickte matt. »Ich habe schlecht geschlafen«, gab ich zu.

»Kam der Grund dafür von außen oder von innen?«, fragte Heide, und ich zog verwirrt die Augenbrauen zusammen.

»Na, hat dein Kopf oder dein Herz dir diese Unruhe verschafft oder der Wind, der an den Fensterläden rüttelte?«

Ich hob die Augenbrauen und verzog den Mund zu einem schiefen Lächeln.

»Der Wind war es nicht«, gestand ich und wischte gedankenverloren über eine leere Tischplatte.

Heide zeigte fragend auf ihren Kopf, und ich machte eine abwägende Handbewegung, die vom Herz zum Kopf ging und zurück.

»Verstehe.« Sie setzte sich, während ich ihr einen Korb mit Brötchen auf den Tisch stellte, und dazu ihre Lieblingsmarmelade.

»Hast du ein paar Minuten? Dann setz dich doch zu mir«, bot sie an.

Dankbar lächelte ich, weil Heide mich mit einem so liebevollen Blick anschaute.

»Ich hole uns einen Tee, und dann komme ich«, sagte ich und verschwand in der Küche.

Noch ehe ich zurück in den Frühstücksraum kam, hörte ich, dass Heide mit jemandem sprach. Ein Blick durch das Bullauge in unserer Küchentür verriet mir, dass Severin den Raum betreten hatte. Er trug jedoch Jacke, Schal und Mütze und sah nicht so aus, als wolle er frühstücken. Eher, als breche er zu einer Exkursion an den Nordpol auf.

Ich wartete noch einen Moment in der Küche, wollte nicht mit ihm reden. Schon gar nicht, wenn Heide dabei war. Erst als ich hörte, wie die Tür der Pension ins Schloss fiel, trat ich mit meinem Tablett wieder an Heides Tisch im Frühstücksraum.

»Severin lässt dich ganz lieb grüßen. Er wollte ans Meer.«

»Danke«, antwortete ich kurz ab. In meinem Kopf tauchten Bilder auf, wie er mit einer anderen Frau dort entlangspazierte – einer blonden und dann einer mit dunklen Locken. Herrgott. Ich würde die Fragen in meinem Kopf nicht beantwortet bekommen, wenn ich sie immer wieder hin und her dachte. Also konnte ich auch damit aufhören. Wenn es nur nicht so schwierig wäre.

Heides freundlicher Blick unterbrach meine Gedanken. Sie klopfte sanft auf den freien Stuhl neben sich.

»Nimm dir die paar Minuten Zeit, Liebes«, riet sie mir, und ich setzte mich zu ihr.

Ich legte uns beiden jeweils ein Stück Kandis in die Tasse und schenkte den Tee ein. Leise knackte der Zucker, als der heiße Tee die Tasse dampfend füllte. Dann fügte ich, ohne zu rühren, mit einer sanften Bewegung die Sahne hinzu, die sich in einer feinen

Wolke im Tee verteilte. Ich verfolgte den seidigen Dampf des Tees mit den Augen.

Heide strich mir über den Handrücken und bedachte mich mit einem liebevollen Blick. Ich seufzte leise. »Ach, Heide. Das Leben ist irgendwie anstrengend.«

»Immer wieder ist es das, Liebes, ja. Glaub mir, als alter Mensch wie ich hast du schon wirklich viel erlebt und etliche Gelegenheiten durchlitten, in denen du enttäuscht wurdest. Meine undankbare Familie, die nur hinter meinem Geld her ist, ist nur eine von denen. Aber das Gute daran, dass es im Leben so düstere Zeiten gibt, ist, dass man die guten Phasen mehr zu schätzen weiß. Schatten und Licht. Regen und Sonne.«

»Da hast du recht, Heide«, stimmte ich ihr zu.

»Und glaub mir: In meinem langen Leben habe ich gelernt, dass es immer weitergeht. Auch wenn es mal nicht danach aussieht. Nicht aber ohne das eigene Zutun. Man kann das Licht am Ende des Tunnels nämlich nur sehen, wenn man den Blick hebt und nach vorne schaut.« Sie nickte, wie zur Bestätigung ihrer Aussage.

»Bestimmt. Manchmal fällt das nur leider so schwer«, erkannte ich und presste die Lippen aufeinander.

»Wenn du reden möchtest, weißt du Bescheid«, bot Heide an.

»Danke, Heide.« Ich schaute mich um, überlegte kurz, ob ich Heide wirklich meine Sorgen anvertrauen sollte, hörte dann aber, wie noch mehr Gäste in Richtung des Frühstücksraumes kamen. Leo rannte bereits auf Paul zu und knuddelte ihn, was der mit äußerst freudigem Schwanzwedeln quittierte.

»Moin«, klang es durch den Raum, und ich stand auf.

»Moin. Ich bereite direkt einen Kaffee vor. Und den Kakao für den kleinen Mann«, versprach ich. »Entschuldige, Heide, wir reden ein andermal weiter.« Diese winkte ab.

»Alles gut. Du hast zu tun. Das ist doch klar.«

Als ich den Kaffee serviert hatte, trat ich noch mal zu Heide. »Was hast du heute vor?«

»Meine Beine sind ein wenig lahm, sodass ich wohl hauptsächlich hierbleibe. Ich mache es mir mit einem Buch gemütlich.«

»Das ist ein guter Plan. Und wenn du irgendwas brauchst und ich dir etwas Gutes tun kann, dann lass es mich gerne wissen.«

»Aber na klar.« Heide lächelte und machte mit einem Seitenblick auf den Tisch mit den weiteren Gästen eine Handbewegung, als scheuche sie mich in die Küche.

Ich grinste und machte mich direkt an die Arbeit.

Nachdem alle Arbeiten für den Morgen in der Pension erledigt waren, erreichte mich ein Anruf meiner Mutter.

»Clara, wäre es möglich, dass du eine Bestellung eines Kunden zu einem Restaurant nach List lieferst? Ich kann so schlecht weg, und der Kunde sagt, er benötigt die Vasen noch vor 13 Uhr, weil er dann abreist.«

»Klar. Ich hab grad Luft und mache mich direkt auf den Weg«, erklärte ich. »Später ist noch eine Anreise. Es ist aber alles vorbereitet, du müsstest vielleicht nur die Schlüssel herausgeben, wenn sie da sind, falls ich nicht rechtzeitig zurück bin.«

»Prima. Das ist kein Problem. Ich sehe ja vom Laden aus, wenn sie ankommen. Herzlichen Dank. Ich packe die Vasen ein und bereite alles vor, dann könntest du direkt starten. Und noch was«, meine Mutter stockte.

»Ja?«

»Erkläre ich dir gleich. Komm erst mal rüber«, fügte sie hinzu.

»Alles klar. Ich fliege«, sagte ich, und wir legten auf.

Gerade hatten wir das Telefonat beendet, da läutete mein Handy erneut. Severins Name erschien auf dem Display. Einige Sekunden starrte ich wie versteinert darauf, unsicher, was ich tun sollte. Noch ehe ich eine Antwort darauf gefunden hatte, wurde er auf die Mailbox weitergeleitet.

»Vielleicht sollte das so sein«, murmelte ich zu mir selbst und wartete einen Moment. Dann hörte ich die Nachricht mit zittrigen Fingern ab.

»Clara, Moin. Wie geht es dir heute? Schade, dass wir uns vorhin nicht getroffen haben und ich dich grad nicht erreichen kann. Ich hatte gehofft, dass wir noch einmal miteinander reden können. Das soll nichts daran ändern, dass ich mir eine neue Unterkunft suche. Keine Sorge. Leider muss ich feststellen, dass das jetzt, wo es mit großen Schritten auf die Feiertage zugeht, gar nicht so einfach ist, aber das soll nicht deine Sorge sein. Mittags habe ich noch einen geschäftlichen Termin in der Nähe des Lister Hafens, ansonsten wäre ich zeitlich komplett frei, falls du doch noch mal Zeit hast. Bis bald, hoffe ich.«

Ich blickte einen Moment lang aus dem Fenster, schaute über die karge Landschaft hinter dem Haus hinweg und versank zwischen den verschiedenen Grautönen des Himmels. Ich musste ohnehin nach List und könnte die Fahrt mit einem Treffen mit ihm verbinden. Mein Herz wollte so gerne zusagen, doch mein Kopf sträubte sich dagegen.

»Schade, aber das hast du leider verspielt«, sagte ich bedauernd, schrieb eine kurze Nachricht, dass ich heute sehr eingespannt sei, und steckte das Handy ein. Ich lief in mein Büro, um die Schlüssel für das Zimmer meiner Mutter mitzubringen.

Dann lief ich rüber in den Laden. Meine Mutter verabschiedete gerade noch einen Kunden, als ich schon ins Lager ging, wo die vorbereitete Bestellung bereits auf mich wartete. Sie kam mir hinterher.

»Danke dir, mein Schatz.« Sie deutete auf einen Korb und nahm den Zimmerschlüssel entgegen. »Hier steht alles bereit. Der

Kunde, der die Vasen bestellt hat, ist ein Freund der Betreiberfamilie eines Lister Restaurants. Mit denen ist er heute noch zusammen. Wärest du so lieb, dich beim Service zu melden, dass du da bist?«

»Klar. Das mache ich«, sagte ich und griff nach dem Korb. »Und was war es noch, was du mir erklären wolltest?« Interessiert hob ich die Augenbrauen und schaute meine Mutter erwartungsvoll an. Diese nickte und rang mit den Händen.

»Es geht noch mal um die Idee, die wir mit Frau Asmussen für das Hotel festgezurrt haben«, setzte sie an.

»Du meinst die Idee mit dem Einrichtungsservice?«

Sie nickte.

Interessiert horchte ich auf.

»Ich habe im ersten Moment sehr abweisend darauf reagiert, aber ich habe das Thema dann ja bewusst an dich weitergegeben, da ich weiß, dass wir neue Wege gehen und Dinge ausprobieren müssen, und ich denke, dass das eine gute Sache ist. Es hat sich so ergeben, dass ich mit dem Kunden eben über diese Idee gesprochen habe – ganz grob. Er sagte, dass er sich das wunderbar auch für das Restaurant vorstellen könnte. Wenn wir Interesse daran hätten, könnte er den Kontakt zu den Geschäftsführern dort herstellen.«

Überrascht schürzte ich die Lippen. »Ich staune! Wie schön, dass du das Konzept schon so aktiv bewirbst«, stellte ich fest.

»Unser Gespräch über einen möglichen Verkauf und den Schlussstrich unter all dem hier hat mich wachgerüttelt. Ich habe die halbe Nacht nicht geschlafen, war immer wieder hellwach, weil ich furchtbare Albträume hatte.« Ich nickte, denn ich konnte es so gut nachvollziehen.

»Es ging mir ähnlich, Mama.«

»Aber ich habe mich dann so lange mit dem Kunden ausgerechnet darüber unterhalten. Es war ein so intensives Gespräch, dass ich mir nun sehr sicher bin, dass wir uns womöglich eine große Chance entgehen lassen, wenn wir das nicht machen. Zumal er nun der Dritte ist, der für diese Idee zu brennen scheint.« Sie deutete auf den Korb. »Er hat eine der handgefertigten Vasen gekauft, die ich vorhin noch individualisiert habe. Er war total begeistert und fand den Einfall toll, darüber hinaus auch Behältnisse von Duftkerzen oder Ähnlichem mit dem Logo des Restaurants zu versehen. Man kann einen individuellen Slogan verwenden oder sie – je nach Bereich des Restaurants, zu dem auch ein Café gehört – auch mit den Namen der Räumlichkeiten verzieren. Dieser Vorschlag war sozusagen die Initialzündung. All das können wir mit wenig Aufwand meiner Meinung nach auch im Alltagsgeschäft gut umsetzen.« Sie griff nach einem der kleinen Töpfe mit Moos darin, welches kaum Pflege benötigte. Im Set mit einer passenden Duftkerze im Betongefäß sowie einem Raumduft, die wir beide per Laser individualisierten, verkauften sich diese Artikel besonders gut. »Wir kamen über diese Sets darauf, dass man hier doch was zusammenstellen könnte, extra für das Restaurant«, erklärte meine Mutter.

»Verstehe. Ja, also, klasse. Ich freue mich, dass die Idee dich jetzt auch überzeugt, mir hat sie ja von Anfang an gut gefallen«, sagte ich und ärgerte mich, dass ich dabei gleich wieder an Severin und seine möglichen Absichten denken musste. Andererseits verschaffte es mir eine gewisse Genugtuung, seine Idee ohne ihn in die Tat umzusetzen.

»Nanu«, riss meine Mutter mich mit einem Schmunzeln aus meinen Überlegungen. »Sehe ich da fast so etwas wie ein diabolisches Grinsen, mein Kind?« Ihr Blick war amüsiert erstaunt.

»Vielleicht, Mama«, antwortete ich geheimnisvoll. »Bis später.«

16

Ich machte mich auf den Weg nach List. Kurz hinter Kampen ließ ich den Blick über das silbrig glitzernde Meer schweifen. Gerade herrschte Flut, und das Wasser stand ruhig und unbewegt bis direkt an die Straße, je näher ich Richtung List kam. An einigen Stellen der Landstraße waren es nur wenige Meter, die zwischen der Nordsee auf der Wattseite und dem Pflaster lagen. Jeder Herbst- und Wintersturm sorgte dafür, dass das Meer der Straße bedrohlich nah kam, und man musste mit stetigen Sand-Aufschüttungen dagegen anarbeiten. Aber das lohnte sich.

Ich liebte es, hier einen Spaziergang von der Vogelkoje bis nach List zu machen. Wenn nicht gerade Flut herrschte, konnte man die ganze Strecke am Strand entlanglaufen. Ein ruhiger Weg, die Weite des Strandes, hin und wieder der Blick auf traumhaft gelegene Anwesen, die nur ein Garten und ein Schutzwall aus Steinen vom Meer trennten. Man sah über die Hundsrosen und Krüppelkiefern hinweg, die auf dem Wall wuchsen, oft nur das kleine Fenster oben in der Gaube, was sofort mein Kopfkino ankurbelte. Ich stellte mir vor, welch traumhaftes Gefühl es sein musste, hier sein Schlafzimmer zu haben, wo man frühmorgens zum Sonnenaufgang an der Ostseite der Insel erwachte, den Vormittag am Schreibtisch verbrachte, um es sich gemütlich zu machen, wenn am Abend raue Winterstürme aufzogen, die man bei

Kerzenschein durch das gläsern ausgebaute Scheunentor im rustikalen Backsteinhaus unter Reet betrachten konnte.

Kurz vorm Lister Hafen lag das Restaurant in einer Seitenstraße, die direkt am Meer in einer Sackgasse endete. Es war eins der kleineren, inhabergeführten Häuser. Sehr hochwertige Küche zwar, aber keins der vollkommen überkandidelten Restaurants, sondern eher ein Ort, der auf Understatement setzte. Das gefiel mir gut. Ich parkte mein Auto, nahm den Korb mit den Vasen aus dem Kofferraum und trat durch die weiße Holztür, neben der zwei große Kübel mit Buchsbäumen standen, in denen schon jetzt unzählige Lichter funkelten, in den Eingangsbereich. Es sah gemütlich aus.

»Frau Hertz?«, begrüßte mich eine freundliche Stimme. Es war, wie ich an der Schürze mit Logo erkannte, eine Frau vom Service, die mich direkt mit Namen ansprach.

»Oh, ja. Moin«, entgegnete ich erstaunt. Schließlich hatte ich die Frau bisher noch nie gesehen.

Lächelnd deutete sie auf die Tüte in meinen Händen.

»Ich habe Sie am Logo des Schönerlei erkannt«, gab sie zu, und wir lachten beide. »Sie wurden mir angekündigt.«

»Moin. Wie schön. Ich habe die Vasen für einen gemeinsamen Kunden und Gast, Herrn Gerdes, mitgebracht. Ich soll mich bei Ihnen melden.«

»Ich weiß Bescheid, vielen Dank. Herr Gerdes lässt sich entschuldigen. Er hat noch einen Termin, sonst hätte er Ihre Lieferung persönlich entgegengenommen. Er will aber in fünfzehn Minuten hier sein. Haben Sie noch die Zeit?«

Ich schaute auf meine Uhr. »Ich hatte ein paar Minuten eingeplant«, stellte ich fest. »Ich warte gerne.«

»Darf es für Sie noch etwas sein? Vielleicht eine Tasse Kaffee in unserem Wintergarten-Café mit Meerblick?«

»Das klingt wunderbar, gerne.«

»Dann machen Sie es sich doch gemütlich. Die Tasse Kaffee und, wenn Sie mögen, ein Stück unseres Käsekuchens gehen aufs Haus.« Sie deutete hinüber in Richtung des Wintergartens, an dessen Eingang eine weitere Dame stand und uns freundlich zunickte.

»Na, da sage ich nicht Nein. Danke.« Ich lief, vorbei an wirklich prachtvollen Blumengestecken aus goldfarbenen Kugeln und glänzenden Kerzen, zum Wintergarten. Ein Duft von Weihnachten und Behaglichkeit lag in der Luft, und schon von hier aus konnte ich sehen, welch fantastischen Ausblick man vom Cafébereich aus hatte. Nur durch eine flache Dünenlandschaft vom Meer getrennt, lag das Hotel in einmalig schöner Strandlage.

»Herzlich willkommen«, begrüßte mich die freundliche Dame und wies mit der Hand auf einen Tisch am Fenster. »Sie haben Glück. Der schönste Platz ist noch frei.«

»Oh, wie toll! Herzlichen Dank«, erwiderte ich.

»Ein Kaffee und dazu ein Stück Käsekuchen? Hat meine Kollegin mir da das Richtige genannt?«, erkundigte sich die Bedienung.

»Danke, perfekt«, bestätigte ich und freute mich auf die Köstlichkeiten und die kleine Auszeit. Mir gefiel es hier gut. Die Mitarbeiter waren sehr aufmerksam, und die Freundlichkeit, die mir das Personal entgegenbrachte, wirkte in keiner Form aufgesetzt, sondern ernsthaft, aufrichtig und authentisch.

Der dampfende Kaffee mit köstlich herbem Aroma harmonierte auf wunderbare Weise mit dem cremigen Käsekuchen, den eine leichte Vanillenote verfeinerte. Voller Freude ließ ich das zart schmelzende Gebäck auf meiner Zunge zergehen und genoss dabei die Aussicht und die Ruhe, die hier herrschte.

Mir war, als stünde die Welt für mich in diesem Moment ein

paar Sekunden still und schenkte mir die Möglichkeit, kurz durchzuatmen und neue Kraft zu tanken für all die Unwägbarkeiten, die sich mir gerade in den Weg stellten.

Nach einiger Zeit kam ein junger, elegant gekleideter Mann in meine Richtung. Sein Strahlen und die Begrüßung schon von Weitem verrieten, dass es sich bei ihm um den Herrn Gerdes handeln musste.

»Wie schön, dass Sie gewartet haben. Ich freue mich sehr, Frau Hertz«, rief er bereits, als er noch einige Meter entfernt von mir war.

»Ich freue mich auch«, erwiderte ich und stand auf.

»Volker Gerdes«, stellte er sich vor. »Ich habe mit Ihrer Mutter gesprochen. Herzlichen Dank für die Lieferung. Das ist wirklich sehr aufmerksam. Ihr Service hat mich in meinen Ideen bestätigt, die mir sofort kamen, als ich Ihren Laden betrat.«

»Sehr gerne. Meine Mutter hat mir von Ihrem Gespräch erzählt. Wollen Sie sich setzen?« Ich bot ihm den Stuhl mir gegenüber an.

»Gerne.« Er nahm Platz und bestellte sich einen Kaffee. »Ich bin gut mit der Familie, die dieses Restaurant betreibt, befreundet, und als ich Ihren schönen Laden in Kombination mit der Pension entdeckt habe, kam mir die Idee.«

Er stellte mir in wenigen Sätzen noch einmal das vor, was meine Mutter schon erzählt hatte. Seine Augen leuchteten dabei.

»Meinen Sie nicht, dass sich da was arrangieren ließe, wovon beide Seiten profitieren?«

Ich nickte verhalten. »Bestimmt. Ich habe vor einiger Zeit bereits über eine ganz ähnliche Idee mit jemandem gesprochen«, sagte ich und sah, wie sich sein Gesicht für einen Moment ins Unsichere veränderte. »Sagen Sie nicht, ich komme zu spät!« Er lachte, und ich musste ebenso schmunzeln.

»Nein, kommen Sie nicht. Wir sind gerade dabei, uns in dieser Hinsicht gewissermaßen ein zweites Standbein aufzubauen. Sie kommen also vielmehr gerade richtig. Unsere ersten Gespräche haben wir bereits mit einem Hotel geführt«, übertrieb ich, aber es fühlte sich gut und richtig an.

Er presste die Hand auf die Brust und atmete theatralisch aus, was uns beide erneut lachen ließ. »Dann darf ich da was ausarbeiten und mich wieder bei Ihnen melden, wenn ich eine konkrete Idee habe?«

»Von mir aus sehr gerne. Aber darf ich fragen, was Sie denn eigentlich beruflich machen, dass Sie sich für eine solche Zusammenarbeit einsetzen? Das ist doch kein reiner Freundschaftsdienst dem Restaurantbetreiber gegenüber, oder?«

»Ich bin Berater und meist für familiengeführte Unternehmen tätig. Dabei spielt weniger die Größe eine Rolle, sondern vielmehr der Faktor, dass eine Familie hinter einem Unternehmen steht.« Er deutete durch den Raum und dann auf mich. »Das ist im Falle dieses Restaurants so, und es ist so, wenn ich an Ihr Meerglück beziehungsweise Ihren Laden denke. Was läge da näher, als zu versuchen, zwei dieser Unternehmen auf diese Weise zu verbinden?«

»Das klingt einleuchtend, absolut«, sagte ich, und wir unterhielten uns noch eine Weile darüber, was wir an Sylt schätzten und was uns mit der Insel verband, wobei wir feststellten, dass wir beide hier geboren und aufgewachsen waren, dann aber die Insel aus beruflichen Gründen wieder verlassen hatten. Im Gegensatz zu mir war er nicht wieder dauerhaft hierher zurückgekehrt.

Das Gespräch hatte mir Freude gemacht und beschwingt verabschiedeten wir uns voneinander.

Nach dieser kleinen, außergewöhnlichen halb privaten, halb beruflichen Auszeit lief ich noch einmal die wenigen Meter hinunter ans Meer. Durch einen schmalen Gang inmitten zweier Friesenwälle kam ich zum Strand. Ich spürte die Energie, die mir das Gespräch mit Volker Gerdes verliehen hatte. Vielleicht würden wir doch noch die Kurve kriegen und unserem Laden neuen Schwung verleihen. Für einen Moment ließ ich es zu, dieses Glücksgefühl. Ließ mir den Wind um die Nase wehen, lauschte dem Rauschen der Wellen und schloss genüsslich die Augen.

Als ich sie wieder öffnete, entdeckte ich ein kleines, helles Hündchen, das mit den gestrandeten Schaumkronen spielte. Bei genauerem Hinsehen erkannte ich die junge Hundedame, die Severin bei einem unserer Spaziergänge bei sich gehabt hatte.

Unsicher schaute ich mich um, entdeckte aber nicht ihn, sondern nur eine Frau, die am Wasser stand und den Hund beobachtete. Als sie sich ein wenig ins Profil drehte, erkannte ich Tanja Birkenfels. Mein Magen zog sich zusammen, und ich wandte mich ab und ging eiligen Schrittes zu meinem Auto zurück, ehe sie mich sah.

Ich wusste selbst nicht genau, wovor ich floh, aber diese Frau irritierte mich so sehr, dass ich jede Souveränität verlor.

Bei meinem Auto angekommen, atmete ich erleichtert auf, nur um im nächsten Moment erneut innezuhalten.

Wenige Parklücken weiter stieg Severin aus dem Auto, stellte seinen Kragen hoch, richtete die Mütze und den Schal und ging zielstrebig in Richtung Strand. Dort sah ich, dass die Frau mit dem kleinen Hund ihm entgegengekommen war und ihm winkte. Er erwiderte den Gruß, bevor er die Hände wieder tief in den Manteltaschen vergrub.

Ich saß wie erstarrt hinter dem Steuer, den Blick auf die Szene am Strandübergang gerichtet. Severin lief direkt auf sie zu, und sie begrüßten sich mit einer herzlichen Umarmung, die für Schwindel bei mir sorgte. Angespannt senkte ich den Blick und spürte, wie fest ich das Lenkrad mit den Händen umklammert hatte, als ich die Hände löste, um auszuparken. Doch dann hielt ich noch einmal an.

Ich musste einen Blick riskieren, um vielleicht Klarheit darüber zu bekommen, was da zwischen den beiden lief. Schon wenige Sekunden, in denen meine Augen sie im Rückspiegel fanden, ließen mein Herz sofort rasen. Offenbar stritten sie jetzt. Ihre Körpersprache war aufgebracht, und ich konnte nicht wegsehen. Es dauerte ein wenig, bis es sich zwischen ihnen beruhigte und sie sich in Bewegung setzten. Severin legte nun den Arm um die Schultern der Frau, sie lehnten die Köpfe aneinander – es wirkte eindeutig wie eine Versöhnung, so innig und vertraut. Mir wurde speiübel, und eine brodelnde Wut kochte in mir hoch.

Mit zitternden Fingern und weichen Knien lenkte ich den Wagen vom Parkplatz. Ich fuhr die Straße wie ferngesteuert entlang. Meine Arme kribbelten, meine Gedanken hingen an dieser Szene. Schließlich lenkte ich das Auto an die Seite und schrieb ihm eine Nachricht.

> *Hallo, Severin. Unerwartet haben wir für eine Gruppe, die sich zum Wintermarkt angemeldet hat, ein Zimmer zu wenig. Hast du bereits etwas Neues gefunden?*

Noch ehe ich meinen Text beendet hatte, sah ich, dass auch er online war und etwas tippte, und wenige Sekunden später erreichte mich ein Bild. Es zeigte das Meer, das ich vor wenigen Minuten aus ungefähr derselben Position betrachtet hatte.

Jetzt schien mir meine Nachricht nicht mehr angebracht, zu sehr aus dem Zusammenhang. Ich löschte meine Worte und entschied mich für eine neutrale Antwort zu dem Bild.

Schön. Ein Weg am Meer lohnt sich immer.

Noch schöner wäre er mit dir.

Der Kloß in meinem Hals wurde immer größer.

Ich muss mit dir reden.

Höhnisch lachte ich auf.

Ah, ja. Eine Dreier-Konstellation halte ich in diesem Fall eher für weniger romantisch, dachte ich bitter

Hast du später Zeit für einen Kaffee oder ein gemeinsames Essen?

Das war meine Chance, ihm zu signalisieren, dass ich ihn nicht länger in meiner Nähe haben wollte. Auch wenn ein Teil meines Herzens das immer noch wollte. Der Verstand wehrte sich mit allen Mitteln dagegen.

Nein, ich möchte nicht mit dir essen gehen.
Außerdem habe ich heute noch wichtige Termine.
Eine große, unerwartete Buchungsanfrage
hat uns erreicht. Wir müssen schauen,
wie wir alle unterbringen ...

Ich wollte die Nachricht gerade konkretisieren, als Severin bereits antwortete.

Auch wenn ich das sehr ungern tue, weil ich viel zu gern in deiner Nähe bin, räume ich mein Zimmer

selbstverständlich umgehend, wenn ihr es braucht. Ich kann schon heute umziehen und bei Bekannten unterkommen.

Ich schluckte. Einerseits war sein Angebot so zuvorkommend und aufmerksam. Andererseits weckte es auch wieder Skepsis in mir. War es ein taktischer Zug, sich erst einmal von uns zurückzuziehen, damit er seine Pläne ungestört vorantreiben konnte? Oder würde er womöglich mit Tanja Birkenfels zusammen wohnen?

Um nun nicht zurückrudern zu müssen, log ich:

Danke. In der Tat könnte uns das helfen. Wir werden jedes Zimmer benötigen.

Aber das ist doch eine fantastische Nachricht für euch. Ich freue mich für deine Mutter und dich. Ich packe nachher meine Sachen und bin weg. Und falls du deine Meinung änderst, lass es mich bitte wissen.

Auf seine letzte Nachricht antwortete ich nicht, sondern setzte meine Fahrt in die Pension fort. Dort angekommen, kümmerte ich mich um ein wenig Papierkram, bevor ich meine Mutter in den Stand der Dinge einweihte.

»Du hast also eine kleine Notlüge angewendet, um den Rausschmiss zu beschleunigen?«, stellte meine Mutter fest und hob mit einem Anflug von Bedauern und Respekt die Augenbrauen.

»Schon. Aber ich glaube, er hat es selbst nicht als Rausschmiss wahrgenommen. Vielmehr hat er sofort eingelenkt und mir zugesichert, das Feld zu räumen, noch bevor ich ihn darum bitten konnte.«

»Und wo bekommen wir all die Gäste her, die du vorgeschoben hast?«, fragte meine Mutter, und ich zuckte die Schultern.

»Das wird er ja nicht mitbekommen, wenn er ausgezogen ist. Schade um das Geld, das wir dann nicht mehr an ihm verdienen.«

Meine Mutter seufzte. »Ach Schatz, das ist doch zweitrangig. Ich finde es schade, dass du schon wieder enttäuscht worden bist, wo es sich doch am Anfang so gut angefühlt hat«, bemerkte sie.

»Glaub mir, Mama. Mit Enttäuschungen umzugehen, das habe ich in den letzten Jahren gelernt. Wenn man sich gar nicht erst auf Wolke sieben verirrt, fällt man auch nicht mehr so tief.« Obwohl ich wollte, dass die Worte wahr waren, spürte ich, dass ich mich selbst belog. Mit Severin war mir dieser Vorsatz missglückt. Meine Gefühle gingen bereits tiefer, und sein Verrat schmerzte.

Meine Mutter trat zu mir und nahm mich fest in den Arm.

»Ach, Liebes. Du hast die ganz große Liebe verdient, mein Schatz. Ich hätte dir so sehr gewünscht, dass er sie vielleicht ist.«

»Es hat alles irgendeinen Sinn, Mama«, sagte ich und fand selbst, dass das wie eine Floskel klang. Dennoch beruhigte sie mich irgendwie in diesem Moment.

»Hast du Heide gesehen?«, erkundigte ich mich, um vom Thema abzulenken.

»Sie wollte ein paar Schritte gehen«, sagte sie. »Aber jetzt erzähl mir von dem Treffen mit dem Kunden, weshalb du überhaupt nach List gefahren bist. Hat alles geklappt?«

»Ich denke schon. Wir hatten ein tolles Gespräch, er ist sehr sympathisch und will nun ein Konzept ausarbeiten und kommt dann auf uns zu. Wir ergänzen uns in unseren Ideen. Insgesamt war es ein echt guter Termin. Auch im Café waren alle supernett. Ich habe mich echt wohlgefühlt und könnte mir gut vorstellen, mit dem Team zusammenzuarbeiten. Das ganze Café ist ja ein Traum.«

»Das freut mich. Da bin ich mal gespannt. Hat Severin das Thema in letzter Zeit eigentlich noch einmal aufgegriffen?«

Ich zuckte die Schultern. »So viel Gelegenheit, miteinander zu sprechen, hatten wir ja gar nicht mehr. Es ist mir auch egal. Er hat ja kein Patent auf die Idee angemeldet.«

»Nein. Das stimmt natürlich.«

»Und wenn er beim Dünenwind und der Idee mit dem Einrichtungsservice tatsächlich seine Finger im Spiel hatte, was soll's? Dann holen wir jetzt wenigstens das Beste für uns heraus. Auch ohne ihn.«

Meine Mutter nickte. »So ist es. Ich mache mir wahrscheinlich zu viele Gedanken. Am meisten um dich, mein Schatz.« Meine Mutter schüttelte zaghaft den Kopf.

»Alles gut, Mama.« Bitter lächelte ich. »Ich komme klar.«

Am Nachmittag war es endlich so weit. Thalea schrieb mir, dass sie bereits auf dem Autozug war und rollte kaum eine Viertelstunde später auf unseren Parkplatz.

Noch ehe sie den Motor ausgestellt hatte, lief ich, Paul voran, auf sie zu, zog sie aus dem Sitz und umarmte sie stürmisch.

»Wie schön, dass du da bist«, freute ich mich und vergrub mein Gesicht in ihrer lockigen blonden Mähne.

»Und wie ich mich erst freue, Liebes«, antwortete sie und drückte mich noch ein wenig fester. »Und dabei muss ich gestehen, dass ich auf dem Autozug doch die ein oder andere Träne verdrückt habe. Es ist komisch, dass ich jetzt allein komme und meine Familie zu Hause lasse. Weihnachten ohne sie ... es wird sich sehr merkwürdig anfühlen.« Sie schaute mich an, dabei schüttelte sie sich theatralisch und zog mich dann wieder an sich. »Ganz leicht fällt mir das alles nicht«, gab sie zu.

»Das wäre ja auch ungewöhnlich, Thalea. Aber gemeinsam schaffen wir das. Du wirst eine ganz andere, aber dennoch wundervolle Zeit bei uns haben.«

Zögerlich nickte sie und stieß ein leises Stöhnen aus.

»Lass mich dir beim Tragen helfen«, bot ich an, und gemeinsam trugen wir ihr überschaubares Gepäck nach oben.

Thalea hatte sich diesmal ein Zimmer im ersten Stock gewünscht, um die Aussicht so richtig genießen zu können.

»Es ist besonders, hier zu sein. Es fühlt sich an wie aus einem anderen Leben oder zumindest aus einer ganz anderen Zeit.«

»Das glaube ich dir. Du kennst es hier, und doch ist es jetzt etwas ganz anderes, wo du allein hier bist. Als ich nach der Trennung von Hagen hierher zurückgekehrt bin, kam es mir vor, als wäre ich in das Leben eines anderen Menschen gesprungen. Dabei bin ich hier geboren, und ich war noch immer ein und dieselbe Person, nur eben mit einem Bündel voll Erfahrungen im Gepäck.«

»Das glaube ich dir. Aber ich habe meine Rasselbande nächstes Mal wieder im Gepäck – ordentlich wachgerüttelt!«

»Oh, das glaub ich ganz bestimmt! Weihnachten ohne Mama wird ihnen sicherlich die Köpfe zurechtrücken. Dann pack doch erst mal ganz in Ruhe aus und komm an. Ich habe noch einen Termin, den ich für meine Mama wahrnehmen muss. Aber vielleicht essen wir nachher zusammen zu Abend und besprechen, was wir alles für den Markt vorbereiten müssen?«

»Ich würde mich sehr freuen.« Thalea strahlte, und ich ging wieder nach unten und zu meinem Auto. Ich wollte heute möglichst wenig Zeit hier verbringen, um nicht doch noch versehentlich Severin über den Weg zu laufen. Der Termin im Dünenwind, den Frau Asmussen kurzfristig vorgeschlagen hatte, kam mir da gerade recht. Der Mitarbeiter von Frau Asmussen, Michael Scholz, hatte wohl persönlich im Laden vorbeigeschaut, ein Produkt aber nicht gefunden. Meine Mutter hatte eine Tüte vorbereitet, die ich ihm überreichen sollte. Darin auch das Produkt der Lieblingskünstlerin seiner Frau, was meine Mutter direkt nachbestellt hatte. Es handelte sich um ein kleines Bild, das aus Muscheln und goldener Farbe gestaltet war. Wir arbeiteten mit einer Sylter Künstlerin zusammen, die uns kurzfristig Nachschub geliefert hatte, weil ihre Produkte vergriffen waren.

17

Kurz hatte ich überlegt, mich noch einmal umzuziehen, um professioneller zu wirken, den Gedanken dann aber verworfen und lieber Paul eingepackt, um noch eine Runde am Strand zu drehen. Bis zum Termin hatte ich noch eine knappe Stunde Zeit, also entschied ich mich für eine Runde um die Hörnumer Odde.

Ich genoss den menschenleeren Strand, die Weite und die kleinen Buchten, die nahezu unberührt die Südspitze der Insel einrahmten. Paul sprang freudig voran.

Zu Beginn war der Weg am Wasser entlang noch gepflastert. Leise plätscherten kleine Wellen über Steine, während das Meer ruhig und weit zu meiner rechten Seite lag. Die Sonne lugte an einigen Stellen zaghaft durch die Wolken, und ich spürte die Wintersonnenstrahlen auf meiner Haut. Paul schnüffelte interessiert am Rande des Weges, hielt hin und wieder die Nase aufmerksam in die Luft und genoss die Brise, die seine Ohren leicht flattern ließ. Ein Bild, das ich liebte, seit er als Welpe mit mir zum ersten Mal an der Nordsee gewesen war. Dann rannte er weiter und tobte fröhlich voran.

Ein Golfplatz schmiegte sich unmittelbar an den Pfad. An einer Abzweigung entschied ich mich, weiter in Richtung Wasser und damit durch den Sand zu gehen.

Einen Moment lang blieb ich am Anfang der ersten Bucht

stehen. In einer weich geschwungenen Linie erstreckte sich der weiße Sandstrand, eingefasst von ebenso weißen Dünen. Das Meer hatte sich, hier an der eher ruhigen Ostseite der Insel, gerade so weit zurückgezogen, dass sich der Meeresboden in malerisch geformten Wellen abzeichnete. Mit welch verschwenderischer Schönheit die Natur oft malte, ließ mich staunen. Gerade in dieser Jahreszeit war so selten jemand hier, um es zu bestaunen, und doch war es da. Mit jeder Ebbe entstand ein neues Kunstwerk, wurde gezeichnet, von den Tieren des Watts vervollständigt – Wattwürmer türmten ihre Häufchen auf, Austernfischer hinterließen ihre Fußabdrücke, Schnecken zogen ihre Spuren in den weichen Boden – und wieder ausgelöscht.

Dieses hier existierte in diesem Moment nur für Paul und mich, ohne jede Gegenleistung, außer stiller Achtung der Natur. Es war fantastisch und lud meine Akkus allein durch das Aufsaugen der Atmosphäre wieder auf. All das hier war so überwältigend schön. Immer wieder aufs Neue, und ich war dankbar dafür, hier leben zu dürfen.

Es herrschte ein außergewöhnliches Licht. Wie durch einen zarten Nebelschleier, leicht milchig verschwommen, zeigte sich jetzt die Sonne und verwandelte den Strand in eine weißgoldene Fläche, über die ein kühler Wind zog, der mich frösteln ließ.

Ich lief noch bis zur nächsten Bucht. Möwen kreisten über dem Meer und untermalten die ansonsten nur vom Windsäuseln geschwängerte Luft mit maritimen Lauten. Paul, der auf Möwengeschrei längst nicht mehr reagierte, buddelte hin und wieder ein kleines Loch in den Sand, sprang wieder voran, jagte kleinen umherfliegenden Teilen von Algen hinterher und kam wieder zu mir. Zu jeder Zeit schaute er sich aufmerksam nach mir um und versicherte sich rück, dass ich auch weiterhin in seiner Nähe war.

Die Zeit mit Paul tat mir so gut. Bewegung, ihn zu sehen, wie er ganz im Moment und voll im Hier und Jetzt war. Dass er angerannt kam, um sich kurz tätscheln zu lassen, das bedeutete Glück für mich. In diesen Momenten schienen alle Sorgen so weit weg und jede Belastung wirkte, wenn ich ihm zuschaute oder sein weiches, glattes Fell streichelte, so viel leichter und erträglicher.

Der Wind war kalt, und ich merkte, wie meine Wangen brannten. Um dieser Kälte zu entgehen, entschied ich, Paul heranzurufen und umzukehren. So hatte ich den Wind im Rücken und konnte mich mit meiner Kapuze vor der Kälte schützen.

Kuschelig warm eingepackt, machte ich mich auf den Rückweg, wo ich jetzt auch mehr Sonnenstrahlen einfangen konnte. Mir kam es vor, als spürte ich regelrecht die wohltuende Wirkung des Vitamin D, das die Sonne augenblicklich, trotz ihrer winterlichen Schwäche, unter meine Haut zauberte und in jede Zelle schickte. Das Meer und der weiße Sand schienen die Sonnenstrahlen zu reflektieren und ihren Effekt zu vervielfachen.

»Komm, Paulchen«, forderte ich meinen Hund auf, und wir liefen über die Holztreppe wieder zurück zum Parkplatz vor dem Hotel.

Wir betraten die Lobby, die wir als Treffpunkt vereinbart hatten. Bewunderung und Ernüchterung wechselten sich in mir ab. Ich staunte über die hochwertige, moderne Ausstattung. Der riesige, schwarz glänzende Flügel in der Mitte der Halle ließ mich an das Klavier meines Vaters denken: alt, der Lack an einigen Stellen rissig, die Saiten ungestimmt und doch so viel persönlicher. Wenn ich den Klavierstimmer noch vor Weihnachten finden wollte, musste ich mich allmählich ins Zeug legen, fiel mir in diesem Moment ein. Gleichzeitig stellte ich fest, dass ich hier in diesen eleganten Räumlichkeiten die Seele vermisste, die ich in unserer kleinen, feinen Pension spürte, in der Herz und Individualität im Vordergrund standen.

Da konnte der Blumenschmuck noch so vielfältig, üppig und umwerfend sein, die Eingangshalle noch so glänzend und modern – gegen die persönliche Begrüßung durch uns, das Wissen, welcher Tee genau den Geschmack unseres Gastes traf, während die Tasse bereits auf dem Tisch stand, bevor der Gast es sich dort überhaupt zum Aufwärmen gemütlich gemacht hatte, konnten all der moderne Chic eines solchen Hauses wie diesem hier nicht ankommen.

So war es jedenfalls in meiner romantischen Vorstellung. Die Realität bewies mir, dass das nicht ganz stimmte. Während unsere Buchungszahlen sanken, wurde ein Luxusresort nach dem anderen neu gebaut und verzeichnete Erfolge.

Ich trat an den Empfang, um mich anzumelden, und fragte einem Impuls folgend, wen das Unternehmen mit der Pflege des Flügels beauftragte. Vielleicht würde ich den Mann ja so finden. Die Dame konnte mir zwar nicht direkt weiterhelfen, versprach mir aber, sich deswegen zu erkundigen und Herrn Scholz, mit dem ich hier den Termin hatte, Bescheid zu geben, und bot mir an, Platz zu nehmen.

Ich entschied mich für eine Sitzecke, in der auch Paul es sich auf dem Teppich gemütlich machen konnte, und ließ den Blick schweifen. Vom fantastischen Ausblick über das Wasser in den Innenraum des Hotels, durch den großen Empfangsbereich, wo einige Gäste sich aufhielten. Größere Dekorationselemente versperrten mir die direkte Sicht auf den Eingang.

Nicht weit von mir entfernt fiel mir ein Mann im Anzug auf, der sich mit einer Dame vom Personal unterhielt. Aus dem Gespräch entnahm ich, dass es sich dabei wohl um den Hotelchef handelte. Bei genauerem Hinsehen erkannte ich ihn tatsächlich als Falk Asmussen – den Mann von Sabrina Asmussen.

Plötzlich empfand ich eine unbestimmte Beklemmung. War

es richtig, hier zu sitzen? Was würde mein Vater dazu sagen? Wäre er enttäuscht?

Paul setzte sich aufrecht hin und schien offenbar einen Hund zu wittern. Ich schaute mich um, ließ mich Sekunden später wieder in die Kissen des Sessels fallen. Der kleine Mischlingswelpe stolzierte zur Tür herein, im Schlepptau Severin. Wenn ich hier in meiner Sitzecke blieb, würde er mich wahrscheinlich nicht entdecken. Jetzt musste ich nur hoffen, dass Paul nicht auf uns aufmerksam machte.

Ich hatte Glück. Severin begrüßte den Hotelchef freudig und ging dann mit ihm in die entgegengesetzte Richtung, um es sich an einem der Tische bequem zu machen, die ein wenig abseits an der Bar lagen. Sie setzten sich, mit dem Rücken zu mir. Immer wieder lachten sie, klopften sich gegenseitig kumpelhaft auf die Schulter und steckten die Köpfe in eine Mappe mit Unterlagen, die Severin aus seiner Tasche gezogen hatte.

Was hatte das zu bedeuten? Warum war er hier? Was führte dieser Mann im Schilde? Wusste er, dass ich mich gleich mit Herrn Scholz treffen wollte? War das ein abgekartetes Spiel?

Hoffentlich war es kein Fehler, was ich hier tat.

»Pah. Du meinst wohl, du bist hier der ganz große Macher, hast alles im Blick und pflegst die besten Kontakte. Aber da hast du dich getäuscht. Das hier deichsle ich ganz allein für unser Schönerlei. Dafür brauche ich dich nicht, Severin Westphal.« Erschrocken stellte ich fest, dass ich die Worte laut ausgesprochen hatte. Hatte mich jemand gehört? Hastig sah ich mich um und zuckte zusammen, als ich den Mann entdeckte, der an meinen Tisch trat. Auch Paul war jetzt auf ihn aufmerksam geworden und lief, soweit es die Leine zuließ, auf ihn zu.

»Moin, Michael Scholz mein Name. Clara Hertz?« Er war ein gut aussehender, lässig, aber dennoch elegant gekleideter Mann.

»Oh, ja, guten Tag. Entschuldigen Sie. Ich, ähm«, suchte ich nach Worten, unsicher, wie viel er von meiner Schimpftirade mitbekommen hatte.

Sein Blick, der in Richtung des Hotelchefs und Severins ging, wirkte, als habe er sehr wohl mitbekommen, wem meine Wut gegolten hatte. Irritiert rang er mit den Händen, ließ die Situation jedoch unkommentiert.

»Wie schön, dass wir uns einmal kennenlernen. Bisher hat diese Arbeiten hier im Hause die Gattin unseres neuen Chefs übernommen. Da sie sich aber bald in eine Elternzeit verabschieden wird, habe ich die Ehre, mich mit so schönen Dingen zu beschäftigen wie Ihren Produkten. Darf ich einen Blick hineinwerfen?«, fragte er und deutete auf den Sessel neben mir, wo die Tüte für ihn stand.

»Selbstverständlich. Ich freue mich sehr.« Ich stellte meine Lieferung vor uns auf den Tisch. Bezahlt hatte er bereits online.

»Super schaut das aus«, erklärte er und drehte das Bild in seinen Händen. »Es soll ein Geschenk für meine Frau sein.«

»Wir haben Ihnen noch eine Kleinigkeit dazugelegt. Bis Weihnachten bekommt jeder Kunde ein Kennenlernpäckchen, bestehend aus einer duftenden Kerze und weihnachtlichen Bonbons, die wir über eine Kooperation mit einer kleinen Bonbonmanufaktur und einem Kerzenladen hier auf Sylt beziehen.«

»Oh, wie aufmerksam. Herzlichen Dank. Was für eine schöne Idee.« Er schaute erwartungsvoll in die Tüte und lächelte. »Da wird sich meine Frau freuen, wenn wir uns wiedersehen. Ich pendele derzeit zwischen der Insel und dem Festland, und sie hat mir den Auftrag gegeben, unbedingt bei Ihnen vorbeizuschauen. Das passte jetzt ja doppelt gut, dank des Auftrags meiner Chefin. Und dann waren ausgerechnet die Bilder ihrer Lieblingskünstlerin vergriffen. Sie machen mir wirklich eine große Freude damit, dass

Sie mir das so schnell besorgt haben. Das zeichnet die inhabergeführten Betriebe aus. Der Service ist unschlagbar.« Er zog das kleine Geschenkpaket heraus und deutete darauf. »Auch so was hier – wunderbar!«

»Das freut mich sehr.« Er war so freundlich und das, was er sagte, so wertschätzend. Ich jedoch war dermaßen abgelenkt durch das Geschehen an der Bar, dass ich nicht bei der Sache war. Ich zuckte regelrecht zusammen, als Herr Scholz weitersprach.

»Ich kenne Ihren Laden schon seit einigen Jahren und freue mich deshalb umso mehr über diese Möglichkeit einer Zusammenarbeit.« Er lachte, und ohne darüber nachgedacht zu haben, hörte ich mich fragen: »Aber für unsere Pension konnten wir Ihr Herz nicht erwärmen?« Ein erstaunter Blick traf mich. »Also, bevor Sie hier angefangen haben, meine ich. Entschuldigen Sie bitte«, ruderte ich zurück. »Das war sehr unhöflich.«

»Nein, finde ich gar nicht. Es ist eine berechtigte Frage. Sie haben ja recht. Bestimmt ist es wunderschön bei Ihnen. Aber in der Tat waren wir immer so verwöhnt hier vom Hotel. Da sind wir nie auf die Idee gekommen, woanders zu wohnen.« Er schaute sich um und hielt gespielt theatralisch die Hand vor den Mund und beugte sich zu mir. »Wenn Sie es hier niemandem verraten, versuche ich mal, meine Frau mit einem Wochenende bei Ihnen zu überraschen. Das wäre doch was, oder etwa nicht?« Er hob dabei zweimal hintereinander die Augenbrauen, als sei ich es, der er mit dem Angebot imponieren wollte, was uns zum Lachen brachte.

»Vielleicht wäre es besser, wenn niemand von unserem Treffen hier erfährt. Nicht, dass der Hotelchef noch glaubt, ich wolle seine Kunden abwerben«, raunte ich ihm ebenso verschwörerisch hinter vorgehaltener Hand zu.

Herr Scholz winkte ab. »Da machen Sie sich mal keine Sorgen. Das hier ist doch ein hochoffizielles Geschäftsmeeting.« Er zwinkerte amüsiert. »Und wenn – den kriege ich schon wieder beruhigt. Er mag mich.« Er stieß beiläufig Luft durch die Lippen aus und grinste dann breit.

»Verstehe«, murmelte ich. Er konnte ja nicht ahnen, dass mein ängstlicher Blick eher dem Gesprächspartner seines Chefs galt.

»Sagen Sie, hat sich der Seniorchef ganz aus dem Tagesgeschäft herausgenommen, oder arbeitet er weiterhin hier? Mein Vater hatte früher einmal zu ihm Kontakt.« Mich interessierte, was seine Rolle war, und ich wollte einfach sichergehen, dass wir uns hier nicht in die gleiche Situation wie damals manövrierten.

»Oh, der Herr Asmussen senior hat unser Unternehmen leider verlassen. Nach dem Tod seines Bruders hat er es noch ein paar Jahre allein weitergeführt und es nun übergeben. Er ist weiterhin häufig hier, überlässt aber alle Entscheidungen seiner Tochter und dem Schwiegersohn«, erklärte Michael Scholz und schaute für den Hauch eines Augenblickes ein wenig fragend in Richtung des Chefs, der jedoch nicht mehr an dem Tisch saß. »Ich hätte Sie auch meinem Chef vorgestellt. Allerdings war der gerade noch im Gespräch, und wie ich jetzt sehe, wartet schon das nächste auf ihn.«

In einiger Entfernung begrüßte Falk Asmussen bereits einen neuen Besucher.

»Das wird sich ein andermal ergeben, denke ich. Ich freue mich ja, mit Ihnen alles besprechen zu können«, erwiderte ich und lächelte. Innerlich atmete ich auf, dass Severin nun endlich das Feld geräumt hatte.

Ich stellte Michael Scholz weitere Produkte vor. Einige davon waren der ausdrückliche Wunsch des Gastes gewesen, andere wiederum hatte ich auf der Grundlage dieser Wünsche selbst zusammengestellt. Er war begeistert, und wir überlegten gemeinsam, wie wir die Ausstattung umfangreich ergänzen konnten. Außerdem notierte er sich meine E-Mail-Adresse, an die er die Daten für die Logos senden wollte, mit denen wir die Produkte versehen würden. Mit viel Humor und einer angenehm lässigen Entspanntheit besprachen wir das mögliche Konzept. Es machte Spaß, mit ihm hier zu scherzen, und meine anfängliche Anspannung verflog schnell.

Ich hatte kaum gemerkt, wie die Zeit verronnen war, als wir uns schließlich etwa eine Stunde später voneinander verabschiedeten.

Gerade räumte ich die anderen Produkte vom Tisch wieder in meine Tasche und lachte über einen weiteren Scherz von Herrn Scholz, als ich spürte, dass noch jemand an unseren Tisch trat. Sofort spannte sich Pauls Leine, und er wedelte freudig mit der Rute. Schon bevor ich den Blick hob, war mir klar, wer da gekommen war.

»Clara, hallo. Was für eine Überraschung. Entschuldige, ich will nicht stören.« Sein Blick ging fragend zu meinem Gegenüber.

»Hallo, Severin, ich …«, stammelte ich, obwohl es dafür überhaupt keinen Anlass gab. Ich war beruflich hier und ganz egal, wie vertraut wir wirken mochten, ich hatte mir nichts vorzuwerfen.

»Michael Scholz«, ergriff mein Gesprächspartner das Wort und stand höflich auf. »Sie stören nicht, wir sind gerade durch mit der Präsentation. Frau Hertz war so freundlich, mir die zauberhaften Produkte aus ihrem kleinen Lädchen persönlich vorbeizubringen und vorzustellen. So ein fantastischer Service, sage ich Ihnen. Kennen Sie das Schönerlei?«

»Severin Westphal. Freut mich. Ja. Ich schätze den Laden sehr.« Als er den Namen hörte, schaute Michael Scholz mich für eine Sekunde prüfend an. Er hatte ganz sicher mitbekommen, dass ich eben gegen ihn gewettert hatte. Ich sah, dass es um seine Mundwinkel verräterisch zuckte. »Der Service zeichnet dieses besondere Geschäft in der Tat aus«, gab er ihm recht. »Wobei sich jeder Besuch des Schönerlei lohnt und man sich etwas entgehen lässt, wenn man den Lieferservice in Anspruch nimmt.« Ein anerkennender Blick traf mich. Unsicher lächelte ich die beiden Männer an, die nun vor mir standen.

»Sie haben vollkommen recht. Es war auch allein der Zeitmangel, der dies notwendig machte, sonst wäre ich persönlich noch mal vorbeigekommen.« Michael Scholz blieb direkt stehen und schaute auf die Uhr. »Apropos Zeitmangel – es ist schon viel zu spät, aber unser Gespräch war so nett. Trotzdem sollte ich mich jetzt verabschieden, sonst verpasse ich nämlich noch den Autozug. Sie senden mir dann das Angebot zu, in Ordnung?«

»Das mache ich, vielen Dank.«

Er schaute mich noch einmal an und funkelte dabei verschwörerisch. »Und ich werde mein Versprechen halten«, sagte er dann, deutete mit dem Zeigefinger in die Luft und verabschiedete sich von uns. Ich merkte, dass ich leicht errötet war, was vollkommen idiotisch und unangebracht war, sich aber leider nicht verhindern ließ.

»Hast du jetzt vielleicht noch Zeit für einen Spaziergang?«, fragte Severin. »Ich würde mich sehr freuen.« Er lächelte, und dieses Lächeln sorgte augenblicklich für weiche Knie bei mir. »Ich würde gerne mit dir reden.«

Ich schaute mich um. »Um deinen erfolgreichen Termin zu feiern?«

Verblüfft schob Severin die Augenbrauen zusammen. »Wie bitte?«, fragte er und zuckte die Schultern. »Was meinst du mit erfolgreichem Termin? Es sah eher aus, als könnten wir *deinen* erfolgreichen Termin feiern, wie ich fand. Oder?«

»Fragt sich, wer den mehr feiern sollte, du oder ich«, sagte ich ausweichend. »Komischer Zufall, dass du ausgerechnet jetzt hier bist. Oder ist es ein Fehler im Timing, Herr CEO?« Wütend funkelte ich ihn an. »Ich war jedenfalls heute hier, um einen großartigen Auftrag zu besprechen und muss dir zugestehen, dass du wenigstens damit eine gute Idee hattest.« Sein Blick schien mit einem Mal leer. »Du bist so still. Passt es dir nicht, dass ich das alleine auf die Beine stelle, obwohl es deine Idee war? Oder weißt du davon längst, hast das alles einkalkuliert und setzt gerade hinter den Kulissen alles daran, unser kleines Schönerlei zu übertrumpfen und der Geschäftsführung hier dein Konzept in noch größerem Stil und lukrativer zu verkaufen?«

»Clara?« Er schaute sich unsicher um. Offenbar war ihm unser Gespräch unangenehm.

»Seine Frau oder Falk Asmussen persönlich scheinen dir ja sehr zugewandt zu sein, so vertraut, wie ihr seid. Oder haben Sie dich nach einem Tipp gefragt und steckt ihr unter einer Decke? Hast du den Sinneswandel des Hotels womöglich persönlich eingestielt? Hast du ihnen einen Tipp gegeben, dass sie uns mit sanfter Kooperation viel besser um den Finger wickeln können, um am Ende doch an unser Haus zu kommen? Triumphierst du jetzt, dass ich an deinem Köder angebissen habe und du noch nicht einmal einen Finger krümmen musst?« Ich holte tief Luft, dann fuhr ich mit lächerlich verstellter Stimme fort, die seine imitieren sollte: »Ich habe eine Zeit lang mit Hotels eng zusammengearbeitet und Konzepte für Kooperationen entwickelt«, wiederholte ich seine Worte. »Inzwischen ist mir einiges klar. Aber glaub mir, wir brauchen dich dafür nicht.« Verachtung lag in meinem Blick. »Ist es das, worüber du beim Spaziergang mit mir reden willst? Dass du einen neuen Versuch startest und das wieder aufgreifst, was deinem Unternehmen bereits einmal misslungen ist?« Nun funkelte ich ihn herausfordernd an. Er sagte nichts, sondern schaute mich verwirrt an. »Herr Scholz und ich sind auf dem besten Wege,

Zukunftsprojekte zu gestalten, von denen ich ein sehr genaues Bild habe und in denen meine Mama und ich alle Zügel in der Hand behalten. Keine Sorge, ich weiß, was ich tue und was nicht. Und wenn du Kenntnis davon hast, dass doch mehr hinter den vermeintlich kooperativen Gesprächen mit dem Dünenwind steckt, dann hoffe ich, dass du auch nur einen Funken Anstand besitzt und jetzt mit der Sprache rausrückst.« Wütend fixierte ich ihn mit meinem Blick.

»Clara, ich habe keine Ahnung, wovon du da sprichst. Das scheint ein riesengroßes Missverständnis zu sein. Warum bist du so wütend auf mich?«

Ich presste angestrengt die Lippen aufeinander. »So fangen die schlechtesten Filmszenen an. Mit derlei platten Lügen. Fragt sich nur, ob ich die Einzige bin, der du was vormachst, oder ob ich die Chefs des Hotels eher auch vor dir warnen sollte.«

»Wie bitte?« Nun war seine Stimme beinahe schrill und dass er sich ständig so bange umschaute, wertete ich als Zeichen dafür, dass er sich ertappt fühlte.

»Warum hast du mir nicht erzählt, dass du der CEO von Nordic Home bist, dem Unternehmen, das uns bereits einmal fast unsere Existenz geraubt hätte? Warum hast du nicht reagiert, als ich dir von der Geschichte damals erzählt habe? Warum druckst du rum von wegen ›Selbstfindung‹ und so weiter? Was war dein Auftrag bei uns, dass du nun so freimütig sofort das Feld geräumt hast? Solltest du den Kontakt zu uns herstellen, nachdem meine Eltern die ewigen Angebote rigoros abgeblockt haben? Solltest du herausfinden, wie man uns catchen kann? Schon komisch, dass sie vom Dünenwind mit einem Mal so entgegenkommend sind und eine solche Zusammenarbeit wünschen. Ich wunderte mich schon. Aber ich wollte so was nicht glauben. Weil ich an dich geglaubt habe, Severin, an dein gutes Herz und an die Ideen, die du hattest.« Abschätzend ging mein Blick an ihm herunter. »Sich aber allein für Informationen über uns an mich heranzuschmeißen und mit meinen Gefühlen zu spielen, das ist einfach nur ekelhaft, Severin. Sorry.« Ich spuckte ihm die Worte beinahe entgegen.

»Clara? Was ist denn in dich gefahren?« Wieder dieser Blick in alle Richtungen. »Können wir *bitte* anderswo sprechen?«

»Warum?«

»Nun, also ...« Er rang nach Worten, und irgendwas an seiner Stimme klang, als sei etwas dran an meiner Vermutung. »Mir wäre es lieber, allein mit dir zu sein. Ich würde dir gerne alles erklären.«

Ich schaute auf die Uhr. »Danke, aber ich muss zurück zur Pension. Wenn du mir nicht kurz und knapp erläutern kannst, was Sache ist, will ich es, glaube ich, auch gar nicht mehr wissen.«

Nun war er es, der die Lippen aufeinanderpresste. So sehr, dass sich angestrengte Falten um seinen Mund bildeten.

»Clara, bitte. Lass uns woandershin gehen. Nimm dir diese Zeit«, flehte er, und irgendwas löste sich. Er hatte recht. Ich musste erfahren, was er sagen wollte, mir einen Ruck geben, ihm zuzuhören. Ich sah Bilder von ihm mit dieser Frau, hörte die Stimme von Tanja Birkenfels, sah ihre hübsche Erscheinung, erinnerte mich an die Visitenkarte, das Bild des Hotelchefs und seiner Frau, die sich mit Severin trafen, und fühlte eine bleischwere Müdigkeit, die mir alle Energie raubte.

Ich war kurz davor, seiner Bitte zuzustimmen, als uns die Empfangsmitarbeiterin unterbrach: »Herr Westphal, Falk Asmussen bittet Sie in sein Büro. Es sei wichtig, falls Sie noch ein paar Minuten haben?«

Ein nervöses Flackern erschien in seinen Augen, und der Blick ging von der Frau zu mir und wieder zurück.

»Severin, ich habe eh zu tun. Bis dann.« Mit diesen Worten

ging ich los, ignorierte dabei seine Hand, die er mir sanft auf den Arm legte, und Paul, der widerwillig an der Leine zog, weil er lieber bei Severin bleiben wollte.

Ich ging zum Auto, stieg ein und startete den Motor. Dass Severin nun einfach in der Lobby geblieben war und den Termin mit Falk Asmussen unserer Aussprache vorzog, bestätigte mich darin, dass hier etwas nicht stimmte. Ich hatte damit gerechnet, dass er versuchen würde, mich anderweitig zu erreichen, aber es kam kein Anruf von ihm, keine Nachricht. Wahrscheinlich war es besser so. Die Enttäuschung über Severin ließ mich meinen Fokus wiederfinden.

Wir mussten unser Unternehmen retten. Darauf sollte ich mich jetzt konzentrieren.

»So schnell gebe ich nicht auf«, sagte ich laut zu mir selbst. »Wir machen das Richtige!« Trotzdem konnte ich nicht verhindern, dass mir Tränen in die Augen stiegen und mir die Sicht nahmen.

»Scheiße. Ich wäre mir da gerne so sicher«, weinte ich in die Stille des Autos hinein. »Am liebsten würde ich einfach doch aufgeben.« Nun rannen mir die Tränen in Strömen die Wangen hinunter. Sicherheitshalber hielt ich auf einem Parkplatz. Matt ließ ich den Kopf auf das Lenkrad sinken und weinte. Es war befreiend, einfach die Fassung zu verlieren und den Tränen freien Lauf lassen zu dürfen. Langsam sammelte ich mich wieder und vergaß die Zeit. Ich wusste nicht, wie lange ich schon hier auf dem Parkplatz gestanden hatte, als jemand an meine Scheibe klopfte. Vor Schreck zuckte ich zusammen und stieß einen spitzen Schrei aus. Es war ausgerechnet Severin.

»Clara?«, hörte ich ihn durch das geschlossene Fenster sagen und wischte mir die letzten Spuren meiner Tränen aus dem Gesicht.

»Ist alles in Ordnung? Geht es dir nicht gut?«, fragte er, und ich ließ die Scheibe herunter.

»Geht so«, antwortete ich wahrheitsgemäß. Ich wich seinem Blick aus.

»Das sieht nicht danach aus. Willst du nicht vielleicht bei mir einsteigen und ich fahre dich erst mal zur Pension? Dein Auto können wir später holen. Wenn es dir besser geht.«

Vehement schüttelte ich den Kopf. »Nee, nee. Geht gleich wieder.«

»Sicher?« Severin hob besorgt fragend eine Augenbraue, und ich durfte ihn nicht länger anschauen, um nicht direkt wieder in Tränen auszubrechen.

Mit aufeinandergepressten Lippen nickte ich.

»Mir hat eine sehr kluge Frau beigebracht, dass man Kummer und Sorgen hier auf Sylt am besten loswird, wenn man sich den Kopf am Meer freipusten lässt. Es gibt nichts Besseres. Nur eins vielleicht. Das Meer anzuschreien. Ich habe es probiert und kann es nur empfehlen. Das wirkt Wunder.«

Ich bedachte ihn mit einem ungläubigen Blick und lachte leise, auch wenn es verhalten klang, weil mich sein Tipp an einen wunderschönen Tag mit ihm erinnerte.

»Super Tipp, ja«, stimmte ich ihm zu und stieß Luft durch die Nase aus. »Muss ziemlich schlau gewesen sein, die Frau, aber nicht jede Sorge lässt sich so einfach vom Wind wegtragen, Severin.« Nun schaute ich ihm direkt in seine wunderschönen Augen, die mich so aufrichtig besorgt musterten, dass ich einfach nicht glauben wollte, dass er mich in irgendeiner Form unehrlich behandelte.

»Aber manche Sorge fühlt sich vielleicht nach einem Spaziergang und einem Gespräch ein wenig leichter an, meinst du nicht?«

»Ehrlich gesagt? Nicht in diesem Fall.« Ich spürte die Kälte zwischen uns, als wehe ein scharfer Wind.

»Clara, bitte. Du kannst mir auch all deinen Ärger entgegenschreien, aber gib mir wenigstens dafür die Chance. Hast du bitte ein paar Minuten?«

In mir kämpften mein Stolz und die Sehnsucht nach den Momenten mit Severin, und ich sah mich nicht in der Lage, etwas zu antworten. Wie ferngesteuert schloss ich das Fenster, zog den Schlüssel aus dem Schloss und öffnete die Tür. Severin half mir dabei, weil der tatsächlich starke Wind die Tür zudrückte, als wolle mich eine Naturgewalt am Aussteigen hindern. Severin schien einen ähnlichen Gedanken zu haben, jedenfalls erkannte ich einen Hauch Unsicherheit und Zögern in seinem Gesicht, bevor er verhalten lächelte.

»Ich würde dir gerne einiges erklären«, sagte er, und in meiner Brust krampfte alles zusammen.

»Meinst du, dass das etwas bringt? Dass es *uns* etwas bringt, Severin?« Ich presste die Worte heraus, gleichzeitig unsicher und neugierig, erwartungsvoll und ängstlich.

»Ja.« Severins Lippen bebten, und ich sah ihm seine Anspannung an.

Langsam stand ich auf, ließ Paul aus dem Wagen und schloss das Auto ab.

»Ich bin später aber mit meiner Freundin verabredet. Sie ist heute angereist«, stellte ich unmittelbar klar und gab mir Mühe, besonders bestimmt dabei zu klingen.

»Alles klar. Sag Bescheid, wenn du losmöchtest«, sagte Severin.

»Lass uns dort hinten entlang an den Strand gehen«, schlug ich vor und deutete über den Parkplatz hin zu einem Weg, der an einigen traumhaft gelegenen Häusern und einem Restaurant entlang zum Rantumer Strand führte.

»Gerne.«

Severin lief, die Hände tief in den Hosentaschen vergraben, neben mir her. Einige Meter schwiegen wir und schauten, wie um einander auszuweichen, Paul hinterher, der sich eifrig Richtung Meer schnüffelte.

18

Bis zur Meerschaumkante liefen wir weiterhin ohne ein Wort nebeneinanderher. Um uns herum klangen nur der Wind und das Rauschen des Meeres. Und diese doch so laute Stille zwischen uns fühlte sich an, als stünden wir als Surfer in aufgewühlter See auf unruhigen Surfbrettern und sammelten beide unsere Kräfte, um bei nächstmöglicher Gelegenheit zum perfekten Wellenritt anzusetzen. Wir warfen abwechselnd für Paul ein kleines Stöckchen, das dieser im Sand gefunden hatte. Wahrscheinlich wirkten wir von Weitem wie ein Paar, welches hier in einstimmiger, wortloser Harmonie nebeneinanderher spazierte. Dabei wechselten wir kein Wort, weil eine undefinierbare Kälte zwischen uns herrschte, die uns beide lähmte und gleichzeitig herausforderte, den Anfang zu machen, damit wieder Wärme entstehen konnte. Und wenn es Reibung war. Wir mussten aussprechen, was uns gerade beinahe innerlich zerfraß. Fast war es lustig, als wir beide in genau demselben Atemzug ansetzten zu sprechen.

»Clara, ich …«

»Severin, du …« Einen Moment trafen sich unsere Blicke, und wie eine unsichtbare Hilfe schob irgendwas alle Zweifel und Skepsis zwischen uns beiseite. Wir lachten befreit auf und machten beide eine Handbewegung, um dem anderen den Vortritt zu lassen.

»Bitte, Severin«, sagte ich. »Du wolltest mir irgendwas erklären. Und ehrlich gesagt, hast du wahrscheinlich recht, dass das dringend notwendig ist. Ich glaube, ich wäre dir dafür sehr dankbar, weil ich mich frage, was all das zu bedeuten hat. Und weil ich in Wirklichkeit nicht glauben will, dass du all das zwischen uns nur gespielt hast, um dir oder irgendeinem deiner windigen Geschäftspartner einen Vorteil zu verschaffen.«

Ein entsetzter Blick traf mich. »Aber wie kommst du überhaupt darauf?«

»Nun, diese Visitenkarte. Nicht, dass ich neugierig bin. Ich habe sie lediglich beim Saubermachen gefunden. Es sind Unternehmen wie deins, die unseren kleinen inhabergeführten Läden immer wieder das Leben schwer machen. Und vor einigen Jahren, da habt ihr es doch bereits versucht. Reicht es nicht, dass es damals ein klares Nein von meinem Vater gab? Wolltet ihr es jetzt noch mal versuchen und die schwierige Situation einer schwachen Auslastung der Pension ausnutzen? Gemeinsam mit dem Dünenwind? Denn die Tatsache, dass du uns Vorschläge zur Veränderung machst und dich parallel auch noch mit dem Hotelchef und seiner Frau triffst – dem Haus, das uns wieder und wieder Angebote gemacht hat, das Meerglück und das Schönerlei zu übernehmen und damit den Lebenstraum meines Vaters einfach so zu verschlucken, die hat mich erschüttert. Und dann kommen zeitgleich zu euren Treffen kooperative Angebote von Frau Asmussen – wie passt das zusammen?« Ich starrte ihn an, fuhr jedoch direkt fort, ohne ihn antworten zu lassen. »Ich weiß nicht mehr, was ich glauben soll, und langsam auch nicht mehr, was ich eigentlich will. Ich bin manchmal schon an dem Punkt, da denke ich, dass eine Übernahme vielleicht sogar das Beste für uns wäre. Aber andererseits kann ich mich nicht dazu durchringen, das aufzugeben. Ich bin eben noch immer das kleine Mädchen mit den großen Träumen und einer riesengroßen Sehnsucht nach Familie und Vertrauen. Aber genau das wurde in meinem Leben schon so oft enttäuscht, von Menschen, die mir wichtig waren.« Betont beiläufig zuckte ich die Schultern.

Angestrengt rieb sich Severin die Stirn, und diese Geste wirkte beängstigend schuldbewusst auf mich. Ich blieb stehen und fixierte ihn mit meinem Blick, dem er auszuweichen versuchte. Doch ich blieb beharrlich, ließ ihn nicht los. Jetzt war doch ich es gewesen, die geredet hatte, dabei war er an der Reihe.

Dann schüttelte er den Kopf, langsam, fassungslos, resigniert. »Nein, Clara. Bitte, einfach nein!« Er fuhr sich durch die Haare. »Es ist alles ganz anders, als du denkst«, sagte er, und ich schluckte bei diesem klischeebehafteten Satz und rollte die Augen.

»Du darfst dich sehr glücklich schätzen, dass du dieses so starke Familiengefühl hast. Dein Papa wäre sehr stolz auf dich. Und dass deine Mama es ist und deinen Einsatz sehr zu schätzen weiß, das erlebe ich jeden Tag.« Er lächelte liebevoll, und es lag Anerkennung in seinem Blick.

»Danke«, sagte ich, und ein Teil meiner Aufregung fühlte sich ein wenig schwächer an.

»Und tatsächlich ist das, was du beschreibst, etwas, dem ich die ganze Zeit hinterherlaufe, weil ich es so nicht kenne. Und weshalb ich hier bin.«

Verwirrt schaute ich ihn an. »Ich verstehe nicht, was du meinst«, gab ich zu. »Was hat das mit deinem Job zu tun? Den Treffen mit den Leuten vom Hotel?«

»Es ist richtig, dass ich bei Nordic Home gearbeitet habe. Ja, auch in der Geschäftsleitung.« Er presste die Lippen aufeinander. Es kostete ihn sichtlich Überwindung, weiterzusprechen. »Aber mit der Sache von damals habe ich nichts zu tun. Ich wusste nicht, dass solche Mittel angewendet wurden. Ich habe deine Geschichte nicht einmal mit Nordic Home in Verbindung gebracht. Da war ich noch nicht Teil der Unternehmensleitung, war noch nicht einmal im Hause tätig. Mein Vater hat das Unternehmen viele Jahre allein geführt, nur zuletzt mit mir gemeinsam. Es befindet sich schon seit mehreren Generationen in unserer Familie. Ich habe meine Ausbildung woanders gemacht, lebte in einer anderen Stadt und bin nach meiner Rückkehr dann auch in unser Unternehmen eingestiegen. Das gehörte sich irgendwie so. Familientradition, verstehst du?« Zerknirscht grinste er. »Ich wollte ihn stolz machen.«

Vielsagend nickte ich. Ich wusste so gut, was er meinte, und rückte ihm gedanklich schon ein wenig näher.

»Doch es war anders als bei dir. Es war nicht so, dass ich ihn von Herzen glücklich und stolz machen wollte, sondern, weil er mir immer das Gefühl gab, nicht genug zu sein, wollte ich ihm das Gegenteil beweisen. Wir haben uns furchtbar viel gestritten. Und ich habe nie diese Verbindung gespürt, die Vater und Sohn doch eigentlich haben sollten. Das hat mich viele Jahre belastet, ohne dass ich es benennen konnte.«

Zwar konnte ich nachvollziehen, was er beschrieb, auch wenn es bei mir anders war. Aber noch immer verstand ich nicht, was er mir sagen wollte. Ich war gespannt, wie seine Erklärung weitergehen würde.

Seufzend schaute ich in die Ferne. Im Winter waren die Tage so kurz, dass am Nachmittag bereits die Dämmerung einsetzte. Der Himmel war klar, und nur ein paar wenige Wolken zeichneten sich am Horizont ab. Es versprach, ein malerischer Sonnenuntergang zu werden.

»Und nach seinem Tod, als ich dann die Leitung des Unternehmens komplett übernommen hatte, verhielt sich meine Mutter immer häufiger merkwürdig. Ich hatte das Gefühl, dass es etwas gab, was sie belastete. Und das war weniger die Tatsache, dass mein Vater verstorben war, so traurig es für sie auch war.«

»Sondern?«

»Das habe ich sie gefragt und lange keine Antwort erhalten. Doch ich habe keine Ruhe gegeben, und schließlich hat sie mir etwas erzählt, was mich vieles im Nachhinein hat verstehen lassen. Die ewigen Streits mit meinem Vater. Dieses Unverständnis mir gegenüber, das fast schon einer Ablehnung gleichkam ... Er hatte selbst keine Ahnung, aber vielleicht hat er auch etwas gespürt.« Severins Blick ging über das Meer, wo die Sonne sich am Horizont bereits in ein zartes Orange verfärbt hatte und die Wolkenfelder neben sich in warme, leuchtende Farben getaucht hatte.

Ich ahnte, worauf es hinauslief, was er mir erzählen wollte.

»Und mit jedem Tag, den ich hier bin, spüre ich diese andere Seite tief in mir, die ich vorher nie kennengelernt hatte. Die eine große, unvergleichliche Liebe spürt für einen Ort, an dem ich doch noch nie war.«

»Für diesen Ort? Für Sylt?«, fragte ich, und er nickte.

»Ja. Diese Insel hat etwas bei mir bewirkt. Nicht nur, weil es hier so wunderschön ist.« Er deutete in Richtung der Sonne. »So etwas Fantastisches, das lässt einen einfach nur sprachlos staunen.«

Ich nickte. »Geht mir auch so, obwohl ich es schon mein Leben lang kenne und bewundere. Ich weiß gar nicht, wie ich es in den Jahren zwischendurch ohne dieses Schauspiel ausgehalten habe.«

»Zum Glück bist du wieder hier. Denn auch weil ich dich hier getroffen habe, Clara, hat sich in meinem Leben etwas verändert.« Er schaute mich an, und mir wurde ganz warm ums Herz bei seinen lieben Worten. Trotzdem wartete ich ab. Zu viel war noch unausgesprochen zwischen uns.

»Diese Insel kennenzulernen hat sich angefühlt wie eine zarte Verbindung zu einer Heimat. Genau die Verbindung, die mir mit meinem Vater gefehlt hat.« Nun senkte er den Blick, schaute auf seine Fußspitzen, rang mit den Händen und tätschelte irgendwann Paul den Rücken, der sich erwartungsvoll vor ihn gesetzt hatte, um ihn zum Weiterspielen aufzufordern. »Ja, ich bin hierhergekommen, um meine Gedanken zu sortieren, was meinen Job angeht. Nach dem Gespräch mit meiner Mutter habe ich meinen Posten als Geschäftsführer an den Nagel gehängt. Die Karte war wohl noch irgendwo in einer meiner Taschen und ist mir auf den Boden gefallen. Jetzt stehe ich vor einem Neubeginn, dessen Richtung mir noch längst nicht klar ist. Mein Leben lang stand fest, dass ich das Geschäft meines Vaters übernehmen werde, und jetzt habe ich es aufgegeben. Was also soll ich jetzt tun? Ich habe wirklich keine Ahnung.«

Wir waren noch ein paar Meter weitergelaufen, während die Sonne, funkelnd wie ein goldfarbener Diamant, immer weiter sank und einen zarten Schimmer über das Meer legte, und das Hellblau des Himmels langsam pastellenen Tönen wich. Die Wellen waren schwach und rollten langsam, aber stetig an Land. Wie ein schaumiger Teppich legten sie sich zärtlich umschmeichelnd über den goldenen Sand. Gerne hätte ich mich einfach nur auf dieses Schauspiel eingelassen, dieses ruhige Bild genossen, keine Fragen gestellt und keine Antworten erwartet. Aber es war jetzt an der Zeit, dass alles ausgesprochen werden musste. Viel zu sehr interessierte es mich, was Severin mir sagen wollte.

»Clara, ich bin vor allem genau hier auf Sylt gelandet, weil ich mich auf Spurensuche begeben habe. Die Suche nach dem Baustein in meinem Leben, der mir dieses wohlige Gefühl von Familie hätte geben können, das mir so lange fehlte. Es fällt mir nicht leicht, darüber zu reden. Aber es ist nun ein Teil von mir, und ich muss es annehmen. Meine Mutter gestand mir, dass sie hier auf Sylt eine Affäre hatte. Sie wurde mit mir schwanger in dieser Zeit und war sich viele Jahre nicht sicher, wer mein Vater ist. Sie vermutete wohl, dass es nicht ihr Ehemann war, behielt diesen Gedanken aber für sich. Auch, als immer offensichtlicher wurde, wie ähnlich ich der Affäre wurde, während mein Vater, ihr Mann, es nie schaffte, eine echte Beziehung zu mir aufzubauen. Weil sie Angst hatte, unsere heile Familie zu zerstören, meiner kleinen Schwester Tanja und mir die glückliche Kindheit zu nehmen, die sie uns so sehr wünschte.«

Ich starrte Severin von der Seite an, wie er geradeaus aufs Meer schaute, die letzten Sonnenstrahlen auf der Haut, und angespannt die Kiefer aufeinanderpresste.

Tanja. »Tanja Birkenfels?« Die Frau, die ihm hinterhergereist war, die Frau, mit der er sich am Abend am Strand getroffen hatte, war seine Schwester? Ich schlug mir gedanklich vor die Stirn. »Tanja Birkenfels ist deine Schwester?«, wiederholte ich meine Gedanken. Er nickte.

»Ja, du hast sie ja bereits kennengelernt. Wir haben uns vor meiner Abreise ziemlich gestritten. Sie nahm es mir sehr übel, dass ich im Unternehmen das Handtuch geworfen habe, hat nicht verstanden, warum. Also ist sie mir nachgereist, und ich habe mich entschieden, ihr die Wahrheit zu sagen. Tanja hatte immer ein fantastisches Verhältnis zu unserem Vater. Und ihr allergrößtes Ziel im Leben war es immer, seinen Traum aufrechtzuerhalten. Ich sehe viele Parallelen zwischen euch beiden.« Er machte eine Pause und lächelte mich an. »Und genau deshalb sollte sie es wissen. Ich wollte, dass sie meine Entscheidung versteht, ganz egal, was meine Mutter davon hält. Ginge es nach ihr, hätte niemand je davon erfahren. Aber jetzt, wo ich es weiß, kann ich es nicht für mich behalten. Ich will, dass mein leiblicher Vater die Wahrheit kennt, will ihn vielleicht selbst kennenlernen. Es gibt Dinge, die darf man nicht ruhen lassen, und ich bin nicht länger bereit, mit irgendwelchen Lügen zu leben.«

»Hast du deinen Vater denn gefunden hier auf Sylt?«

Severin nickte, den Blick weiterhin starr auf die Sonne gerichtet, die nur noch als halbrunder Ball auf der Wasseroberfläche zu schwimmen schien.

»Ja, gefunden schon. Aber noch nicht darauf angesprochen.«

»Und willst du das denn nach wie vor?« Meine Stimme zitterte.

»Das weiß ich noch nicht, wenn ich ehrlich bin.«

»Es eilt ja nicht. Du kannst dir Zeit lassen, das alles erst mal verarbeiten, und schauen, was für ein Gefühl du ihm gegenüber entwickelst.«

»Ja. Es ist ein Schock. Noch immer. Schon allein die Tatsache an sich. Du glaubst gar nicht, wie es mich aufgewühlt hat, als ich endlich ein Bild von diesem Menschen hatte.« Severin seufzte. »Es war klar, dass es zwischen meiner Schwester und mir krachen würde, wenn ich ihr die Entscheidung mitteile. Sie fühlt sich allein gelassen mit der Firma, aber es fühlt sich für mich nicht mehr richtig an. Außerdem habe ich meine Mutter um ein wenig Abstand gebeten, weil ich mir über einige Dinge klar werden muss. Mir zum Beispiel erlauben und mich zwingen, ihr zu verzeihen, dass ich mein Leben lang eine Lüge gelebt habe. Außerdem finde ich, dass sie nicht in der Position ist, mir jetzt Vorwürfe zu machen, weil ich versuche, meine Vergangenheit aufzuräumen und zu verstehen.«

»Wow, ich verstehe, dass dieses Geständnis deine Welt ein Stück weit hat einstürzen lassen.« Für einen Moment dachte ich an die Schublade hinter unserem Empfangstresen in der Pension, in der noch immer die Notizen meines Vaters lagen, die ich mich nie getraut hatte zu lesen, aus Angst, sie könnten meine Welt aus den Fugen heben, weil sie etwas in mir aufwühlen würden, das ich nicht mehr mit ihm selbst besprechen konnte.

»Aber ich verstehe immer noch nicht ganz, was das alles mit den Leuten vom Hotel zu tun hat«, erklärte ich.

»Ich habe mich nicht getraut, direkt auf meinen Vater zuzugehen, deshalb habe ich versucht, meine Familie erst kennenzulernen und mir, ja, das muss ich gestehen, einen kleinen Vertrauensvorschuss zu holen. Der Hotelchef, mit dem ich mich getroffen habe, ist sozusagen mein Schwager, seine Frau meine Halbschwester. Sabrina Asmussen ist die Tochter meines Vaters, der Affäre meiner Mutter, des Seniorchefs des Hauses.«

»Oh, verstehe.« So langsam fügte sich alles, was er sagte, zu einem Bild, welches mir zumindest weniger Bauchschmerzen verpasste, was meine Rolle darin anging.

»Und bitte glaub mir, dass es ein Zufall war, dass das Dünenwind ausgerechnet mit der Idee auf euch zukam, die ich kurz zuvor auch hatte. Ich hatte damit wirklich nicht im Geringsten etwas zu tun.«

»Danke, Severin. Ich weiß gerade nicht, wie ich das infrage stellen konnte.«

»Das ist nicht wichtig. Ich wünsche mir nur, dass du mir jetzt zuhörst und mir glaubst.«

»Das tue ich. Aber wie hast du es geschafft, den Kontakt zu den Asmussens herzustellen?«, hakte ich nach.

»Meine Mutter hatte alte Aufnahmen und Artikel über das Hotel. Die hat sie mir im Zuge der Enthüllungen über meine Herkunft gegeben. Weil ich ein wenig recherchierte und darauf gestoßen bin, dass das Hotel in diesem Jahr ein Jubiläum feiert, hielt ich es für eine gute Gelegenheit, den Chef kennenzulernen, indem ich ihm diese historischen Aufnahmen zukommen ließ.«

»Wie schön. Aber hat er sich nicht gewundert, wie du daran gekommen bist?«

»Ich habe gesagt, dass sie aus Urlauben meiner Mutter stammen, die hier Gast war. Das ist auch nicht gelogen. So fing alles an.« Severin lächelte. »Dass ich der Halbbruder seiner Frau bin, habe ich noch nicht aufgeklärt. Ich will erst schauen, ob es in diese Familie passt, was ich an Neuigkeiten im Gepäck habe. Wenn ich das überhaupt beurteilen kann. Ich möchte einfach nicht aus rein egoistischen Motiven heraus hier für Trubel sorgen.«

Angespannt stieß ich Luft durch die Lippen aus, und zeitgleich umwehte mich ein kalter Wind, der von der See herkam. Beide Frauen, mit denen ich ihm in irgendeiner Form eine romantische Beziehung unterstellt hatte, waren seine Halbschwestern. Es war ihm nie darum gegangen, uns auszuspionieren, sondern *sein* Privatleben zu sortieren. Mich schauderte, und ich schlang die Arme um mich. Innerlich atmete ich auf, schämte mich aber auch, dass ich überhaupt so böse über ihn gedacht hatte.

»Es tut mir leid, dass ich dir unterstellt habe, dass du mich belügst und aushorchst. Es kam mir alles so merkwürdig vor. Die Visitenkarte, eine Frau Birkenfels, die am Telefon deinen Namen erwähnt und dich hier besucht. Die Tatsache, dass meine Mutter dich mit der Hoteliersfrau gesehen hat, deren Hotel schon lange immer wieder nach Konzepten sucht, uns zu übernehmen oder mit uns zusammenzuarbeiten, die Frage, was dein Unternehmen mit all dem zu tun haben könnte, und nun deine Gespräche mit ihrem Mann. Ich konnte mir keinen Reim darauf machen.«

Nun fühlte ich, wie er warm und schützend den Arm um meine Schultern legte, mich sanft an sich drückte und seinen

Kopf leicht gegen meinen lehnte. Er rieb mir wärmend den Oberarm, und eine wohlige Gänsehaut zog über meinen gesamten Körper. Ich horchte in mich hinein, spürte nach, was diese Geste mit mir machte, und fühlte Geborgenheit und flatternde Schmetterlinge in meinem Bauch.

»Ich wollte hier keine Familie zerstören und deshalb all mein Wissen vorerst für mich behalten. Die Insel ist klein. Man weiß nie, wer wen kennt. Und wenn sie diese Nachricht schon verkraften müssen, dann sollen sie es wenigstens von mir persönlich erfahren. Dabei wollte ich mich dir so gern anvertrauen, weil ich gespürt habe, dass du jemand bist, der nachvollziehen kann, was das Gefühl von Verantwortung der Familie gegenüber mit einem machen kann.«

Ich nickte, dachte an meine eigenen Zweifel und das schlechte Gewissen, das mich immer wieder plagte, weil ich meinem Vater nie zu Lebzeiten die Wahrheit gesagt hatte.

Die Sonne war mittlerweile schon ganz im Meer versunken, hatte ihren goldenen Schimmer mitgenommen und nur ein zartes Rosa zurückgelassen, das gen Osten zu einem dunklen Blauschwarz wurde. Die Kälte zog ein und kroch durch unsere dicken Klamotten.

»Ich denke oft darüber nach, wie es gewesen wäre, wenn wir meinem Papa aufrichtig gesagt hätten, dass wir zwar das Schönerlei weiterführen wollen, den Betrieb der Pension aber immer weiter zurückfahren werden. Sicher wäre er traurig gewesen, vielleicht auch enttäuscht. Aber am Ende hätte er vielleicht nur gewollt, dass wir glücklich werden. Wüsste er, dass wir manchmal nur unter größten Kraftanstrengungen weiter unsere Gäste empfangen, während wir uns eigentlich so viel lieber und voller Elan in unserem Lädchen austoben würden, würde er den Kopf schütteln. Da bin ich mir sehr sicher. Aber dennoch bin ich noch nicht mutig genug, den Kurs zu ändern. Weil es eben diese ehrliche Aussprache nicht gab. Ich kann nicht sicher sagen, wie er die Entscheidung aufgenommen hätte. Daher plädiere ich dafür, Dinge, die einem auf dem Herzen liegen, nicht länger als nötig aufzuschieben.« Wieder dachte ich an unsere Geheimniskramlade. Ich seufzte leise, denn ich schwang hier so große Worte, während ich bisher noch nicht einmal den Mut besessen hatte, mich unseren letzten gemeinsamen Sorgen zu widmen, die ich noch hätte verbrennen können.

Severin nickte, und seine Worte rissen mich aus meinen Gedanken.

»Du hast bestimmt recht. Auch wenn es mir nicht leichtfällt, diesen Schritt zu gehen, muss ich mit ihm reden. Und ich muss mich auch mit meiner Mutter wieder vertragen. Das darf nicht zwischen uns stehen, und ich weiß, dass sie mein ganzes Leben lang damit gehadert hat, dieses Geheimnis nicht rechtzeitig gelüftet zu haben. Sie ist meine Mutter, die Person, die mir im Leben mit am nächsten steht. Sie wollte wahrscheinlich immer das Beste für uns, auch wenn sie einen Fehler gemacht hat. Ich liebe sie trotz allem.« Er schaute mich mit liebevollem Blick an. »Deine Mutter und du, ihr seid das beste Beispiel für eine gelingende Mutter-Tochter-Beziehung.«

Mir wurde warm ums Herz beim Gedanken an meine Mutter. Wir waren ein Team, hatten gemeinsam schwere Zeiten gemeistert, aber nie die Bindung zueinander verloren.

»Dafür bin ich sehr dankbar, ja«, stimmte ich ihm zu.

»Aber wie steht denn deine Mutter eigentlich dazu? Will sie die Pension um jeden Preis aufrechterhalten?«

Ich wiegte den Kopf. »Irgendwie ja, irgendwie nein. Weißt du, wenn wir Gäste haben wie unsere Heide oder meine Freundin Thalea, dann wissen wir, wofür wir das alles tun und was fehlen würde, wenn wir etwas verändern würden. Nicht nur uns würde das fehlen, sondern vor allem unseren Gästen. Heide zum Beispiel gibt unser Meerglück eine Art zweites Zuhause. Dieses Wissen lässt uns damit hadern, irgendwas anders zu machen.«

»Das verstehe ich gut. Und ich habe es ja selbst schätzen gelernt, wie familiär und persönlich es bei euch ist. So etwas ist selten, und ich mag auch nicht daran denken, dass es immer weniger wird.«

Ich nickte. »Genau. Aber wir müssen realistisch bleiben. Die romantische Vorstellung einiger weniger und deren spärliche Urlaubstage füllen leider nicht unsere Zimmer und reichen nicht, um davon zu leben. So stecke ich also auch in einem Dilemma zwischen Herz und Kopf, Pflicht und Traum.« Ich zuckte die Schultern.

»Meinst du, wir können uns gegenseitig dabei helfen, die Dinge im Leben nun auf die Spur zu bringen, wo wir sie haben wollen?«, fragte Severin dann, und ich schaute ihn einen Moment lang an. Das Funkeln in seinen Augen, das so hoffnungsvoll und flehend war, bestätigte mich in dem tief in mir drin prickelnden Gefühl, dass genau das die Lösung sein könnte.

»Ich halte das für möglich, Severin, ja«, sagte ich, und ich spürte, wie er seinen Arm von meinen Schultern nahm und mich weiter an sich heranzog. Mit seinem Finger strich er mir über die Wange, und seine Berührung hinterließ eine warme, wohlig aufregende Spur von Glückshormonen unter meiner Haut. Ich schloss die Augen und merkte, wie sein Gesicht meinem näher kam, bis unsere Lippen sich trafen. Wir fielen in einen Kuss, der mich innerlich gleichzeitig schweben und taumeln ließ. Voller Glück, Vorfreude und Wohlfühlen ließ ich mich hineinfallen und wünschte mir, dass noch unendlich viele folgen würden.

Noch auf dem Weg zurück zum Auto, während ich mich in seinen wärmenden Arm kuschelte, schien die Berührung seiner Lippen in meinem Körper zu vibrieren.

»Wie sieht denn dein Tag heute noch aus?«, erkundigte sich Severin, als ich auf mein Auto zutrat. Am liebsten hätte ich alle Pläne abgesagt, um den Tag mit ihm zu verbringen, aber Thalea wartete auf mich, und auf die Zeit mit ihr freute ich mich ebenfalls.

»Heute Abend bin ich mit Thalea verabredet. Sie ist heute erst angereist, und ich habe ihr ein Essen versprochen«, erklärte ich. »Wir wollen auch noch ein paar Dinge zum Wintermarkt besprechen.«

»Das klingt gut. Ich wünsche euch einen schönen Abend.«

»Was machst du?«

»Ich treffe mich noch mit meinen Freunden«, antwortete Severin. »Sie haben einige tolle Ideen für mich, wie es beruflich weitergehen könnte. Da bin ich gespannt.«

»Oh, ich drücke dir die Daumen und freue mich, wenn du mir von neuen Projekten berichten kannst.« Severin gab mir im Gehen einen Kuss auf die Schläfe, und diese Geste war so vertraut, dass ich kaum glauben wollte, mit welchen Gefühlen im Bauch ich eben noch den Weg hierhergefahren war.

Unsere Verabschiedung knüpfte direkt an unseren Kuss vom Strand an, und wir konnten uns nur schwer voneinander trennen.

»Bis bald, Clara«, raunte Severin mir zu, als ich bereits eingestiegen war und den Motor anließ.

»Bis bald.«

Dann startete ich Richtung Pension, und mein Herz schien neben dem Auto herzuhüpfen, dabei Loopings zu drehen und wie wild zu tanzen.

Mein Dauergrinsen hatte sich bis zur Auffahrt zur Pension nicht verändert, und Thalea, die gerade bei meiner Mutter im Laden war, erkannte es schon durch die Scheibe, als ich auf die Tür zuging.

Ich trat in den Laden.

»Hallo, ihr Lieben«, flötete ich und kam mir dabei selbst ein wenig albern vor, aber ich konnte nicht anders. Ich musste diese Freude herauslassen. Thalea umarmte mich.

»Na, du hast ja eine fantastische Laune«, stellte sie fest, und ich grinste nur. »Liebes, euer Schönerlei wird bei jedem Besuch noch wundervoller«, schwärmte sie und legte verzückt die Handflächen an ihre Wangen. »Ich liebe alles hier im Geschäft. Und in euren Zimmern. Deine Mama hat mich schon zu den Wintermarkt-Produkten instruiert. Das wird ja so großartig. Ich kann dir nicht sagen, wie glücklich ich bin, hier zu sein.«

»Das ist schön. Ich freue mich auch ganz besonders, dass du da bist und auf den Markt mit dir.«

»Und ich mich darüber, dich so strahlend zu sehen, mein Schatz«, sagte meine Mutter und blickte mich interessiert an. »Ich sehe da ein ganz besonderes Lächeln, hab ich recht?« Im Laden waren keine weiteren Kunden, sodass wir uns ungestört unterhalten konnten.

»Ja, das ist schon möglich«, gab ich zu und merkte, wie meine Wangen erröteten.

»War der Termin so erfolgreich?« Verdutzt schaute Thalea mich an, und ich blickte ebenso irritiert zurück. »Deine Mama erzählte, du triffst dich mit einem möglichen Geschäftspartner, um Kooperationen zu besprechen.«

»Ach so. Nein, also doch. Das stimmt. Und der Termin war super. Aber das ist es nicht, was mich lächeln lässt. Es hat sich zufällig ergeben, dass ich noch ein zweites Gespräch führen konnte, mit jemandem, der mir in den letzten Tagen ziemlich wichtig geworden ist. Aber es gab einige Missverständnisse, und jetzt haben wir uns ausgesprochen und … na ja. Die Langversion erzähle ich dir beim Abendessen.«

Meine Mutter fasste sich an die Brust, atmete auf und faltete dankbar die Hände.

»Ach, wie schön, Liebes! Es könnte kaum eine bessere Nachricht geben«, freute sie sich und nahm mich in den Arm.

»Na, das klingt, als hätte ich einiges verpasst. Bis zu deiner Andeutung am Telefon war ich ja noch auf dem Stand: Für mein Glück brauche ich keinen Mann.«

»Das ist auch bis vor ganz kurzer Zeit noch genauso gewesen. Jedenfalls dachte ich das.«

»Verstehe. Da freue ich mich noch viel mehr auf unser Essen.« Sie lachte.

19

»Ich habe einen Bärenhunger«, gab Thalea zu, als wir uns an den Tisch setzten, den ich in einem meiner Lieblingsrestaurants in Rantum reserviert hatte.

»Und heute kannst du dich einfach mal ganz in Ruhe verwöhnen lassen. Und es ist niemand da, der quengelt, dringend nach Hause muss, um zu chillen, sein Handy aufzuladen oder dich fragt, ob du dich schon um alle To-dos der nächsten Woche gekümmert hast.«

Thalea nickte. »Aber echt. Du ahnst nicht, wie gut das mal tut. Ich muss mich noch ein wenig daran gewöhnen, aber so langsam komme ich runter.«

»Wie schön. Und das wird nun Tag für Tag besser, glaub mir.«

Ich sah mich in dem warmen, gemütlich erleuchteten Gastraum um, in dem es bereits köstlich nach einer cremig-würzigen Suppe duftete. Sofort lief mir das Wasser im Mund zusammen.

»Wie war dein erster Tag auf Sylt?«, erkundigte ich mich bei meiner Freundin, nachdem wir mit einem alkoholfreien Drink angestoßen hatten.

»Wunderbar.« Thalea lächelte. »Auch wenn es sich wirklich komisch anfühlt, ohne meine Familie hier auf Sylt zu sein.«

»Aber dieses Gefühl ist doch auch schön, oder? Sich zu vermissen und zu spüren, was man aneinander hat, geht doch im Alltag ganz häufig unter. So stelle ich mir das vor, ohne dass ich das voll nachvollziehen kann als Single und kinderlose Frau.«

»Das ist so, ja. Nur weißt du, was ganz merkwürdig ist? Ich spüre einen ganz starken Drang, irgendwas zu verändern. Es ist alles ein wenig kompliziert und unbefriedigend, wie es gerade bei mir läuft.«

Irritiert schaute ich sie an. Nicht, dass ihr Aufenthalt auf Sylt sie so sehr auf den Geschmack bringen würde, allein zu sein, dass sie ihr bisheriges Leben komplett umkrempelte. Auch wenn sie gerade von einigen Umständen in ihrem Familienleben genervt war, mochte ich ihren Mann und die Kinder sehr, und es würde mir das Herz brechen, wenn sie ernsthaft Stress hätten.

»Ich dachte, dein Mann steht hinter deiner Entscheidung, dir hier eine Auszeit zu nehmen? Habt ihr Probleme?«, hakte ich deshalb nach.

»Am liebsten würde ich ausbrechen«, sagte sie dann, und mein Magen krampfte innerlich zusammen. »Ganz was anderes machen. Raus aus der Stadt, umziehen. Wieder arbeiten. Vielleicht hierher auswandern.« Sie strahlte mich an.

»Nun, also …«, stammelte ich.

»Na, das klingt ja höchst begeistert«, stellte sie gespielt eingeschnappt fest und schob die Unterlippe vor wie ein schmollendes Kind.

»Nein, sorry. So ist das nicht gemeint, ich bin nur … meinst du das ernst? Du weißt, ich liebe deine Familie und fände es traurig, wenn sie zerbräche.«

Thalea zuckte die Schultern. »Klar. Ach, ich weiß doch auch nicht.« Sie trank einen Schluck und schwenkte dann das Glas in ihren Händen und starrte gedankenverloren in die perlende Flüssigkeit. »Ich finde es traurig, zu spüren, dass einen im Leben noch so viel mehr erwarten könnte und man bei Weitem nicht alles ausgeschöpft hat. Oder?«

Ich nickte. »Da gebe ich dir recht.«

»Du hast das Glück und lebst hier deinen Traum. Das ist etwas, was echt nicht viele Leute von sich behaupten können.«

»Danke dir. Aber wie du weißt, bin ich dafür über Scherben gegangen. Und sosehr es auch danach aussieht, fühlt es sich nicht zu jeder Zeit wie der absolute Traum an. Da will ich ganz ehrlich mit dir sein.«

»Das stimmt. Und das weiß ich ja. Aber nur weil wir nach außen hin das Bild der happy Family abgeben, bedeutet das nicht, dass es bei mir keine Scherben gibt.«

»Liebes, das klingt traurig. Ist irgendwas passiert, was dich so reden lässt?«

Meine Freundin presste die Lippen aufeinander und rang mit den Händen. Ihre Fingerknöchel traten weiß hervor, so sichtbar war ihre Anspannung.

»Lutz hat mich betrogen.« Ihre Worte trafen mich vollkommen unvermittelt, und ich war geschockt.

»Er hat dich betrogen?«

Thalea nickte und lächelte bitter. »Ja, am Geburtstag unseres Jüngsten. Eine Mutter eines befreundeten Kindes.«

»Ach du Schreck. Es tut mir so leid, Thalea.«

»Glaubst du echt, dass er es einfach so hingenommen hätte, wenn ich gesagt hätte, dass ich ausgerechnet über Weihnachten eine Auszeit brauche?«

»Ich dachte, die Sache mit dem Wintermarkt und dass ich dich brauche, hätte ihn überzeugt.«

Sie stieß zischend Luft durch die Lippen aus und rollte mit den Augen. »Es war rein das schlechte Gewissen, was sein Okay angestoßen hat. Diese Tage sind für ihn seit jeher ein Graus, weil er organisatorisch nichts auf die Reihe kriegt, was die Kinder angeht. Nur am Rande: Die Geschenke habe ich noch alle bestellt und eingepackt, damit sie nicht auch noch traurig sein müssen wegen eines unfähigen Weihnachtsmannes, wenn sie schon auf die Mama verzichten müssen.« Zerknirscht lächelte sie. »Die zwei fehlen mir auch total. Auch wenn sie sich manchmal unmöglich benehmen und ich sie oft auf den Mond wünsche.«

»Das glaube ich. Nun solltest du tatsächlich wohl aber einmal nur an dich denken. Aber warum hast du nichts gesagt?«, fragte ich. »Du hättest jederzeit kommen können.«

»Ich dachte mir, am Telefon ist das alles doof. Erst mal komme ich hierher, und dann können wir sprechen.«

»Willst du dich denn nun von ihm trennen?« Mein Herz schlug mir bis zum Hals.

»Nein, eigentlich nicht. Bei aller Wut und Enttäuschung ist mir in den letzten Wochen auch klar geworden, dass zu so einer Situation immer zwei gehören. Dass er fremdgegangen ist, ist natürlich ein absolutes No-Go. Und dafür gibt es auch keine Entschuldigung. Er wird damit leben müssen, dass dieser Stachel tief sitzt und mein Vertrauen in ihn damit erst einmal zerstört ist. Aber ich habe viel darüber nachgedacht, wie es so weit kommen konnte, dass wir uns so aus den Augen verlieren, und zumindest daran bin ich auch nicht unschuldig. Ich war unausstehlich, bin ständig nur unter Dampf gewesen, bin irgendwelchen vermeintlichen Pflichten, Verabredungen und Bildern von der perfekten Familie im Kopf hinterhergelaufen und habe mich dabei total um mich selbst gedreht, getarnt unter dem Deckmantel, doch nur das Beste für die Lieben zu wollen. Wollte ich auch. Am Ende habe ich aber ständig rumgeschnauzt und meinen Ärger kundgetan, weil alle auf mir herumgetrampelt sind und gar nicht gemerkt haben, dass sie jede meiner Grenzen missachten – weil ich sie nicht klar gezogen habe. Aus falscher Rücksichtnahme. Aber ich will nicht mehr die sein, die um jeden Preis alles zum Wohle der Familie hintanstellt. Die Erkenntnis, dass ich das, wofür ich während der letzten Jahre gelebt habe, verlieren könnte, wegen etwas so Dummem. Dass ich womöglich dastehen könnte, ohne ein eigenes Leben, weil ich mich immer nur um alle anderen gekümmert habe. Das macht mir Angst. Ich darf mich nicht nur über die Familie definieren. Ich will leben, und zwar so, wie ich es mir vorstelle. Dazu gehört als allererster Schritt, dass ich wieder anfange zu arbeiten.«

»Das klingt sehr gesund, und ich unterstütze dich da in jeder Hinsicht. Meinst du denn, du kannst Lutz verzeihen?«

»Leicht wird es nicht. Aber ich möchte es unbedingt. Für uns und für die Kinder. Ich liebe ihn. Daher der Abstand. Ich hoffe, dass uns das guttut und mir dabei hilft.«

»Ich wünsche es dir von Herzen.« Eine Pause entstand, und ich ließ wirken, was ich gerade erfahren hatte. Nach einigen Minuten griff ich nach Thaleas Hand. »Ich bin für dich da, Thalea«, versprach ich ihr. »Du kannst so lange bleiben, wie du willst und wie es dir guttut.«

»Danke. Das ist so viel wert. Und gerade tut es mir unwahrscheinlich gut, hier zu sein.« Sie lächelte dankbar und erwiderte meine Berührung, indem sie ihre andere Hand auf meine legte.

»Aber nun erzähl du doch mal, warum du so ein Strahlen in den Augen hast. Du hast dich doch nicht etwa ernsthaft verliebt?«, mutmaßte sie und blickte mich mit schief gelegtem Kopf an.

»Ich weiß nicht, ob ich es schon Verliebtheit nennen sollte, aber ja. Ich denke, ich bin definitiv verknallt«, gab ich zu, und unweigerlich formte sich auf meinen Lippen ein seliges Lächeln.

»Ich möchte alles wissen«, sagte Thalea.

»Es kommt mir grad so unpassend vor, wenn du Kummer mit

Lutz hast und ich dir nun von einer neuen Liebe vorschwärme«, bemerkte ich, und Thalea schaute mich empört an.

»Meinst du etwa, ich kann mich nicht mit meiner Freundin freuen, nur weil mein Mann durch fremde Betten hüpft? Keine Sorge. Das kann ich wunderbar trennen.«

Verlegen schaute ich mich um und sah, dass eine Dame vom Nachbartisch uns einen halb amüsierten, halb neugierigen Blick zuwarf.

Ich lächelte unsicher. »Na ja.«

»Na, das werden Sie sich doch hoffentlich nicht gefallen lassen«, kam es da vom Nachbartisch aufmunternd, und die Dame hob ihr Glas und prostete Thalea zu. »Frauen wie Sie, die sollten die Männer festhalten und sie auf Händen tragen. Das erkennt man doch sofort«, führte sie fort, und nun war es Thalea, die errötete.

»Oh, danke.«

»Sie strahlen so viel Kraft aus, so viel positive Energie. Lassen Sie sich Ihren Glanz nicht nehmen.«

Wir lächelten und prosteten der Dame ebenso zu, die gleich wieder in ein Gespräch mit dem Kellner vertieft war, dem sie auch gerade Lebenstipps erteilte. Thalea und ich grinsten uns amüsiert an.

Unser Essen kam, und während wir die feinen Speisen in mehreren Gängen genossen, erzählte ich Thalea von Severin. Dabei ließ ich nichts aus, vom anfänglichen Prickeln, den Zweifeln, meiner Skepsis, Enttäuschung und nun der Auflösung der dubiosen Wolke, die ihn umgeben hatte. Bei Thalea wusste ich diese Geschichte sicher verwahrt. Thalea freute sich mit mir und lauschte gebannt meiner Erzählung.

»Für mich klingt das nach einer schicksalhaften Begegnung,

die genau so passieren sollte, Clara«, fasste sie zusammen und nickte bestätigend.

»Das wäre traumhaft, ja«, stimmte ich ihr zu.

20

»Hattet ihr einen schönen Abend?«, erkundigte sich Severin am Telefon. Ich hatte mir nach meinem Mädelsabend mit Thalea ein duftendes Vanillebad eingelassen und genoss nun das Gefühl, mich sauber und aufgewärmt in mein Bett kuscheln zu können, während draußen der Wintersturm am Fensterladen zerrte.

»Es war herrlich«, antwortete ich. »Wir sehen uns selten. Eigentlich immer nur dann, wenn Thalea hier auf Sylt ist. Meistens ist das mit ihrer Familie. Aber jetzt ist sie auch mal hier, um den Kopf leer zu bekommen. Ähnlich wie du!«

»Ich wünsche ihr, dass es ihr ebenso guttut wie mir bisher.«

»Hattest du denn auch noch einen schönen Tag?«

Severin erzählte von seiner Verabredung mit seinen Freunden und berichtete davon, dass die Hundeprodukte, die er bei uns im Schönerlei gekauft hatte, super angekommen waren.

»Mein Vater wäre so stolz, wenn er davon wüsste. Er hat Lena immer sehr unterstützt und sie gewissermaßen als seine Protegée gesehen. Dass ihre Produkte jetzt so gut bei den Kunden ankommen, würde ihn sehr freuen«, erzählte ich.

»Schade, dass ich deinen Vater nicht persönlich kennengelernt habe. Auch wenn ich ein ganz genaues Bild von ihm habe. So kommt es mir jedenfalls vor, seitdem du mir von ihm erzählt hast.«

»Er fehlt mir sehr. Aber durch die Pension und das ganze Drumherum ist er auch immer irgendwie noch in meiner Nähe. Einerseits ist das schön, andererseits fallen mir immer wieder Dinge ein, die ich ihm gerne noch gesagt hätte. Manchmal habe ich noch immer das Gefühl, ich müsste nur in sein Büro gehen und könnte meine Sorgen mit ihm besprechen, bis mir einfällt, dass es nun mein Büro ist und er nie wieder hinter dem Schreibtisch sitzen wird. Aussprechen, ansprechen, vorwerfen oder loben. Da ist so viel, was mir erst eingefallen ist, als ich keine Möglichkeit mehr hatte, mit ihm zu reden. Jedenfalls nicht so, dass ich auch eine Antwort bekomme.«

»Was du sagst, bestärkt mich darin, meinen Vater damit zu konfrontieren, dass er noch einen Sohn hat. Es fühlt sich unumgänglich an. Und vielleicht wächst daraus ja irgendeine Beziehung zwischen uns. Wenn das nach all den verlorenen Jahren überhaupt möglich ist.«

»Da glaube ich ganz fest dran, Severin«, pflichtete ich ihm bei und wünschte ihm von ganzem Herzen, dass er für den Mut, auf seinen Vater zuzugehen, belohnt werden würde.

Und mit einem Mal erzählte ich Severin von der kleinen, aber bedeutsamen Schublade und was sie lange Zeit für eine Rolle in meinem Leben gespielt hatte.

»Und meinst du nicht, du findest da noch die ein oder andere Botschaft? Das, was dich zuletzt bewegt hat, als du sie noch genutzt hast? Oder etwas, was deinem Papa auf dem Herzen lag?«

Kurz überlegte ich. »Ich hatte bisher ehrlich gesagt immer Sorge, dass das, was ich finden könnte, den Druck noch erhöht«, gab ich zu.

»Kannst du dich denn an deine letzte Sorge noch erinnern und hast du sie noch verbrannt?«

Ohne ihm eine konkrete Antwort darauf zu geben, was meine

Sorge gewesen war, antwortete ich ihm, dass die letzte Sorge noch in der Schublade schlummerte.

»Dann nutz einen Blick hinein vielleicht nur noch, um die endlich zu verbrennen und deinen Frieden mit alten Sorgen zu finden.«

»Danke, Severin.«

»Ich habe zu danken. Du ahnst nicht, wie gut es mir getan hat, mich mit dir zu unterhalten, Clara«, sagte Severin, und ich spürte, wie glücklich mich seine Worte machten.

»Mir auch. Ich war so traurig und enttäuscht, nachdem ich die Visitenkarte gefunden hatte. Ich bin unsagbar froh, dass sich alles geklärt hat. Jetzt kann ich voller Elan den Wintermarkt stemmen und mich auf alles freuen, was dieses Jahr noch bringt«, stellte ich fest und spürte richtig die Energie, die mit dieser Aussage einherging.

»Apropos Wintermarkt. Ich hoffe, das wirkt jetzt nicht übergriffig, aber ich habe da etwas organisiert. Ein, zwei schöne Überraschungen, die wunderbar zu eurem vorweihnachtlichen Event passen werden.«

»Echt? Das ist aber süß von dir! Aber das musst du doch nicht. Danke. Oh, wie spannend! Verrätst du mir, in welche Richtung es geht?«

»Nein, ich schweige wie ein Grab. Lass dich überraschen.«

»Weiß meine Mutter Bescheid?«

»Alma? Nein! Es soll doch eine Überraschung sein«, erklärte Severin empört. »Für sie auch.«

»Okay, okay«, ruderte ich zurück und konnte mir ein Schmunzeln nicht verkneifen. »Da bin ich aber echt gespannt.«

»Beginnt ihr morgen mit dem Aufbau?«, erkundigte er sich.

»Ja, so ist mein Plan.«

»Wann soll ich da sein? Ich helfe euch gerne.«

»Ach, das ist superlieb. Ich denke, Thalea und ich starten morgens direkt. Mach dir keinen Stress. Wenn du Zeit hast, komm gerne einfach vorbei.«

Wir verabschiedeten uns, und ich ließ mich zufrieden und mit einem wohlig warmen Gefühl im Bauch in mein Kissen sinken.

Es fühlte sich unwirklich an, dass ich mit jemandem über die Schublade gesprochen hatte. Unwirklich, aber richtig. Und Severin hatte recht: Ich würde sie öffnen – gemeinsam mit meiner Mutter, wenn sie das wollte.

Nach einem schnellen Frühstück, bestehend aus einem Teller belegter Brötchen und einer Kanne Kaffee, die meine Mutter für uns vorbereitet hatte, stellten wir einen Lautsprecher ans Fenster und schalteten weihnachtliche Musik ein, die uns sofort in die richtige Stimmung brachte. Voller Tatendrang bauten wir auf, dekorierten und gestalteten den Verkaufsstand. Die kleine Hütte, die zu jeder Zeit am Parkplatz unserer Pension stand, würde der Mittelpunkt unseres Marktes sein. Sie war perfekt, um alle Produkte aus dem Laden einzuräumen. Sie würden hier vor Wind und Wetter geschützt stehen und konnten trotzdem problemlos besichtigt werden. Die Lichterkette aus Tannengrün und vielen kleinen Leuchten bastelten wir gemeinsam zusammen und wickelten sie kunstvoll um das Verkaufsfenster der kleinen Hütte.

Aus Paletten hatten wir vor Jahren, gemeinsam mit meinem Papa, einige Bänke gebaut, auf die wir später noch Polster legen wollten. Tonnen mit runden Holzplatten darauf bildeten rustikale Tische. Diese statteten wir mit weihnachtlichen Gestecken und Windlichtern aus.

»Durch das Haus und den Teil, in dem unser Laden liegt, ist der Markt wunderbar windgeschützt«, bemerkte ich. »Ich hoffe, dass dadurch diese besondere Gemütlichkeit entsteht. Alles ganz hyggelig eben.«

»Was ist denn Hygge?«, fragte Thalea nach.

»Das ist das dänische Wort für Gemütlichkeit, aber es bedeutet noch so viel mehr. Hygge ist ein Lebensgefühl, welches wir mit unseren Produkten untermalen und von dem wir uns erhoffen, dass wir es auch in unserer Pension vermitteln. Hier soll man Zeit mit lieben Menschen genießen, alles Negative für einige Stunden oder sogar Tage außen vor lassen und den Blick nur auf das Schöne richten.«

»Das klingt wunderbar, und ich kann für mich nur unterschreiben, dass euch das hervorragend gelingt. Auch ohne den Wintermarkt schon.«

»Der wird dann das i-Tüpfelchen kurz vor Weihnachten«, stellte ich mir vor und lächelte. Der Gedanke an den Wintermarkt weckte Erinnerungen an die letzten Jahre, und ich spürte einen Stich Wehmut, weil mein Vater fehlte, aber auch Stolz, dass wir diese Tradition in seinem Sinne weiterführten. Hoffentlich würde uns der Markt auch in diesem Jahr wieder so gut gelingen wie unter seiner Führung.

Als wir gerade noch die Hütte von innen mit Sternen, weiteren Lichterketten und roten Kugeln schmückten, trat mit einem Mal jemand vor die Hütte und klopfte zaghaft an das Holz. Der Herr trug einen kleinen Koffer bei sich.

»Entschuldigen Sie die Störung. Ich glaube, ich will zu Ihnen. Clara Hertz?«

»Moin«, grüßte ich. »Die bin ich. Was kann ich für Sie tun?« Erschrocken kramte ich in meinem Kopf, ob ich womöglich eine Anreise vergessen hatte, konnte mich aber beim besten Willen nicht daran erinnern. Ich hatte auch das Gefühl, ihn irgendwoher zu kennen, wusste aber nicht, woher.

»Ach, wunderbar. Mein Name ist Pius Klaus. Gerne aber einfach Pius. Wir hatten uns vor einiger Zeit mal getroffen, aber nur kurz. Vielleicht erinnern Sie sich? Man sieht sich bekanntlich ja immer zweimal.« Er lachte liebenswert. »Ich komme heute im Auftrag von Severin Westphal«, erklärte er, und ich hob erstaunt die Augenbrauen.

»Er berichtete mir davon, dass es hier ein Klavier gibt, welches darauf wartet, wieder eingesetzt zu werden?«, erklärte er mit fragendem Unterton, und ich staunte erneut. Pius, dieser Name war selten. Jetzt wusste ich auch wieder, woher mir der Mann bekannt vorkam. Es war der Klavierstimmer, den ich vor einiger Zeit kennengelernt hatte.

»Da bin ich aber perplex! Wow! Das ist richtig«, antwortete ich und deutete vage in Richtung des Eingangs. »Es steht in unserer Pension. Wollen Sie einmal mitkommen?« Ich war ernsthaft überrascht. Wie war Severin darauf gekommen, das Klavier stimmen zu lassen? Wenn das die versprochene Überraschung war, war diese ihm wahrlich gelungen.

»Aber selbstverständlich gerne.« Er lächelte freundlich und folgte mir in die Pension. »Severin hat mir verraten, dass es eine Überraschung für die Seniorchefin sein soll. Sicherheitshalber soll ich fragen, ob sie gerade im Hause ist.«

»Das ist wirklich ein lieber Gedanke. Und es passt. Sie ist tatsächlich unterwegs.« Heide hatte meine Mutter zu einem Mittagessen eingeladen und in ein Restaurant in Munkmarsch entführt.

»Na wunderbar!« Der Mann hob eine Hand und lachte.

Thalea grinste und war offensichtlich ebenso verwundert über diesen unverhofften Besuch. Sie blieb in der Hütte und schmückte weiter.

»Bis gleich«, rief ich ihr zu, und sie winkte.

»Was für eine zauberhafte kleine Pension«, sagte Pius anerkennend, als wir den Eingangsbereich betraten. »Davon hatten Sie bei unserem ersten Treffen gar nichts erzählt. Da sprachen Sie nur von dem Laden nebenan. Der würde meine Frau und meine Tochter begeistern. Die schicke ich unbedingt mal vorbei.«

»Danke. Es freut mich, dass es Ihnen bei uns gefällt.« Wir hatten inzwischen den Frühstücksraum erreicht, in dem auch das Klavier stand. Mit einer einladenden Geste öffnete ich den Deckel.

»Ein schönes Stück. Wie schade, dass es nicht mehr genutzt wird. Aber vielleicht ändert sich das mit dem Stimmen ja wieder«, stellte Pius fest.

»Es ist superschade, absolut. Mein Vater war der Pianist im Haus. Meine Mutter liebte es, wenn er gespielt hat. Seit seinem Tod ist es jedoch verstummt und mittlerweile eben leider völlig verstimmt. Es ist nur noch ein Erinnerungsstück.«

»Das wird nun geändert«, freute er sich. »Spielen Sie selbst?«

»Oh, nein. Leider nicht. Ich bereue es sehr, dass ich als Kind meinen Sturkopf durchgesetzt und mich dem Klavierunterricht verweigert habe.« Ich zuckte die Achseln. »Mein Vater hätte das sehr begrüßt. Aber ich sah keinen Sinn darin und war viel zu ungeduldig.«

Pius lachte. »Man kann so was auch nicht erzwingen«, erklärte er. »Es muss Freude machen, und wenn es eher eine nervige Last ist, dann muss man gar nicht erst damit beginnen. Das haben Sie damals vollkommen richtig gemacht. Vielleicht fangen Sie ja noch damit an, wenn es erst mal wieder angenehme Töne produziert.« Ein leises Lachen erklang.

»Ich wünschte, meine Zeit ließe es zu. Aber ich fürchte, diesmal würde es trotz aller Motivation nun daran scheitern.« Ich hob die Handflächen.

Er beugte sich ein wenig zu mir und raunte mir etwas zu.

»Herr Westphal hat mir demonstriert, wie gut er das Klavierspielen beherrscht. Sollten Sie also testen wollen, ob das Stimmen am Ende erfolgreich war, rate ich Ihnen, Herrn Westphal darauf anzusprechen. Er sagte, er sei sowieso regelmäßig hier.«

Ich spürte, wie eine hauchzarte Röte über mein Gesicht zog. »Wirklich? Mensch, das ist eine Neuigkeit für mich. Danke für den Tipp.«

»Aber gerne doch! Was sagen Sie, soll ich direkt loslegen?«

»Ja, wenn Sie jetzt so viel Zeit haben. Brauchen Sie noch etwas? Darf ich Ihnen einen Tee oder ein Glas Wasser bringen?«, fragte ich den Besuch freudig überrascht.

»Eine Tasse Tee wäre großartig und dann brauche ich ehrlich gesagt einfach nur ein wenig Ruhe und Zeit mit dem Schmuckstück, damit wir uns vertraut machen können.« Er zwinkerte mir schmunzelnd zu, und ich sah die Freude an seinem Handwerk und die Liebe zur Musik in diesem Blick.

Als ich mit dem duftenden Wintertee zurückkehrte, war Pius bereits in seine Arbeit vertieft. Dabei hantierte er mit einer Art Hämmerchen und einem Schraubenschlüssel und machte einen konzentrierten Gesichtsausdruck. Schon die wenigen Töne, die ich hörte, zauberten Erinnerungen.

»Es könnte sein, dass es jetzt, wo das Klavier länger nicht gestimmt wurde, mit nur einer Stimmung nicht getan ist. Dann muss ich noch mal vorbeischauen«, riss mich Pius' Stimme aus meinen Gedanken. »Aber fürs Erste kriegen wir das Prachtstück wieder weihnachtlich fit, damit Sie tüchtig Weihnachtslieder an Heiligabend darauf spielen können.« Er lachte. »Ach, entschuldigen Sie. Wenn Sie jemanden finden, der es kann.«

»Ich weiß ja jetzt, wen ich fragen kann, ob er für uns ein ›O du fröhliche‹ anstimmt.« Ich lächelte. Vor meinem inneren Auge sah ich Severins starke Finger über die Tasten gleiten. Rasch schüttelte ich die Vorstellung ab und sagte stattdessen: »Dann überlasse ich Sie jetzt mal in Ruhe den Saiten. Wenn Sie mich brauchen oder wenn Sie fertig sind, finden Sie mich draußen an der Hütte.« Als Antwort bekam ich nur ein konzentriertes Lächeln und ein Nicken und machte mich aus dem Staub.

Gut eine Stunde später klopfte Pius wieder vorsichtig an den Marktstand. Wir hatten inzwischen bereits die ersten Produkte eingeräumt und ausgezeichnet.

»So, ich wäre dann so weit!«, verkündete Pius. Gerade zückte ich mein Portemonnaie, als er abwinkte. »Das hat Severin schon alles übernommen. Ich wünsche Ihnen nun ganz viel Freude damit. Und wenn's doch nicht so perfekt klingt, dann rufen Sie mich an.« Er zog eine Visitenkarte aus seiner Brusttasche, und ich nahm sie dankbar entgegen. Im Gegenzug reichte ich ihm eine von unserem Lädchen und griff außerdem nach einem kleinen handgefertigten Kerzenhalter, den ich extra schon als kleinen Dank verpackt hatte.

»Für Ihre Frau.«

»Oh, herzlichen Dank. Da wird sie sich freuen. Dann kommt sie sicher bald selbst auch einmal vorbei.«

»Ich habe zu danken. Ich freue mich so sehr, dass das Klavier wieder gut klingt. Das wird für meine Mutter eine wundervolle Überraschung zu Weihnachten«, überlegte ich.

»Dafür ist so ein Fest da«, stellte Pius fest, hob die Hand zum Gruß und stapfte mit seinem Köfferchen vom Hof.

Ich würde Severin auf jeden Fall fragen, ob er uns ein Weihnachtsständchen geben würde, damit wir meiner Mutter zeigen konnten, dass dem Klavier wieder Leben eingehaucht worden war.

Als ich mich gerade wieder der Arbeit in der Hütte zuwenden

wollte, bog Severins Auto auf den Parkplatz der Pension. Mit einem breiten Grinsen auf den Lippen stieg er aus.

»Überraschung gelungen?«, fragte er in die Hütte hinein.

»Und wie! Woher wusstest du das?«

»Ich habe mich gestern spontan an den Flügel im Hotel gesetzt und zu spielen begonnen. Da kam die Dame vom Empfang zu mir und fragte, ob ich der Klavierstimmer sei. Es passiere nicht so oft, dass sich jemand traute, einfach zu spielen, und da gerade erst jemand nach dem Stimmer gefragt hatte ...« Er lachte. »Deine Mutter hat mir mal erzählt, dass ihr Mann ein begnadeter Klavierspieler war, und irgendwie wusste ich, dass du es gewesen warst, die diese Frage gestellt hatte. Da habe ich gedacht, ich ergreife die Initiative.«

Ich trat auf ihn zu und hauchte ihm einen Kuss auf die Wange. »Du bist toll. Danke! Und steckt Heide mit dir unter einer Decke?« Die Hände in die Hüften gestemmt, schaute ich ihn mit schief gelegtem Kopf an.

»Möglich.« Er grinste. »Mit der alten Dame kannst du Pferde stehlen. Das war mir von Anfang an klar.«

»Ihr Lieben. Tausend Dank!« Ich umarmte ihn. »Und das«, ich drehte mich in Richtung meiner Freundin, »ist Thalea. Thalea, das ist Severin.«

Thalea nickte. »Schön, dich kennenzulernen, und wenn du schon mal hier bist, könntest du mir eben helfen, den großen Stern anzuschließen? Dann kann ich mir nämlich die Leiter sparen.« Sie grinste einnehmend und ließ mit ihrer unkomplizierten, direkten Art erst gar keine Zeit für irgendwelche Befangenheit oder Zurückhaltung. Severin kam ihrer Aufforderung, ohne zu zögern, nach, und wenig später schaltete Thalea feierlich den golden leuchtenden Stern in der Hütte an. Der Anblick war so gemütlich und festlich, dass ich mir wünschte, der Markt würde heute bereits beginnen.

»Ach, das ist klasse. Danke dir. Meinst du, wir können noch den Tresen aufbauen, der direkt vorm Laden stehen soll? Wir haben da immer unter dem überstehenden Reetdach so eine kleine Theke, an die sich die Besucher stellen können mit ihren Bechern und Tellern. So direkt am Haus ist es gemütlicher, als wenn wir hier Stehtische auf dem Platz verteilen.«

»Na klar. Wo sind die Sachen dafür?« Severin rieb sich motiviert die Hände.

»Seid ihr mir böse, wenn ich einen Moment reingehe? Mir ist so bitterkalt. Ich muss mich kurz aufwärmen«, erklärte Thalea, und ich scheuchte sie in die Teeecke, wo bereits der Kachelofen bollerte.

Währenddessen zeigte ich Severin, wo wir alles lagerten, schleppte die Einzelteile mit ihm gemeinsam nach vorne, ordnete die einzelnen Tische nebeneinander an, und in kürzester Zeit war eine schöne Wintertheke entstanden, die wir ebenfalls noch mit einer Tannengirlande und Lichtern verzierten.

»Ich rieche schon den Duft nach Bratapfel-Punsch und Glühwein«, schwärmte ich und schloss genießerisch die Augen. Severin stellte sich hinter mich und legte die Arme um mich. Ich schloss die Augen, atmete seinen männlichen Duft und genoss seine Größe und die Wärme, mit der er mich umschloss. Dankbar lehnte ich meinen Kopf an seine Brust.

»Bist du aufgeregt?«, fragte er.

»Das nicht unbedingt. Eher gespannt, wie es in diesem Jahr sein wird. Es ist jedes Jahr anders und doch ein Ritual, in das wir gewisse Hoffnungen stecken.«

»Total schön, dass ihr so was macht und aufrecht erhaltet.« Er drehte mich sanft, und wir schauten uns in die Augen.

»Wie geht es denn bei dir weiter? Hast du dir überlegt, deinen Vater anzusprechen?« Severin nickte, und ich spürte, wie Anspannung durch seinen Körper zog. »Du bist aufgeregt, hab ich recht?«

»Sehr!«

»Hilft es dir, wenn ich dabei bin?«

»Es hilft mir sehr, dass ich weiß, dass du für mich da bist. Den Weg zu ihm muss ich allein gehen. Ich suche nur noch nach dem richtigen Zeitpunkt.«

»Den wird es nicht geben, Severin. Ich habe so lange darauf gewartet, bis ich ihn für immer verpasst habe«, sagte ich, und im selben Moment tat es mir leid. »Entschuldige. Das kam jetzt völlig falsch rüber. Ich meine nur ...«

»Du hast vollkommen recht. Darauf zu warten ist eine feige Ausrede.«

»So will ich das nicht sagen«, stammelte ich, aber da nahm mich Severin bereits fest in den Arm und drückte mich an sich. »Danke, Clara.«

»Es ist einfach so, dass ich oft denke, mein Leben wäre so viel leichter, wenn ich rechtzeitig mit meinem Vater offen über meine Träume und Vorstellungen gesprochen hätte. Bei uns ging es um ganz andere Themen, aber am Ende doch um Lebensziele, die nur miteinander erreicht werden können. Und das sehe ich auch bei euch. Bei dir und deinem Vater.«

Severin sagte nichts, ich spürte nur an einer zarten Bewegung seines Brustkorbes, wie er nickte, und fast konnte ich es in seinem Kopf arbeiten hören, während sein Herzschlag dagegen anraste.

»Du bist jedenfalls nicht allein, und ich bin für dich da, wenn du mich brauchst. Es ist mir wichtig, dass du das weißt.«

»Danke, Clara. Das bedeutet mir sehr viel.«

»Überraschung«, ertönte es da von der Haustür.

»Noch eine?«, entschlüpfte es mir, und wir mussten lachen.

Thalea stand mit einem Tablett in den Händen im warmen Licht der Tür. Darauf drei Becher, die verführerisch dampften.

»Für jeden ein Pharisäer zum Aufwärmen. So viel Zeit muss sein«, erklärte sie.

21

Voller Tatendrang sprang ich aus dem Bett, machte mich fertig, packte mich dick in meine Winterklamotten ein und griff schon nach der Leine, um mit Paul die erste Runde zu gehen, da entdeckte ich jemanden vor dem Haus. Bei genauerem Hinsehen erkannte ich Severin, der mit einem kleinen Tritt etwas an unserer Hütte befestigte.

Ich öffnete die Tür. »Moin! Bist du etwa schon wieder fleißig?«

»Moin, Clara. Ja. Gerade wollte ich zu einem kleinen Spaziergang ans Watt aufbrechen, da ist mir aufgefallen, dass ein Teil der Lichterkette vor dem Fenster herumbaumelt. Das kann ja so nicht bleiben«, erkannte er und grinste. Mit wenigen Handgriffen hatte er die Kette wieder befestigt.

»Danke, das ist lieb von dir. Vielleicht hast du Lust, und wir gehen unsere erste Hunderunde gemeinsam?«

Severin trat wieder auf den Boden. »Sehr gerne. Ich bin dabei. Ich stelle den Hocker wieder in die Hütte, dann bin ich startklar.«

»Hast du gut geschlafen?«, erkundigte sich Severin, als wir nebeneinander herschlenderten.

»Hervorragend. Ich war so unfassbar müde. Ich habe geschlafen wie ein Stein. Und du? Wie war deine Nacht?«

»Weniger erholsam. Ich habe viel gegrübelt, bin das Treffen mit meinem Vater in Gedanken durchgegangen, hab dann geträumt, dass meine Familie mit mir bricht und auch mein Vater nichts mit mir zu tun haben will.« Er winkte ab. »Es war eine grausige Nacht.«

»Das tut mir leid. Aber diese Unruhe und all diese Grübelei ist doch eigentlich die Antwort auf die Frage, was du tun musst, oder?«

»Du meinst, ich werde nicht eher Ruhe finden, bis ich mit meinem Vater gesprochen und die Karten auf den Tisch gelegt habe?«

»Ich denke tatsächlich schon, ja.«

»Du hast wahrscheinlich recht.«

»Wenn ich dich zum Hotel begleiten soll, komme ich gerne mit. Natürlich halte ich mich dann mit Paul im Hintergrund. Aber für den Weg hin und zurück hilft es manchmal, wenn man einfach eine Hand halten oder sich in den Arm nehmen kann«, bot ich an, und Severin legte liebevoll den Arm um meine Schultern.

»Vielleicht komme ich darauf zurück. Aber ich versuche erst einmal, einen Termin für ein Gespräch zu vereinbaren. Dann habe ich diesen Schritt wenigstens schon mal geschafft.«

»Und wenn du einfach zu ihm fährst? Ganz ohne Termin?«

»Hmm ...« Unsicher zuckte er die Schultern, und ich beließ es dabei. Einige Momente hingen wir beide unseren Gedanken nach und liefen schweigend weiter. Ich hatte die Hoffnung, dass uns gleich ein schöner Sonnenaufgang Mut und Energie für all die Schritte schenken würde, die vielleicht bald vor uns lagen.

»Wir haben Glück. Weil wir beide so früh unterwegs sind und das Wetter, bis auf ein paar Schäfchenwolken, klar ist, könnte das ein schöner Sonnenaufgang werden.«

Severins Arm um meine Schultern gelegt, schlenderten wir über den Holzsteg, der durch Schilfgras hindurch in Richtung Watt führte. Es herrschte eine malerische Morgenstimmung in dieser nahezu komplett stillen Umgebung, weshalb unsere

Schritte und das Tapsen von Paul zu hören waren. Einige Vögel schreckten wir auf dem Weg ans Wasser auf. Am Ende des Steges angekommen, rollte das Meer in sanften Wellen an den flachen Sandstrand. Es war gerade Flut. Paul machte einen Satz in das kalte Nass und scheuchte einen großen Vogelschwarm auf, der nun in einer flatternden Formation über unsere Köpfe hinweg in Richtung Land flog. Wir verfolgten die Tiere mit unseren Blicken, bis sie sich, ein paar Hundert Meter entfernt, auf einer kargen Winterwiese niederließen.

Ich ließ meinen Blick wieder auf das Meer schweifen. Einige fluffige Wölkchen schienen am Horizont auf dem Wasser zu schwimmen, wo allmählich ein zart orange-rosafarbener Schimmer verriet, dass die Sonne sich auf ihren großen Auftritt vorbereitete. Ich lehnte meinen Kopf an Severins Schulter und genoss die Wärme seines Armes um meinen Körper herum. Ein stetiger, eisiger Wind wehte um uns und bewegte das Schilfgras neben uns in sanftem Wogen. Man konnte sogar das Rauschen der einzelnen Halme hören, durch die der Luftzug ging, so leise war die Umgebung sonst. Wir konnten der Sonne beim Steigen zuschauen, und mit jeder Minute veränderte sich das Bild, welches sich uns am Horizont bot.

Der glühend rote Feuerball verwandelte die Wolken in orangefarbene Wattebäusche, während der Himmel in einer Palette aus pastelligen Farben erstrahlte.

Inmitten dieser romantischen Kulisse spürte ich Severins zärtlichen Kuss auf meinem Haar. Ich trug statt einer wärmenden Mütze nur ein Stirnband, und seine Berührung schickte Tausende kleiner Glücksblitze über meine Haut. Ich fühlte mich an seiner Seite so wohl und geborgen, wie ich mich lange nicht mehr gefühlt hatte, und merkte erst jetzt, wie sehr ich es vermisst hatte.

»Es ist so schön hier mit dir, Clara«, raunte Severin mir zu, und ich nickte. Dann drehte ich mich sanft aus seiner Umarmung, blickte ihm in seine klarblauen Augen. Der Kuss, in den wir kurz darauf versanken, fühlte sich an wie aus einer Filmszene. Zwei Menschen mit flatterndem Herzen, die Haare vom Wind zerzaust, Hände, die gegenseitige wärmende Nähe suchten.

Zurück an der Pension machten wir uns direkt wieder an die Arbeit. Es galt heute, alles fertig zu bekommen und für das bevorstehende Wochenende bereit zu sein. Mit Thalea hatte ich abgemacht, dass sie heute ausschlafen sollte und ich mit Severin zusammen beginnen würde, bis sie zu uns stieß.

Zwischen den Arbeiten in der Pension, vielen Kunden im Laden und den Vorbereitungen für den Markt verging der Vormittag wie im Flug.

Als wir gerade zu einem Mittagssnack zusammensaßen und uns eine kleine Pause gönnten, klingelte Severins Handy. Er nahm das Telefonat an und entschuldigte sich mit einem Winken ins Teezimmer. Als hätte meine Mutter gespürt, dass ich Gesellschaft gebrauchen könnte, kam auch sie in diesem Moment herein, um ihre Mittagspause zu machen.

»Liebes, heute ist die Hölle los bei mir im Schönerlei – verrückt, oder?«, freute sich meine Mutter und ließ sich auf einen Stuhl fallen, der hinter unserem Empfangstresen stand.

»Das ist doch prima, Mama. Dass hier mittlerweile alle unsere Stammgäste angereist sind, tut der Pension auch so richtig gut, und es kommt mir wirklich vor wie zu den besten Zeiten.«

Meine Mutter faltete symbolisch die Hände und schaute nach oben.

»Papa würde sich so freuen«, sagte sie. Wir saßen hinter dem Empfang, und ich strich über den Griff der kleinen abschließbaren Schublade.

»Mama, ich habe so viel nachgedacht in den letzten Tagen. Ich glaube, ich bin bereit, endlich wieder einmal einen Blick in unsere Geheimniskramlade zu werfen. Wie siehst du das?«

Erstaunt hob sie die Augenbrauen. »Oh, ja. Also, ich staune, aber klar. Warum nicht? Wenn es sich für dich richtig anfühlt, bin ich dabei. Wenn du das willst, selbstverständlich nur. Es war *eure* gemeinsame Herzensangelegenheit. Ich will mich da nicht dazwischendrängen und respektiere es, wenn du ganz für dich sein willst dabei.«

»Ich wünsche mir, dass du dabei bist, Mamilein. Ich sag dir Bescheid, wenn ich den richtigen Moment gefunden habe.« Ich stand auf, umarmte meine Mutter und drückte sie einmal fest.

Aus dem Augenwinkel sah ich, dass Severin wieder zu uns stieß, das Handy noch immer in der Hand. Dazu ein Grinsen im Gesicht.

»Gerade hatte ich einen Anruf, der möglicherweise einiges in meinem Leben verändern wird«, sagte Severin. »Ich werde wohl bald meinen leiblichen Vater treffen.« Kurz erzählte Severin uns vom Telefonat mit seiner Schwester. Meine Mutter hatte ich bereits in seine verzwickten Familienverhältnisse eingeweiht. Severin und Sabrina hatten sich jetzt mit Falk Asmussen verabredet. Offiziell ging es um die Erstellung einer Jubiläumszeitung, zu der Severin Material beigesteuert hatte. In diesem Zuge wollte Severin das Geheimnis lüften.

Meine Mutter umarmte Severin kurzerhand. »Ich wünsche dir von Herzen nur das Beste für dieses Gespräch, mein Lieber. Du machst das Richtige«, sprach sie Severin Mut zu.

»Deine Tochter hat mich überzeugt, dass ich hier meinem Bauchgefühl folgen und den Kontakt suchen sollte. Das Leben ist schließlich endlich, und die Chancen, unausgesprochene Wahrheiten aufzuklären, die sollte man nie ungenutzt verstreichen lassen.«

»Und deshalb denke ich auch, ich bin so weit, die Schublade zu öffnen«, sagte ich leise und spürte dabei die Energie, die dieser Gedanke auslöste. Severin hatte mir dabei geholfen, an diesen Punkt zu gelangen, und das fühlte sich an, als schließe sich ein Lebenskreis, von dem ich lange nicht gedacht hatte, ihn vollenden zu können. Mein Blick ging zu Severin, der jetzt mit Paul spielte.

»Lass uns den Wintermarkt über die Bühne bringen und dann in Ruhe zusammen einen Blick in unsere Schublade werfen«, schlug ich vor, und meine Mutter nickte.

»Ich kann es einerseits kaum erwarten und andererseits fühlt dieser Gedanke sich auch beängstigend an. Aber gemeinsam schaffen wir das, mein Kind.«

22

»Clara, ich bin verdammt aufgeregt«, gab Severin zu, als wir am Morgen des Wintermarktes telefonierten, und ich hörte ein Zittern in seiner Stimme. Heute Vormittag würde er sich mit seinem leiblichen Vater treffen.

»Das verstehe ich gut. Aber du kannst nichts verlieren. Im Prinzip kannst du nur gewinnen. Und du gibst einem Menschen die Chance, seinen Sohn kennenzulernen. Ich finde, das ist ein wunderschöner Gedanke. Wie auch immer es dann weitergehen wird. Dein Vater kann es selbst entscheiden, und das allein ist es wert, diesen Schritt zu gehen.«

»Danke, Clara, dass du mir Mut zusprichst. Das hilft mir sehr. Ich drehe jetzt eine große Runde am Strand, frühstücke, treffe mich mit Sabrina und Falk, um mit ihnen zu reden, und dann hoffe ich, dass ich ihn abpassen kann. Später habe ich direkt noch einen Termin. Also falls ich mich erst kurz vorm Wintermarkt wieder bei dir melde oder direkt bei euch vorbeischaue, wundere dich bitte nicht.«

»Alles klar. Mach dir keinen Stress. Es ist ja alles vorbereitet, und Thalea und ich haben alles im Griff. Ich denke auf jeden Fall sehr an dich und drücke die Daumen. Und wenn du, warum auch immer, eine große Umarmung brauchst, dann ruf mich an, und ich komme vorbei.«

Severin lachte. »Das ist gut zu wissen. Aber du hast heute genug um die Ohren mit deinem Markt. Und ich bin rechtzeitig da, um zu helfen, wo noch Not am Mann ist«, versprach er. »Egal, was hier passiert.«

»Danke, Severin.«

Wenig später parkte meine Freundin ihren Foodtruck auf unserem Hof und bereitete ebenfalls alles vor, schloss ihre Geräte an den Strom an, verlegte ein Abwasserrohr zum nächsten Gully und versteckte alle Kabel so, dass niemand darüber fallen würde. Wir alle arbeiteten so Hand in Hand, dass wir uns um die Mittagszeit eine verdiente Pause gönnen konnten.

Thalea saß gerade in unserer gemütlichen Leseecke und genoss einen Tee, als mir die Idee kam, mit ihr eine Runde durch Kampen zu drehen. Ich hatte mir vorgenommen, ihr Maries kleinen Laden zu zeigen.

Wir machten uns zu Fuß auf den Weg nach Kampen und genossen die Zeit, in der wir uns einfach mal in Ruhe unterhalten konnten.

»Clara, mir geht es so gut hier. Sylt tut mir einfach gut.«

»Und mir tut es gut, dass du hier bist. Nicht nur dank deiner Hilfe beim Wintermarkt.«

»Das freut mich. Es fühlt sich hier immer wie ein zweites Zuhause an. Aber ich muss trotzdem gestehen, dass meine Rasselbande mir fehlt.«

»Das ist doch aber ein wunderbares Zeichen, oder meinst du nicht?«

»Doch, auf jeden Fall. Nur überlege ich immer, wie sich mein Wunsch nach Veränderung mit dem, etliches doch wie immer zu belassen, vereinbaren lässt. Ich will unbedingt wieder arbeiten, brauche eine Beschäftigung, die nicht nur aus Essen kochen und Haus in Ordnung halten besteht.«

»Das ist doch eine tolle Erkenntnis. Und weißt du was, vielleicht habe ich eine Idee«, erklärte ich geheimnisvoll. »Ich möchte dir jemanden vorstellen.«

»Echt? Aber hier vor Ort in einem Laden? Wie soll das gehen?«

»Lass dich überraschen. Wir besuchen sie genau jetzt!«

»Wie cool! Oh, jetzt bin ich total aufgeregt.« Sie schaute an sich herunter. »Jetzt sehe ich aber so wenig schick aus«, bemerkte sie.

»Ach, hör auf. Erst einmal stimmt das nicht. Und zweitens kommt es Marie bei einer Unterstützung in der Buchhaltung nicht darauf an, dass du den zum Lippenstift passenden Nagellack trägst.«

Thalea atmete gespielt theatralisch auf.

»Und Marie ist ein so lieber Mensch. Das wirst du gleich selbst feststellen.«

Als wir den Laden betraten, nickte Marie uns nur kurz zu, während sie eine Kundin fertig bediente und verabschiedete. Dann erst kam sie zu uns.

»Moin«, sagte sie. »Clara, wie schön, dass du schon wieder hier bist.« An Thalea gewandt fuhr sie fort: »Hallo, ich bin Marie.«

»Hallo. Mein Name ist Thalea. Ich bin gerade zu Besuch bei Clara, und sie wollte mir deinen wunderschönen Laden zeigen.« Thalea schaute sich staunend um. »Und ich muss ihr recht geben. Ich fühle mich jetzt schon wohl. Alles sieht so zauberhaft aus.«

»Danke, das freut mich sehr. Seid ihr auf der Suche nach etwas Bestimmtem oder wollt ihr euch einfach mal umschauen?«

»Ich schaue mich sehr gerne einmal um.« Thalea blickte mich unsicher an, und ich verstand, dass sie eine Brücke dazu brauchte, auf den Job zu sprechen zu kommen.

»Marie, wir sind nicht nur wegen deiner außergewöhnlichen

Produkte hier«, setzte ich an. »Du hast mir neulich erzählt, dass du Unterstützung für deine Buchhaltung suchst?«

»Genau. Wieso? Weißt du jemanden?«, hakte sie nach.

»Möglicherweise wäre Thalea genau die Richtige für dich. Allerdings unter der Voraussetzung, dass sie die Arbeit auch vom Festland aus erledigen könnte.«

»Die Präsenz hier ist nicht zwingend erforderlich. Jedenfalls nicht dauerhaft. Ich könnte mir gut vorstellen, dass der oder diejenige von zu Hause arbeitet und man sich nur einmal im Quartal trifft, um alles Wichtige gemeinsam mit meinem Steuerberater zu besprechen und abzugleichen«, bestätigte Marie und schaute Thalea erwartungsvoll an, die den Zusatz der kleinen Einschränkung mit leuchtenden Augen wahrgenommen hatte, jetzt leicht errötete und lachte.

»Das wäre in der Tat mein Traumjob«, sagte Thalea. »Ich habe, bevor ich die Kinder bekommen habe, lange in der Buchhaltung gearbeitet, bin aber nun schon eine Weile nur noch Mutter und Hausfrau.«

»Was heißt nur noch? Ich ziehe den Hut davor. Kein Job ist schwieriger, als Kinder großzuziehen und vernünftige Menschen aus ihnen zu formen. Außerdem gibt es keine bessere Referenz. Man hat Kompetenzen in so vielen Bereichen: Zuverlässigkeit, Organisation, Gewissenhaftigkeit, Geduld, Multitasking ... Das könnte ich ewig fortführen.« Marie strahlte, und Thalea lächelte.

»Ja, im Optimalfall hat man in diesen Punkten ein gewisses Grundtalent, wenn man die Familie sicher durch den Alltag manövrieren will. Danke, dass du das anerkennst. Trotzdem brauche ich jetzt eine neue Aufgabe. Die Kinder werden immer älter, und ich fühle mich immer nutzloser. Ich muss wieder lernen, mich auch mal um mich selbst zu kümmern. Ich habe sogar die Reißleine gezogen und werde die Festtage einfach mal allein woanders verbringen.« Thalea lächelte unsicher und bekam einen nachdenklichen Gesichtsausdruck.

»Und ich profitiere davon, weil ich meine Freundin mal ganz für mich habe, was leider viel zu selten der Fall ist, und noch dazu grandiose Unterstützung beim Aufbau des Wintermarktes hatte.« Ich schenkte Thalea ein dankbares Lächeln und hoffte, dass mein unkomplizierter Umgang mit ihrer schweren Entscheidung auch ihr ein bisschen Leichtigkeit verschaffte. »Also, wie sieht es aus? Glaubt ihr, ihr passt zusammen?«

»Das klingt wunderbar, Clara. Ich schlage vor, wir machen mal ein Kaffee-Date aus und unterhalten uns beide ganz ausführlich und in aller Ruhe darüber, was ich erwarte, was du umsetzen kannst und wie wir zusammenkommen, Thalea, oder? Dann kannst du schauen, ob dir das, was hier an Arbeiten anfällt, zusagt, und wir lernen uns schon einmal besser kennen.«

»Danke, ich würde mich sehr freuen. Und das klingt absolut großartig«, antwortete meine Freundin, die einen ganz aufgeregten, euphorischen Glanz in den Augen hatte. Es fühlte sich gut an, hier zwei Menschen zueinandergebracht zu haben, die ich beide so gern hatte und die ich dem jeweils anderen uneingeschränkt als Partner ans Herz legen konnte. Nicht zuletzt freute ich mich über die Aussicht, meine Freundin bald häufiger hier auf Sylt zu begrüßen.

Thalea und Marie tauschten Rufnummern aus, und dann führte Marie uns noch durch ihren Laden und beriet uns besonders zu ihren Kosmetika. Als wir Marie wieder verließen, hatte Thalea eine kleine Auswahl an Besonderheiten eingekauft. Neben einer Kerze, die nach frischer Wäsche duftete, einem kleinen Stofftäschchen mit winterlichen Motiven und einem Mini-Adventsgesteck hatte sie außerdem einen neuen Lippenstift in ihrer Einkaufstüte, die sie voller Freude aus dem Laden trug.

»Liebes, was war das für ein toller kleiner Ausflug. Und ich bin so gespannt, was daraus wird, wenn ich Gelegenheit hatte, mit Marie über alles zu sprechen.«

»Genau so habe ich mir das vorgestellt«, sagte ich und strich meiner Freundin über den Rücken. »Manchmal sind es einfach diese persönlichen Kontakte, die am Ende zum perfekten Weg führen. Das wäre doch großartig.«

Thalea legte ihren Arm um meine Schultern und drückte mich für einige Sekunden an sich. »Ich bin dir so dankbar, Clara. Schön, dass es dich gibt.«

Kurz bevor der Wintermarkt eröffnet werden sollte, sah ich, wie Severins Wagen auf den Parkplatz der Pension fuhr. Doch bevor ich mir Sorgen machen konnte, dass das ein schlechtes Zeichen für sein Treffen mit der Familie war, bog ein weiteres Auto ab. Als die Frau am Steuer ausstieg, erkannte ich in ihr Sabrina Asmussen – Severins Halbschwester.

Mein Herz schlug ein wenig schneller, als die beiden auf das Haus zukamen.

»Hallo, Frau Hertz«, begrüßte mich Sabrina Asmussen. »So sieht man sich wieder. Mein Bruder Severin hat mir so viel von Ihrem kleinen Paradies hier erzählt, dass ich mich ihm kurzerhand noch einmal angeschlossen habe. Ich war das letzte Mal ja nur so kurz hier. Aber diesmal will ich mir den Laden ganz ausführlich anschauen und ein bisschen die Atmosphäre auf dem Wintermarkt genießen.«

Ich lächelte. »Wie schön, ich freue mich.« Mir war nicht entgangen, dass sie Severin ihren Bruder genannt hatte, und ein Hauch von Gänsehaut kribbelte über meinen Körper. Offenbar hatte er sich ihr bereits anvertraut. Dass sie mit ihm hier so entspannt auftrat, wertete ich als gutes Zeichen, und so fuhr ich fort:

»Und so wie es aussieht, liegen jetzt alle Karten auf dem Tisch. Wollen wir das blöde Sie dann nicht sein lassen? Ich bin Clara.«

»Liebend gern! Ich bin Sabrina. Aber noch eine Sache ist mir ganz besonders wichtig. Severin hat mir auch erzählt, dass es in der Vergangenheit einen gewissen Unmut von deiner Familie gegen unser Haus gab. Das will ich so nicht auf sich beruhen lassen. Ich möchte nicht, dass etwas zwischen uns steht, denn mir scheint, wir könnten in Zukunft etwas mehr miteinander zu tun haben als nur als Geschäftspartner. Um also etwaigen Groll oder Missverständnisse aus dem Weg zu räumen, möchte ich noch einmal das Gespräch suchen. Die Zusammenarbeit, die wir uns mit dem Schönerlei wünschen, soll auf Augenhöhe passieren. Um nichts in der Welt würde ich diesen zauberhaften Ort hier zerstören wollen. Tatsächlich war mein Interesse an eurem Laden zuallererst persönlich. Ich habe gehört, in eurem Laden finde ich alles, was ich zum Wohlfühlen brauche, und daran habe ich momentan großen Bedarf.« Sie strich sich über den Bauch.

»Ja, es gab in der Vergangenheit Missverständnisse und Ärger, aber mein Misstrauen war trotzdem nicht gerechtfertigt. Meine Aussprache mit Severin hat mich bereits davon überzeugt, dass wir – das Dünenwind und das Schönerlei beziehungsweise das Meerglück – das Gleiche wollen und dass die Zusammenarbeit nur von Vorteil sein kann. Sonst hätte ich mich auch nicht mit Herrn Scholz getroffen, mit dem ich einen sehr fruchtbaren und angenehmen Termin hatte. Ich freue mich trotzdem sehr, dass du dir extra die Mühe machst, um noch einmal mit mir darüber zu sprechen. Danke für dein Verständnis. Und natürlich alles Gute für diese aufregende Zeit. Ich freue mich, wenn unsere Produkte dir Freude bereiten und für zusätzliches Wohlfühlen sorgen.« Ich machte eine einladende Handbewegung in Richtung des Ladens. »Wenn ihr mögt, zeige ich euch unseren Laden heute noch einmal ausführlicher«, hörte ich mich sagen, und plötzlich war ich mir absolut sicher, dass die Familie Asmussen uns nichts Böses wollte, sondern es ernstes Interesse war, mit dem sie mir begegnete. Ich wusste jetzt, dass Severin es niemals zulassen würde, dass sie uns schadete, weshalb eine große innere Ruhe einsetzte, die von dem Gefühl begleitet wurde, dass sich nun alles so fügen würde, wie es sollte.

»Oh, ich würde mich riesig freuen. Aber bitte nur, wenn du gerade Zeit dafür hast. Startet nicht gleich der Wintermarkt?«, antwortete Sabrina Asmussen und strahlte.

»Ja, es kann bald losgehen. Aber es ist schon fast alles vorbereitet. Einzig die Getränke müssten noch alle in die Hütte gestellt werden.« Mein Blick ging Hilfe suchend zu Severin, der sofort verstand.

»Das kann ich doch erledigen. Ich trage alles rein und schalte alle Lichter an«, bot er an. »Es dämmert bald, und dann wirkt es wunderbar einladend.«

»Danke dir. Dann können wir eine kurze Runde drehen«, freute ich mich. Severin machte sich direkt an die Arbeit und verschwand in Richtung der Terrasse.

Sabrina Asmussen schaute sich um. »Ich möchte unbedingt auch deine Mutter begrüßen.«

»Meine Mutter ist im Laden. Lass uns doch rübergehen.« Zustimmend nickte sie, und wir traten ein.

»Frau Asmussen«, empfing meine Mutter unseren Gast sofort und ich versuchte, in ihrem Blick zu lesen. Ihr Lächeln erreichte nicht ganz ihre Augen, und ich sah Unsicherheit darin.

»Moin, Frau Hertz. Mein Bruder Severin hat mich mitgebracht. Es ist mir eine Herzensangelegenheit, dass wir das alles aus der Welt schaffen. Keiner von Ihnen soll den Eindruck haben, dass ich mich hier irgendwie einschleichen will. Ich möchte Ihnen persönlich sagen, wie sehr ich mich für das schäme, was damals passiert ist, und versichern, dass mein Mann und ich bei unserer Neuausrichtung andere Schwerpunkte gesetzt haben. Wir verstehen, dass dies hier nicht nur ein Geschäft, sondern Ihr Zuhause ist, das, woran Ihr Herzblut hängt und warum Sie es nicht aufgeben wollen.« Sie machte eine ausschweifende Handbewegung durch den Laden in Richtung Hof. »Das spricht für sich.«

Perplex schaute meine Mutter Sabrina Asmussen an und rang um Worte.

»Danke, Frau Asmussen«, sagte sie nur, und ich wusste, dass dahinter so viel mehr als ein Danke stand.

Ich sah in ihrem Blick, dass sie erfreut war über dieses herzliche Friedensangebot.

Sabrina Asmussen schritt durch den Laden und schaute mit leuchtenden Augen unsere Produkte an, bewunderte die Dekoration, die Gestaltung und das Zusammenspiel aus handgefertigten Waren und erlesenen Produkten.

»Sie haben so zauberhafte Sachen hier. Ob man ein Geschenk sucht, es sich selbst zu Hause ein wenig schöner gestalten will oder eine Erinnerung der Insel mit nach Hause nehmen möchte. Es scheint hier kein Wunsch offen zu bleiben. Traumhaft«, erklärte sie und drehte einen Kerzenständer aus Ton in den Händen, der eine schmeichelnd matte Oberfläche hatte, in die kleine Glitzerpartikel eingearbeitet waren. Passende selbst gezogene Kerzen und Raumdüfte mit winterlichen Namen wie *Kaminzimmer* oder *Tannenglanz* und *Zimtmagie* passten gut zu derlei Dekoration.

Frau Asmussen stellte sich einen ganzen Korb voll mit unseren Produkten zusammen, bezahlte und verstaute den Inhalt dann in ihrem Kofferraum.

»Willst du nicht zum Markt bleiben?«, bot ich an.

»Das ist eine sehr schöne Idee, aber ich muss mich erst einmal etwas hinlegen. Meine Beine sind ein wenig schwer. Ich muss für eine halbe Stunde aufs Sofa. Aber ich versuche, meinen Mann zu überreden, noch einmal wiederzukommen, wenn das in Ordnung ist«, erklärte sie und legte die Hand dabei auf den Bauch.

»Wir freuen uns«, hörte ich da meine Mutter sagen, und es klang aufrichtig, worüber ich innerlich aufatmete und bestätigend nickte.

»Dann vielleicht bis nachher und ganz herzlichen Dank. Liebe Grüße an Severin«, verabschiedete sich Sabrina Asmussen und ging zu ihrem Auto.

»Wie sich das Bild eines Menschen wandeln kann, oder?«, stellte ich fest, als wir der eleganten Frau hinterherschauten.

»Sie ist wirklich sehr sympathisch«, fand auch meine Mutter. »Und wie schön, dass sie offenbar so offen reagiert hat, dass Severin ihr Bruder ist, dass sie gleich seinem Tipp folgt, hier heute noch einmal vorbeizuschauen.« Kurz legte sie die Stirn in Falten. »Ich hatte heute wirklich kein bisschen mehr den Eindruck, dass Berechnung dahintersteckt. Ihre Begeisterung und ihre Worte zu Beginn, die wirkten authentisch auf mich.«

»Den Eindruck hatte ich auch.« Mir wurde ein wenig leichter ums Herz. Sie hatte uns echte Wertschätzung entgegengebracht.

»Ist Sabrina schon wieder gefahren?«, erkundigte sich Severin, als er jetzt in den Laden trat.

»Ja, sie musste die Beine hochlegen. Du wirst ja in absehbarer Zeit Onkel«, bemerkte ich, und Severin schmunzelte.

»So schnell und unerwartet geht das manchmal«, staunte er und hob die Handflächen. »Habt ihr euch gut verstanden?«, fragte er.

»Ja, sie war sehr freundlich. Wie mir schien, hat sie die Neuigkeit, dass sie einen Halbbruder hat, auch super weggesteckt, oder?«

Severin legte die Hand auf die Brust. »Ich bin so erleichtert. Es war ein sehr emotionales, aber wirklich gutes Gespräch. Die Geschichte mit meiner Mutter, die ist lange her und geschah weit vor der Familiengründung meines Vaters. Daher berührt es seine Familie nur dahingehend, dass wir alle es schade finden, dass wir uns erst jetzt kennenlernen und so viele Jahre nichts voneinander wussten. Da gibt es keine Vorwürfe der Untreue oder Ähnliches. Mein Vater hat keine Sekunde gezögert, mich in seine Arme zu ziehen. Er hat mir jedes Wort geglaubt und konnte sich noch gut an meine Mutter erinnern. Es war genau richtig, ihn zu suchen und ihm alles zu erzählen.«

Ich trat auf Severin zu und umarmte ihn ebenfalls. »Es freut mich so, so sehr für dich. Du darfst sehr stolz auf dich sein.«

»Danke dir! Auch für deine mutmachenden Worte vorher. Du hast mich großartig unterstützt.«

Ein Blick auf die Uhr verriet, dass wir allmählich unsere Posten im Verkaufsstand einnehmen mussten, um für unseren Wintermarkt startklar zu sein.

Ich staunte nicht schlecht, als Severin mich bat, einen Blick auf einen Bereich neben der Einfahrt zu unserem Haus zu werfen. Dort war eine weitere Überraschung aufgebaut. Ausreichend weit entfernt von unserem Reetdachhaus hatte er einen Feuerkorb installiert, über dem Kinder Stockbrot backen konnten. Sein Bekannter mit dem Welpen stand daneben und versprach, die gesamte Zeit über die Aufsicht zu haben.

Ich freute mich über diese tolle Idee, die für viele leuchtende Kinderaugen sorgen würde.

Schmunzeln musste ich, als Thalea ebenfalls aus dem Haus trat. Sie war kaum mehr zu sehen hinter einem großen Bauchladen voll mit verschiedensten Süßigkeiten. Bei näherem Hinsehen erkannte ich, dass diese alle aus der Bonbonmanufaktur in

Keitum stammten. Meinen erstaunten Blick quittierte Thalea mit einer Geste, mit der sie auf Severin deutete.

»Severin! Habe ich dir das auch zu verdanken?«, fragte ich. Dieser nickte.

»Wie stark! Tausend Dank! Das ist eine wundervolle Idee. So ist der Markt auch in diesem Jahr wieder etwas ganz Besonderes. Ich bin überglücklich!«

»Das freut mich sehr«, erklärte Severin und legte den Arm um mich. »Das wäre er so oder so. Aber dies soll mein kleiner Beitrag sein, ihn noch schöner zu machen.«

»Du bist ein Schatz.« Ich umarmte Severin und gab ihm einen zärtlichen Kuss.

Funkelnd begrüßte unsere Hütte am frühen Abend die Besucher, während sie außerdem eingehüllt wurden vom Duft frischer Crêpes neben Flammkuchen, Punsch und Kakao. Überall leuchteten kleine Lichter, und Stimmengewirr, vermischt mit weihnachtlichen Klängen, hallte über unseren Hof. Ich schaute in zufriedene Gesichter von Menschen, die die winterlich-weihnachtliche Atmosphäre dieses klaren Tages hier auf unserem Markt genossen. Die ersten Kinder reihten sich um das Stockbrot-Feuer, während Thalea durch die Reihen der Leute lief und sie mit köstlichen Süßigkeiten versorgte. Der Flammkuchen-Ofen bollerte auf Hochtouren, und es war eine so trubelig-entspannte Stimmung, dass ich mir wünschte, es wäre jeden Tag Wintermarkt.

Ich trat zu Heide, die es sich mit dicken Decken und Kissen in einem der Strandkörbe gemütlich gemacht hatte, und erkundigte mich nach ihrem Wohlbefinden. Ich hatte ihr für den Abend meine elektrische Wärmflasche ausgeliehen, damit sie sich rundum wohlfühlen konnte und sich nicht noch eine Erkältung einfing. Diese lag in ihrem Schoß.

»Liebes, es ist so zauberhaft. Nun darf Weihnachten kommen, findest du nicht auch?«, überlegte sie, und ich nickte.

»Ich kann es auch kaum erwarten, wenn ich das hier so sehe. Alle sind so glücklich, entspannt und lassen es sich gut gehen. Was für eine zauberhafte Stimmung.«

Auch Sabrina Asmussen war mit ihrem Mann Falk noch einmal vorbeigekommen. Er war ebenso begeistert.

»Ihr habt euch hier wirklich etwas ganz Besonderes aufgebaut. Meine Glückwünsche dazu. Die Leute wirken alle rundherum fröhlich. Es kommt richtige Vorweihnachtsstimmung auf. Das Ambiente passt, und die Herzlichkeit, mit der ihr eure Gäste empfangt, liegt in der Luft. Das ist einmalig. Und falls ihr jemals darüber nachdenkt, zu expandieren, lasst es mich gerne wissen. Herr Scholz hat mir von euren zauberhaften Ideen zur Individualisierung eurer Produkte erzählt. Uns im Hotel fehlt es für solche Dinge an allem – räumliche und zeitliche Kapazitäten, Ideen, Umsetzungsmöglichkeiten. Aber wenn ihr Lust hättet, eine Art Hotelshop bei uns zu integrieren, wo eure Produkte angeboten werden würden, lasst uns darüber gerne sprechen. Vielleicht ließe sich unter eurem Label eine Hotellinie entwerfen.« Er redete sich förmlich in Rage, schien dann aber zu bemerken, dass er mich ein wenig überrumpelt hatte.

»Oh, Himmel, jetzt mache ich schon wieder Druck. Tut mir leid, ich lerne aber auch wirklich nicht dazu.« Falk Asmussen schüttelte den Kopf. »Die Firmenphilosophie des Onkels meiner Frau, ein Imperium aufzubauen, koste es, was es wolle – im Zweifel auch die Individualität der Insel –, haben wir längst abgelegt. Wir sind heute auf einem ganz anderen Wege unterwegs. Wir wollen mit den Menschen auf der Insel gemeinsam etwas Schönes schaffen. Wollen dafür sorgen, dass die Insel in all ihren Facetten bestehen bleibt und für viele verschiedene Menschen mit unterschiedlichsten Vorstellungen ein Urlaubsziel bleiben kann. Das spüre ich immer klarer, seit ich vor Ort bin. Ich sehe in einer Kooperation die Chance, unseren Kunden die Augen zu öffnen für das, was Sylt neben Luxushotels, Austern und Champagner noch zu bieten hat, und euch damit die Möglichkeit zu geben, in unseren Gästen einen weiteren Kreis an Kunden zu gewinnen. Aber wie gesagt, das ist eine Idee, die mir hier gerade spontan entsteht, wenn ich dieses Ambiente genieße und ein engagiertes Team beobachte, das noch so viel mehr Erfolg verdient hat.«

Ich hatte seinem Plädoyer staunend gelauscht und mich daran erinnert gefühlt, was Severin uns anfangs vorgeschlagen hatte.

»Wir hatten ein ähnliches Gespräch vor einiger Zeit mit Severin«, setzte ich an. »Er schlug vor, dass man Räume in Hotels nach einer gemeinsam abgestimmten Leitlinie unseres Ladens und des jeweiligen Unternehmens ausstatten könnte. Die Idee finde ich noch immer super, und sie inkludiert vielleicht ganz ähnliche Ergänzungen, was Produkte für die Gäste angeht. Aber bei aller Träumerei müssen wir realistisch bleiben. Wir machen das alles hier als reine Zwei-Frauen-Show und haben einfach keine Kapazitäten für eine Erweiterung unseres Angebots dieser Art. Dieser Service für euren Gast, der ist ein Anfang, aber inwiefern wir das ausweiten können, wird sich erst zeigen. Wir können uns nicht nur auf den Laden konzentrieren, haben noch die Pension und diese verlangt uns viel ab.« Ich senkte den Blick und suchte nach Worten. »Nicht zuletzt, weil die große und starke Konkurrenz, wie die eures Hauses, uns kleinen Familienunternehmen das Leben nicht unbedingt leichter macht.«

Betreten nickte Sabrina, und auch Falk stimmte mir zu. »Das ist mir bewusst. Und vielleicht gibt es ja auch dafür eine Lösung. Ich will nicht übergriffig wirken, und du musst auch nicht sofort etwas dazu sagen. Aber ich meine diese Frage ganz ernst: Könntet ihr euch vorstellen, einen Teil des Hauses, sei es nur eine Wohnung, als ruhig gelegene Suite zu verpachten, sodass wir als Hotel hier eine Art Außen-Dependance eröffnen könnten? So wie die Wohnung, die wir derzeit für unseren Gast in Braderup gepachtet haben und die du für uns ausstattest. Ihr würdet von uns einen Pachtbetrag erhalten, während ihr weiterhin die Leitung der Pension verantwortet, sodass ihr nach wie vor die Schwerpunkte im Blick behaltet und alles in eurem Sinne bleibt. Während wir uns um die Auslastung der Zimmer und deren Pflege kümmern würden. Ob das Frühstück oder die restliche Verpflegung weiterhin in eurer Hand bleiben soll, würden wir euch überlassen und dann natürlich entsprechend vergüten. Ihr könntet euch dann voll und ganz dem Laden widmen.« Er machte eine Pause, in der wir ihn sprachlos anstarrten, bis er schließlich fortfuhr. »Für unsere Teams ist es ein Leichtes, hier noch weitere Räume zu reinigen oder die Wäsche abzuholen und neu anzuliefern. Die dauerhafte Vermietung der Wohnung an uns wäre für euch eine feste Einnahmequelle, denn ihr erhaltet die Pacht, auch wenn bei uns eine Buchungslücke entsteht. Das würde die Möglichkeiten einer Erweiterung des Ladens erhöhen. Das ist jetzt nur schnell ins Unreine gedacht.«

Sein Blick ging zu Severin, der ebenso perplex wirkte wie ich. »Außerdem haben wir noch eine Idee, die dich mit einschließen würde, Severin. Wir überlegen nämlich gerade, ob wir die Lücke, die Sabrina aufgrund der Elternzeit nun bald hinterlassen wird, mit dir ausfüllen könnten.« Er wendete sich Severin zu. »Du suchst nach etwas Neuem, und möglicherweise haben wir eine Idee für dich, die tatsächlich schon in mir gekeimt ist, als wir noch keine Ahnung hatten, wie sehr wir miteinander verbunden sind. Du hast Erfahrung als Geschäftsführer und speziell im Bereich des Einzelhandels. Wenn wir wirklich ein erfolgversprechendes

Konzept erarbeiten wollen, könnten wir deine Expertise gut gebrauchen.«

»Ja, also. Wow! Ich bin gerade ein wenig sprachlos, aber kann mir sehr gut vorstellen, dass wir hier einen Weg finden.«

»Das wäre ja fantastisch. Das müssen wir natürlich alles ganz in Ruhe besprechen. Aber ich konnte nicht anders, als euch allen das einmal zu erzählen. Jetzt sollten wir mit einem warmen Getränk auf die kommenden Feiertage anstoßen und uns all das in Ruhe durch den Kopf gehen lassen. Und im neuen Jahr machen wir dann einen Termin und besprechen alles noch genauer.«

Ich konnte nicht antworten, und auch meiner Mutter stand die Überraschung über diesen ganz neuen Gedanken ins Gesicht geschrieben. Also nickte ich nur und besorgte für jeden von uns ein Glas Punsch.

Nach dieser schönen und gleichzeitig aufwühlenden Begegnung widmete ich mich dem Rest des Abends und den sonstigen Gästen.

Der Abend war rundherum ein voller Erfolg. Alle fühlten sich wohl, und es gingen so viele Produkte über die Ladentheke, dass ich mich schon jetzt darauf freute, ganz viel Nachschub zu produzieren.

Ich wollte mich gleich in den nächsten Tagen daransetzen, damit wir bis Weihnachten alle Regale aufgefüllt hatten.

Auch für zwei weitere Schmuck-Workshops waren nun bereits die Listen mit Anmeldungen gefüllt. Die ausgestellten Schmuckstücke und der kleine Film von einem der letzten Workshops, der in Dauerschleife lief, schienen ihre Wirkung nicht verfehlt zu haben.

Familie Bieber hatte sich hervorragend mit Anka und Karl verstanden, die es genossen, die Ersatzgroßeltern für den kleinen Leo zu spielen. Ich vermutete, dass mein Plan der rundherum glücklichen Festtage damit für beide Familien in greifbare Nähe rückte.

Der Vorschlag von Falk Asmussen ging mir allerdings während all der Stunden nicht mehr aus dem Kopf und ließ meine Gedanken weiterwandern zur Geheimniskramlade, und ich freute mich mittlerweile richtig darauf, sie zu öffnen.

»Willst du eigentlich hier wieder einziehen oder im Hotel bleiben?«, fragte ich Severin, als er gerade im Begriff war, aufzubrechen. Dabei strich ich ihm sanft über den Arm, was ihn diese Berührung zärtlich erwidern ließ. Sein Kuss auf meiner Schläfe sorgte für warmes Prickeln unter meiner Haut.

»Wenn du wieder Platz für mich hast, ziehe ich gerne auch wieder zu euch«, gab er zu.

»Jederzeit. Dein Zimmer habe ich freigehalten«, gestand ich, und er strich mir über die Wange.

»Für heute mache ich mich aber erst mal noch mal auf den Weg zum Hotel. Ich bin von diesem Tag ziemlich erschlagen und fühle mich wie nach einer Achterbahnfahrt. Ich freue mich, wenn ich dir morgen früh wieder helfen kann, um den Rest hier aufzuräumen. Dann bin ich nach dem Aufstehen wieder hier.«

»Danke, Severin. Für alles heute Abend.«

Wir standen allein vor der Pension, meine Mutter war mit Paul schon vorgegangen. Severin legte die Hände auf meine Hüfte und zog mich sanft an sich. Ich schloss die Augen und spürte, ohne ihn zu sehen, dass er mir immer näher kam. Wir küssten uns, und dieser Kuss fühlte sich so unendlich schön und liebevoll an, dass mein Herz mir aus meiner Brust zu springen drohte. Die Welt um uns herum stand still, und es gab nur noch uns, unsere Berührung und diese Gefühle, die ich nie zuvor für einen Mann empfunden hatte. Als sich unsere Lippen trennten, fühlte es sich direkt wie ein kleines Vermissen an, und die Sehnsucht, ihm weiterhin nahe zu sein, war groß.

23

Mit einem seligen Lächeln auf den Lippen ging ich ins Haus und wurde dort von meiner Mutter empfangen, die mir eine weiche Decke um die Schultern legte.

»Du musst doch so durchgefroren sein, mein Schatz«, überlegte sie und strich mir über die Oberarme.

»Severin war bis zuletzt dabei und hat mir so toll geholfen. Und ganz nebenbei mein Herz gewärmt«, schwärmte ich und lachte. »Da fiel mir die Kälte gar nicht so auf.«

»Das ist so schön, Liebes. Ich freue mich sehr. Du wirktest heute Abend sehr zufrieden und gelöst. Es war eine große Freude, dich zu sehen. Euch zusammen. Und all die zufriedenen Gäste und Kunden. Papa wäre so stolz auf dich gewesen«, erkannte sie, und ihr Blick bekam etwas Weiches, Wehmütiges.

»Auf uns, Mama. Da bin ich mir sehr sicher. Aber ich muss zugeben, dass ich an Tagen wie diesem besonders intensiv an ihn denke, was mich auch oft traurig macht.«

»Wem sagst du das, mein Schatz«, sagte sie und nickte sachte. Dann schaute sie mich an. »Meinst du, du bist so weit? Oder heute nicht mehr nach diesem aufregenden Tag?« Sie deutete mit dem Kinn in Richtung unseres Empfangstresens.

Kurz blieb mein Blick an der Schublade hängen. »Ja, Mama. Ich denke schon. Und vielleicht ist gerade heute, nach diesen außergewöhnlichen Stunden, der perfekte Zeitpunkt«, überlegte ich. »Ich hole den Schlüssel.«

Im Haus war es ganz still. Alle Gäste waren auf ihren Zimmern, die meisten schliefen wohl bereits. Meine Mutter saß am Tresen und rieb sich nervös die Hände, als ich zurückkam. Ich legte eine Hand auf ihre Schulter und drückte sie sanft, während ich den Schlüssel in das alte Schloss steckte. Es hakte ein wenig, und ich ruckelte kurz am Schlüssel, damit er sich bewegen ließ. Das war schon immer so, und die Bewegung, die ihn löste, war noch so präsent, als hätte ich gestern erst hineingeschaut. Mit einem sanften Klacken öffnete sie sich und brachte die Zettel zum Vorschein, von denen ich, ohne sie gelesen zu haben, wusste, dass mein Vater sie geschrieben hatte. Meine Zettel waren immer mit kleinen Herzen dekoriert, seine ohne jede äußerliche Markierung. So unterschieden wir sie. Mein Herz stolperte für einen Moment, und ich atmete tief. An diesem Punkt war ich ein einziges Mal nach dem Tod meines Vaters gewesen, doch damals war es mir nur darum gegangen, etwas hineinzulegen. Heute wollte ich wissen, was er darin zurückgelassen hatte.

Mit zitternden Fingern griff ich erst nach einem Zettel, der Herzen trug. Es war meine letzte Sorge, die mich bis heute begleitete. Meiner Mutter las ich, stellvertretend für meinen Papa, meine Notiz laut vor.

Der Gedanke, die Pension erfolgreich weiterzuführen und dennoch glücklich zu sein, macht mir Angst.

Meine Mutter reagierte sichtlich gerührt und strich mir über den Rücken.

»Vielleicht hätte ich sie damals einfach verbrennen sollen, damit es sich leichter anfühlt. So blieb meine Sorge einfach all die Jahre bestehen«, erkannte ich.

»Nein, mein Schatz. Es gibt Sorgen, die lösen sich nicht einfach auf, nur weil man sie ins Universum schickt. Ich glaube daran, dass alles zum richtigen Zeitpunkt geschieht. Es sollte erst jetzt so weit sein, dass du hier wieder hineinschaust und all das noch mal vor Augen geführt bekommst«, behauptete sie.

»Früher habe ich Papas Sorgen so gut wie nie gelesen. Wir haben sie einfach verbrannt, jeder die Zettel des anderen, kannten jeweils nur unsere eigenen. Es sei denn, unsere Sorge bezog sich aufeinander. Dann lasen wir sie gemeinsam, sprachen über sie und konnten sie so manchmal direkt aus der Welt räumen. Ich glaube, dieses Mal ist es richtig, Papas letzte Zettel zu lesen. Ich glaube, er würde es wollen. Oder was meinst du?«

»Ich stehe voll hinter dir, und wenn ich ehrlich sein darf, interessiert es mich brennend, was mein lieber Mann hier als letzte Gedanken notiert hat«, gab auch meine Mutter zu.

Also holte ich tief Luft, nahm das Zettelchen zwischen die Finger und faltete es auseinander. Und dann las ich.

Ich habe Angst, dass meine Tochter aus Pflichtgefühl nicht ihren Träumen folgt, sondern sich an meinen festhält. Mein Traum muss nicht ihrer sein.

Ich presste ergriffen die Hand vor den Mund, und Tränen standen mir schlagartig in den Augen, so sehr berührten mich diese Worte. Mein Vater hatte mir hiermit meine größte Sorge genommen. All die Monate hatte die Antwort genau hier gelegen, ich hätte nur den Mut finden müssen, sie zu lesen. Es fühlte sich an, als rolle ein tonnenschwerer Felsbrocken von meinem Herzen.

Meine Mutter strich über das Papier, auf dem in so sorgfältiger und vertrauter Schrift notiert stand, was auch sie tief bewegte.

»Ich habe es immer gewusst«, sagte sie. »Er war ein Engel. Hätte nie etwas von uns verlangt. Aber dennoch fühlte es sich so an, als müssten wir hier alles für ihn so weiter aufrechterhalten, wie er es getan hat. Aber das war in uns, Liebes. Unsere eigene Vorgabe an uns selbst, vielleicht eine Art, mit unserer Trauer umzugehen, ihn nicht loszulassen und hierzubehalten. Aber wir müssen all das hier nicht konservieren. Wir dürfen es so gestalten, dass es in unser jetziges Leben passt. Sein Wunsch war es immer nur, dass wir glücklich sind.«

Ich nickte und griff abermals in die Schublade. Dort lag ein weiterer Zettel mit einem Herz darauf. Er war nur an einer Seite leicht verkohlt, jedoch nicht vollständig verbrannt. Ich erinnerte mich an ihn.

Ich habe Angst, dass ich nie wieder der großen Liebe begegne, stand darauf. Ich lächelte, faltete den Zettel und legte ihn noch einmal zu den anderen. Ich ertastete weitere Gegenstände. Da war ein Glückspfennig, der in einer von mir getöpferten kleinen Dose lag, ein Armband mit dem Namen meines Vaters, das ich ihm gebastelt hatte und das dem Schmuck ähnelte, den ich heute im Laden vertrieb, sowie unser hochoffizielles Regelwerk, das wir feierlich für unser Ritual aufgestellt hatten:

Sorgen werden verbrannt, damit es uns besser geht.
Wir schreiben alles auf, was uns traurig macht.
Geht es um uns? Lass uns drüber reden!

Heute wusste ich: Es war so wichtig, dass man miteinander sprach, solange man die Gelegenheit hatte. Diesen Zeitpunkt hatten mein Papa und ich verpasst, sonst hätte ich viel eher von seiner Haltung zur Pension erfahren. Denn weil seine Sorge mich betraf, hätten wir darüber geredet. Aber ich haderte nicht damit, sondern dachte an das, was meine Mutter gesagt hatte. Erst jetzt war der Zeitpunkt dafür gekommen.

Ich lag im Bett und sah vor meinem inneren Auge die Bilder, wie mein Vater und ich draußen eine kleine Feuerstelle errichteten, auf der wir unsere Sorgen verbrannten. Manchmal hatten wir uns bei dieser Gelegenheit gegenseitig erzählt, was uns am Tag geärgert hatte oder auch, was uns besonders gefreut hatte. Es hatte gutgetan, und er hatte mir damit gezeigt, wie wichtig es war, über die Dinge zu sprechen. Man hatte einmal alles ausgesprochen, was einem auf der Seele lag, und gleichzeitig auch immer noch mal vor Augen geführt, was schön gewesen war. Dies hatte mich im Rückblick oft dankbar gemacht für das manchmal nur winzig kleine Alltagsglück, das oft im Trubel in Vergessenheit geriet und unterging.

Der Tag heute hätte so viel parat gehabt, über das wir hätten reden können. Kleines und riesengroßes Alltagsglück.

Auch an meine Sorge, die den Flammen entkommen war, dachte ich. Die Angst, nie wieder der Liebe zu begegnen. Zum Glück konnte ich auch diese Sorge heute gedanklich auflösen, wenn ich an Severin dachte.

Ich fragte mich, was es zu bedeuten hatte, dass diese Verbindung zwischen Severin, uns und den Asmussens entstanden war. Ob es ein Zeichen war, dass wir uns genau zu diesem Zeitpunkt begegnet waren und dass wir uns versöhnt hatten und vielleicht sogar auf eine gemeinsame Zukunft voller Wertschätzung und Zusammenarbeit zusteuerten? Mir wurde ganz schwindelig bei dem Gedanken daran, was Falk uns angeboten hatte. Natürlich war ich noch vorsichtig und nicht sicher, ob ich damit mehr aus der Hand gab, als mir später lieb war. Jemand anders würde hier in unserem

Hause mitmischen. Das könnte vieles verändern. Aber nach dem heutigen Tag konnte ich es nicht mehr leugnen. Mein Herz schlug für den Laden und unsere Produkte, und ich wollte meinen Fokus darauf verstärken. Falks Vorschlag ließ uns jede Möglichkeit, das Arrangement wieder rückgängig zu machen. Wir gaben uns nicht auf, sondern nur einen Teil der Arbeit ab.

Als ich am nächsten Morgen am Strand ankam und Paul aus dem Auto ließ, rannte dieser zielstrebig direkt zum Übergang. Ich wollte mir nach dem aufwühlenden Tag gestern den Kopf frei pusten lassen und all das Besprochene noch einmal überdenken. Ich folgte dem kleinen Hund schnellen Schrittes bis zum Holzplateau, wo ich Severin entdeckte. Er stand am Holzgeländer, den Blick aufs Meer gerichtet, und wirkte ganz in Gedanken versunken.

»Moin«, sagte ich, als ich nah genug an ihn herangetreten war. Er zuckte kurz zusammen.

»Clara, hallo! Wie schön, dich hier zu treffen. Ich hatte gedacht, du arbeitest schon wieder. Sonst hätte ich dich gefragt, ob wir gemeinsam eine Runde drehen.«

»Müsste ich wahrscheinlich, ja. Aber ich brauchte ein wenig frische Luft – und Paul sowieso«, gab ich zu.

»Du denkst sicher über das Angebot der Asmussens nach, oder?«, erkannte Severin, und ich nickte.

»Du auch, hab ich recht?«

Severin lächelte. »Oh, ja.«

»Hättest du gedacht, dass unser Weg so aussehen könnte, als wir neulich beschlossen, gemeinsam danach zu suchen?«

Severin schüttelte den Kopf. »Das hätte ich nicht zu vermuten gewagt, muss ich gestehen.«

»Du hast an dem Abend mit den Polarlichtern gesagt, dass

man nach neuen Ideen greifen muss und am Ende die festhalten soll, die sich gut anfühlen.«

»Stimmt. Das hast du dir gemerkt. Und ja, vielleicht passt das gerade besonders gut.«

»Ja, mir geht es jedenfalls so. Ich horche nach meinem Bauchgefühl, und das, was Falk da formuliert hat, hat sich irgendwie beruhigend gut angefühlt. Verrückt, oder?«

»So geht es mir auch. Ich war ein wenig überrumpelt. Natürlich habe ich bei unseren Treffen auch über meinen Wunsch nach Veränderung gesprochen, aber mit solch einem Angebot hatte ich nun wirklich nicht gerechnet und schon gar nicht darauf abgezielt. Ich habe ein wenig Angst, dass sie sich verpflichtet fühlen oder es für einen schlechten Beigeschmack sorgt, wenn ich eine solche Stelle annehme.« Severin lachte leise.

»Nein, ich habe kein bisschen den Eindruck, dass dem so ist. Im Gegenteil.« Nachdenklich schauten wir beide aufs Meer. »Wollen wir ein paar Schritte gemeinsam gehen?«

»Gerne.«

Bis zur Wasserkante schwiegen wir, während Paul um uns herumtollte. »Und, wirst du das Angebot annehmen?« Interessiert schaute ich zu Severin hoch, dessen Blick übers Meer ging.

»Ich habe die ganze Nacht darüber nachgedacht. Natürlich schwanke ich zwischen der Überlegung, ob es sinnvoll ist, das Berufliche und das Familiäre miteinander zu verbinden – schon wieder. Wir kennen uns noch kaum, und mögliche Hürden wirken sich dann in so einer Konstellation doppelt schwierig aus. Aber mir geht es wie dir. Mein Bauchgefühl sagt, dass es richtig ist, diesem Weg eine Chance zu geben. Sabrina und Falk sind mir so sympathisch, und ich hatte den Eindruck, dass zwischen uns die Wellenlänge passt. Ich glaube, ich würde es bereuen, ihnen abzusagen.«

»Dann solltest du den Schritt gehen.« Mein Blick folgte einer Möwe, die sich vom Wind tragen ließ, immer mal ein paar Flügelschläge aufwandte, um auf derselben Stelle zu bleiben, und sich dann herabsinken ließ auf das Meer. Dort ließ sie sich treiben in den Schaumkronen der Wellen und wirkte dabei fast, als habe sie Freude daran und genieße es.

»Wie schätzt du denn ein, was er uns vorschlägt? Meinst du, so ein Plan könnte gewährleisten, dass wir weiterhin zufrieden unser kleines Unternehmen führen können, oder erfinden wir uns damit ein Stück weit neu?«

»Wäre das denn verkehrt?«, hakte Severin ein, und ich schaute ihn nachdenklich von der Seite an.

»Meinst du nicht?«

»Ich glaube nicht. Weil ihr mit der Zeit geht und dabei genau im Blick behaltet, wo eure Fähigkeiten und Ziele liegen. Die Idee von Falk könnte euch eine gewisse wirtschaftliche Stabilität garantieren und euch einen Großteil der wirklich körperlich schwierigen Arbeiten abnehmen. Beruhigter und mit voller Kraft könntet ihr euch dann eurem Schönerlei widmen und da möglicherweise noch viel mehr Ideen verwirklichen und Umsatz machen als bisher. Ich würde festlegen, dass eure lieben Stammkunden weiterhin zu genau denselben Bedingungen anreisen können und bei euch das vorfinden, was sie lieben und schätzen. Aber wen sollte es ernsthaft stören, wenn eine der Wohnungen als »Spezialangebot« über das Hotel läuft? Jeder eurer Gäste wird verstehen, dass euch das Sicherheit gibt und neue Möglichkeiten erschließt. Und wenn man so was vielleicht in den Verhandlungen noch daran koppelt, dass eure eigenen Gäste auch den Spa- oder Restaurant-Bereich des Hotels mit Gutscheinen nutzen dürfen oder so, könnte das doppelter Anreiz sein für sie, euch aus der Verpachtung keinen Vorwurf zu machen.«

»Gute Idee. Und ein wichtiger und richtiger Aspekt womöglich. Weißt du, was mir zusätzlich Mut macht? Ich habe gestern mit Mama die Schublade geöffnet und Papas letzte Sorge gelesen.«

»Ich bin sehr stolz auf dich, Clara. Ich weiß, was es dich für Überwindung gekostet hat«, sagte er und drückte mich an sich. »Hat es sich gelohnt?«

»Ja! Danke, Severin, dass du mich darin bestärkt hast. Er will, dass wir glücklich sind und unsere eigenen Träume leben, nicht seinen.« Eng umschlungen gingen wir weiter. »Ohne dich wäre ich diesen Schritt vielleicht längst noch nicht gegangen.«

»Da haben wir etwas gemeinsam. Wir waren uns gegenseitiger Halt. Verrückt, dass nun unser Weg möglicherweise auch ein Stück weit gemeinsam laufen darf, wenn wir ihn gehen wollen.«

Es war eine herrliche Stimmung hier am Wintermeer vor Kampen, zusammen mit dem Mann an meiner Seite, dessen Gegenwart mir so guttat und sich so wunderschön anfühlte. Ich verspürte eine große Dankbarkeit dafür, dass wir uns begegnet waren und nun hier, den Blick auf eine neue Perspektive gerichtet, nebeneinander am Strand entlangspazierten und uns gegenseitig Halt gaben und motivierten.

24

An Heiligabend duftete es in der ganzen Pension nach weihnachtlichen Besonderheiten wie unserem Wintertee oder dem Zimtgebäck, das ich in der Leseecke zum Tee aufgebaut hatte.

Dieser Tag war zugleich auch Severins Geburtstag, den wir ihm so schön wie möglich gestalten wollten.

Severin hatte am Vortag einen großen Weihnachtsbaum ins Haus getragen und im Frühstücksraum aufgestellt, einen weiteren hatte er vor dem Laden platziert. Gemeinsam mit Heide, Leo und meiner Mutter hatten wir den Baum im Frühstücksraum in roten und weißen Farben geschmückt. Neben den klassischen Motiven wie Zuckerstangen, Sternen und Glocken zierten ihn auch maritime Kugeln. Da gab es kleine glitzernde Anker, Anhänger mit der Insel-Silhouette oder Kugeln, die Schriftzüge wie *Rüm hart, klaar kimming*, Meerglück oder Schönerlei trugen.

Unser Baum gefiel mir in diesem Jahr besonders gut, und ich konnte es kaum erwarten, dass unser Essen geliefert werden würde und wir alle gemeinsam den gemütlichen Abend genießen könnten. Diejenigen, die wollten, konnten Geschenke für ihre Liebsten unter unseren Baum legen. Heide hatte bereits ein Geschenk für den kleinen Leo verpackt und drapiert. Auch unsere Gäste Agnes und Karl hatten mir erzählt, dass sie ein Spielzeug und ein Buch für den Jungen gekauft hatten und es mit unter den

Baum legten. Karl hatte sogar ein Weihnachtsmann-Kostüm besorgt, mit dem er Leo später große Augen und sprachloses Staunen entlocken würde. Ich war mir sicher, dass dieses Weihnachtsfest für den Kleinen unvergesslich werden würde, und verspürte Stolz auf unsere kleine, feine, aber umso herzlichere Runde im Meerglück.

Severin war wieder bei uns eingezogen und freute sich auch schon auf den Abend. Es würde ein Geburtstag sein, wie er ihn noch nicht erlebt hatte, umgeben von etlichen neuen Gesichtern, aber vor allem an der Seite seines leiblichen Vaters.

Die beiden hatten in der kurzen Zeit, in der sie sich nun kannten, eine herzliche und wertschätzende Beziehung aufgebaut, für die beide sehr dankbar schienen. Zwischenzeitlich hatten wir mit der Familie Asmussen, allen voran Falk, Gespräche geführt und uns auch beruflich einander angenähert.

Die Vorschläge von Falk Asmussen hatten wir übernommen und durch unsere Wünsche und Anmerkungen ergänzt. So legten wir auch großen Wert darauf, von Anfang an mit offenen Karten zu spielen. Wir sagten, dass wir auch für andere Unternehmen individuell produzieren wollten, sofern es unsere Kapazitäten zuließen. Besonders die Zusammenarbeit mit Herrn Gerdes und dem schönen Restaurant lag mir am Herzen. Mir kribbelte es bereits in den Fingern, wenn ich darüber nachdachte, dieses Konzept noch viel mehr Sylter Unternehmern anzubieten. Hier wollte mir Severin mit seiner Erfahrung zur Seite stehen.

Auch Heide hatte uns mit einer besonderen Idee überrascht.

»Und immer wieder habe ich daran gedacht, dass ich mein Geld einem Herzensprojekt widmen will und nicht meinen gierigen Nachkommen in den Rachen werfen. Da wäre mein Mann böse.« Sie lachte leise. Es war ein ruhiges Lachen, als schmunzele sie sich in Gedanken mit ihrem engsten Verbündeten, ihrem verstorbenen Mann, zu. Anschließend traf ein vielsagender Blick erst meine Mutter, dann mich. »Nur habe ich es hier ja mit zwar herzensguten, aber mindestens genauso sturen Frauen zu tun, wenn es darum geht, Hilfe anzunehmen. Ich weiß, dass ihr keinen Cent von mir hättet haben wollen, wenn ich euch mein Geld angeboten hätte. Ihr habt ja nicht einmal die gängigen Preiserhöhungen für mein Zimmer an mich berechnet.« Ein vorwurfsvoller Blick über den Rand ihrer Brille traf uns. »Ich habe schon immer überlegt, wie ich das alles wiedergutmachen kann und euch etwas von dem Glück zurückgeben kann, das ihr mir hier Tag für Tag schenkt.«

Meine Mutter schüttelte lächelnd den Kopf, und ich wusste nicht so recht, was ich darauf erwidern sollte. »Daher hätte es für mich nicht besser kommen können, als dass ihr euch dieses neue Konzept ausdenkt. Wenn ich das richtig verstehe, wird die Suite, die ihr an das Hotel verpachten wollt, mit allen Annehmlichkeiten versehen, die man sich wünschen kann. Erst recht als alte Schachtel, wie ich es eine bin, weiß ich das zu schätzen. Auch wenn ich natürlich auf derlei Schnickschnack genauso gut verzichten könnte – ich will es einfach nicht.« Heide lachte und winkte ab.

»Heide! Alte Schachtel, ich bitte dich!« Meine Mutter und ich sagten dies zeitgleich mit einer gewissen Empörung.

»Es is' ja wie's is'«, fuhr sie fort. »Und da habe ich mir überlegt, dass ich doch, solange es geht, die Suite als Dauermiete belegen will zu den Zeiten, in denen ich sonst auch hier war. Eine Ferienwohnung auf Lebenszeit also quasi. Und in der restlichen Zeit finden sich sicherlich die ein oder anderen Honeymooner, die die Räumlichkeiten ebenso zu schätzen wissen, meint ihr nicht? So hättet ihr die Sicherheit, hier ein Stück weit alles beim Alten belassen zu können, und gleichzeitig ist es für das Hotel attraktiv, hier alles aufzubauen und zu investieren.«

»Heide, das ...«, stammelte ich. »Das klingt großartig. Wobei wir dich darum niemals gebeten hätten, denn es wird sicher seinen Preis haben, was das Hotel am Ende für die Suite aufruft.«

»Na hoffentlich, denn daran wird sich der Preis für eure Pacht bemessen. Nee, nee. Das ist mir schon klar. Da zerbrecht euch mal nicht meinen Kopf, ihr Lieben. Ihr habt genügend Wichtigeres um die Ohren. Plant mal alles schön, damit es schnell über die Bühne geht und ich das auch alles noch erlebe.«

»Hör jetzt aber auf!« Mein Ärger war nur gespielt, aber dennoch wollte ich so etwas von Heide nicht hören. Sie sollte uns noch lange erhalten bleiben.

Ich umarmte die herzensgute alte Dame und war ihr unendlich dankbar für diesen Vorschlag.

Wir hatten uns auch mit Severins Vater zusammengesetzt, der zwar nicht mehr aktiv im Unternehmen tätig war, den wir jedoch mit einbinden wollten, weil wir auch ihm die Chance geben wollten, sein Veto einzulegen, wenn es ihm nicht gefiele, in welchem Rahmen Severin bei ihm einstieg.

Der alleinstehende Hoteleigentümer genoss es, seinen Sohn kennenzulernen, und freute sich auch über unsere Bekanntschaft. Er hatte uns in den Tagen nach dem Wintermarkt direkt einen Besuch abgestattet und sich mit meiner Mutter so gut verstanden, wie wir alle es nicht für möglich gehalten hatten. Schließlich waren ihr das Dünenwind und die Familie Asmussen bis vor Kurzem noch ein Dorn im Auge gewesen. Inzwischen wussten wir, dass es Jobst Asmussens mittlerweile verstorbener Bruder gewesen war, der die aggressive Unternehmenspolitik vorangetrieben hatte und auf die kleineren Betriebe zugegangen war. Als Severins Vater davon erfahren hatte, hatte es einen derben Streit zwischen den Brüdern gegeben.

»Wissen Sie, ich wusste, dass dieser Ort, Ihr wundervolles Meerglück, einem Menschen, der mir einmal viel bedeutete, am

Herzen lag. Schon allein deshalb habe ich den Kurs gegen diese kleinen Häuser nicht mitgetragen«, hatte Jobst Asmussen geheimnisvoll erklärt. Er war ein so herzlicher, gutmütiger älterer Herr, der durch seine feine, liebenswerte Art schon bald wie ein Familienmitglied wirkte, und den wir alle ins Herz schlossen.

Als Highlight für die Besiegelung der Pläne zwischen uns, Severin und dem Dünenwind wollten wir um den Jahreswechsel herum, im Rahmen der Jubiläumsfeiern des Hotels, eine kleine Veranstaltung planen, zu der wir im Hotel mit unseren Stammgästen und den Gästen des Hotels zusammenkommen wollten. Bei dem vom Dünenwind geplanten Get-together wollten wir den anderen Sylter Unternehmern bereits unser neues Konzept vorstellen. Ich freute mich darauf.

Es war eine fröhliche Runde, als wir endlich alle gemeinsam um den festlich geschmückten Tisch im Frühstücksraum saßen und die unterschiedlichsten Köstlichkeiten auspackten, die wir bestellt hatten, sodass für jeden Geschmack etwas Leckeres dabei war. Das würde ein Festmahl werden.

Neben Jobst Asmussen war auch Severins Schwester Tanja gekommen. Die beiden hatten ihren Streit längst beigelegt.

»Im Rückblick verstehe ich natürlich, was Severin zu diesem Schritt bewegt hat. Aber im ersten Moment war ich einfach nur wütend, wie er uns im Unternehmen nach dem Tod meines Vaters allein lassen konnte. Ich akzeptiere seinen Rückzug, auch wenn ich ihn weiterhin bedauere«, erklärte sie mir gerade.

Severin legte den Arm um sie und zog sie an sich. »Ich stehe als Berater immer zur Verfügung, versprochen. Aber ich bin mir sicher, Mama und du, ihr bekommt das hervorragend auch ohne mich hin.« Dankbar lächelte sie.

Entgegen seiner anfänglichen Bitte nach Abstand hatte Severin seine Mutter schließlich doch angerufen. Vor allem war es ihm wichtig, dass sie und seine Schwester sich vertrugen.

Jobsts Angebot, sich auf Sylt zu treffen und auszusprechen, hatte sie bisher weder angenommen noch ausgeschlagen.

»Ich bin ehrlich gesagt froh, dass unsere Mutter sich nicht für deinen Vater entschieden hat, denn sonst wäre ich wohl nie zur Welt gekommen«, fasste Tanja Birkenfels nüchtern zusammen.

Nach dem Essen fragte Severin mich in einem ruhigen Moment nach unserem Gästebuch.

»Meine Mutter wollte wissen, wo wir heute Abend meinen Geburtstag feiern, und der Name Meerglück kam ihr bekannt vor. Sie sagte, ich solle mal in eurem Gästebuch blättern. Du hast mir zwar den Tipp gegeben, das einmal zu tun, aber bisher bin ich noch nicht dazu gekommen.«

»Wie ist der Name deiner Mutter?«, fragte ich ihn.

»Fjella.« Die Antwort ließ mich sprachlos staunen, denn sofort erinnerte ich mich an den Eintrag, der mir erst vor kurzer Zeit aufgefallen war.

»Komm mit«, bat ich Severin, zog ihn hinter mir her, lief zum Empfangstresen und suchte nach der Seite, die ich schnell fand:

Was für eine kurze, intensive Zeit, für die ich immer dankbar sein werde, und an die ich mich mein Leben lang erinnern werde. Für meine Liebe. Solange die Wellen uns tragen. Wohin auch immer. Und wenn wir uns hinter ihnen verstecken vor der Welt. Hier im Meerglück war ich sicher, nur nicht vor der Liebe. Fjella.

Ergriffen starrten wir auf den Eintrag und das dazugehörige Foto der hübschen jungen Frau, und nicht nur Severin war bewegt von diesen Zeilen, die für uns beide so eine tiefe Bedeutung hatten.

»Unwirklich, dass das Schicksal mich ausgerechnet an diesen

Ort geschickt hat, der offenbar so viel mit meinen Wurzeln zu tun hat«, staunte Severin und schüttelte ungläubig den Kopf.

Glücklich über diese Entdeckung kehrten wir gerade rechtzeitig für die Bescherung in das Weihnachtszimmer zurück.

Karl hatte sich heimlich rausgeschlichen und polterte nun mit einem tiefen »Ho, ho, ho« an die Tür. Aufgeregt griff Leo nach der Hand seiner Mutter und hielt diese fest umklammert. Als der Weihnachtsmann eintrat, staunte er mit weit geöffnetem Mund, und die Überraschung stand ihm ins Gesicht geschrieben. Schnell fasste er jedoch Vertrauen und sprach mit ihm. Als Karl alias der Weihnachtsmann sich wieder verabschiedete, hatte der Junge die Hände voll mit weiteren Geschenken.

Mit leuchtenden Augen und roten Wangen packte er die Geschenke aus und wirkte, als sei er das glücklichste Kind der Welt.

Vor allem Heide, Agnes und Karl, nun wieder ohne Kostüm, waren gerührt von der Freude des Jungen. Mein Plan war bestens aufgegangen. Alle ergänzten sich wunderbar und wuchsen kurzzeitig zu einer einzigen großen Familie zusammen.

Ich beobachtete, wie Anka zu meiner Mutter kam und einen Arm um sie legte. »Weißt du, liebe Alma, dass du uns mit deiner Predigt, dass wir gefälligst dankbar sein sollen, dass wir einander haben, und aufhören sollen, rumzuheulen, dass unsere Kinder ihr eigenes Leben leben, zum Glück ordentlich den Kopf gewaschen hast?«

Erstaunt schaute meine Mutter sie an. »Oh. Ja, nun, also … Ich habe nur gesagt, was ich denke.«

»Du hattest so recht. Karl und ich, wir hatten eine so intensive Zeit miteinander wie seit Jahrzehnten nicht. Haben uns wieder einmal ganz aufeinander eingelassen, uns unterhalten, es niemand anderem recht gemacht, nur uns. Danke, Alma. Das hätten wir sonst verpasst.«

»Das freut mich, liebe Anka. So habe ich mir und euch das gewünscht.«

Ich strich meiner Mutter über den Rücken und verspürte großen Stolz auf die Frau, die aus ihrer eigenen Geschichte so viele Lehren zog. Der sehnliche Wunsch, meinen Papa noch an ihrer Seite zu haben, hatte sie nicht verbittern lassen, sondern sie aufmerksam dafür gemacht, wenn andere den Fokus verloren und ihr eigenes Glück nicht mehr sahen. Mit ihrer feinen, aber direkten Art gelang es ihr, die Menschen darauf hinzuweisen, und sie bewirkte Großes damit. Sie war wirklich ein herzensguter Mensch.

Mein Blick fiel auf Thalea. Sie war den ganzen Abend über nachdenklich gewesen und machte auf mich inzwischen einen regelrecht traurigen Eindruck. Sie schien ihre Familie doch mehr zu vermissen, als ihr lieb war. Ich setzte mich zu ihr und legte den Arm um ihre Schultern.

»Dir fehlen deine Lieben, hab ich recht?«

Mit einem Blick, der zwischen Wehmütigkeit und Ernüchterung lag, schaute sie mich an.

»Mehr als ich jemals für möglich gehalten hätte, Liebes«, gestand sie.

»Und was ist, wenn du sie anrufst und ihnen genau das sagst?«

»Das habe ich versucht. Seitdem ist es ja ganz schlimm. Ich habe Lutz zwar erreicht, aber die Verbindung war total mies, und sie haben immer irgendwie total abgelenkt gekichert. Sie sagten, sie melden sich später noch mal.« Resigniert zuckte sie die Schultern. »Es klang eher so, als ginge es den dreien ohne mich besser denn je. Sie brauchen mich gar nicht und scheinen mich kein bisschen zu vermissen.«

»Das tut mir leid – und ich kann es auch nicht so ganz glauben«, murmelte ich. Es tat mir weh, meine Freundin so geknickt zu sehen, aber ich wusste auch nicht, wie ich ihr in diesem Moment helfen sollte.

Nachdem sie sich mit Marie zusammengesetzt hatte und sie sich einig geworden waren, dass Thalea für sie im Homeoffice mit einigen Präsenztagen auf Sylt arbeiten würde, war Thalea so euphorisch gewesen. Sie hatte sich so sehr auf die neue Perspektive und über diese glückliche Fügung gefreut, dass sie direkt ihren Mann angerufen hatte. Dieser hatte überrascht, aber freudig reagiert. Er hatte ihr Mut gemacht und die Entscheidung für gut befunden.

Ich hatte den Eindruck gehabt, dass er erkannt hatte, wie wichtig es für seine Frau war, und dass ein Job ein wichtiger Baustein für ein wieder zufriedeneres Leben sein könnte. Ich hatte gehofft, dass sie aufeinander zugegangen waren, als Thalea ihm ihre Pläne vorstellte. Sie hatte sich so gefreut – über die Aussicht auf den Job und darüber, wie gut ihr Gespräch mit Lutz gelaufen war. Dass sie nun so Trübsal blies, beunruhigte mich, und ich entschied, ihn selbst noch einmal anzurufen. Wenn meine Mutter anderen Menschen ihr Glück aufzeigen konnte, wieso sollte mir das nicht auch gelingen?

Ich konnte nicht zulassen, dass er ihr und damit auch uns unseren Heiligabend verdarb. Ich trat ans Fenster und schaute über die festlich geschmückte Einfahrt zu unserer Pension und dem Laden und fand, dass sie dieses Mal besonders einladend aussah. In diesem Moment entdeckte ich im Lichtkegel der Laterne an der Straße zarte Schneeflocken, die zu Boden tanzten.

»Wie wunderschön«, staunte ich, und mein Herz machte einen Hüpfer vor Glück. Jetzt musste ich nur noch Lutz erreichen.

Nervös biss ich mir auf die Unterlippe. Es klingelte, doch er nahm den Anruf nicht an. Wut schäumte in mir hoch, und ich ärgerte mich. Energisch sprach ich auf seine Mailbox, machte kein

Geheimnis daraus, was ich davon hielt, dass er nicht erreichbar war, und legte zornig auf. Ich zuckte zusammen, als in diesem Moment ein Auto auf den Parkplatz bog.

Irritiert versuchte ich, in der Dunkelheit das Kennzeichen auszumachen. Wir erwarteten keine Gäste mehr. Und wer war um diese Zeit noch unterwegs? Als der Wagen in eine Parklücke fuhr und zum Stehen kam, erkannte ich das Auto von Thalea und ihrem Mann. Kaum erloschen die Lichter, flogen die Türen auf und zwei aufgeregte Teenager sprangen heraus. Euphorisch fingen sie einige Schneeflocken mit den Zungen auf und freuten sich über gezuckerte Weihnachten. Unsicher schauten sie dann in Richtung der Tür, während ihr Vater zielstrebig draufloslief.

»Na, das ist ja mal eine Überraschung«, stellte ich flüsternd fest und eilte zurück zu meiner Freundin, die noch immer gedankenverloren am Tisch saß.

»Kommst du mal mit, Liebes?«, bat ich sie und legte die Hand auf ihre Schulter.

»Klar, was gibt's? Kann ich dir irgendwas helfen?«, bot sie an.

Ich schüttelte den Kopf. »Nein. Aber ich habe da gerade eine Entdeckung gemacht. Es müsste gleich an der Tür klingeln.«

»Nanu, der Weihnachtsmann war doch schon da, oder wer ist sonst um diese Zeit an Heiligabend noch unterwegs?«

Ich lachte. »Der war schon da, ja. Lass dich überraschen. Und glaub mir, ich habe damit nichts zu tun.«

Verwirrt schaute mich Thalea an, doch ich schob sie in genau dem Augenblick Richtung Haustür, als es läutete.

Unsicher legte sie die Hand auf den Türgriff und schaute mich fragend an. »Öffne schnell. Es ist kalt draußen«, forderte ich sie auf.

Thalea drückte wie in Zeitlupe die Klinke herunter und presste schlagartig die Hand vor den Mund, als ihre beiden Kinder ihr mit einem herzlichen »Fröhliche Weihnachten, Mama! Wir haben dich so vermisst!« in die Arme fielen. Nicht nur Thalea rannen sofort die Tränen.

Ein wenig verloren stand hinter den fröhlichen Kindern Thaleas Mann Lutz, vor dem Gesicht einen Blumenstrauß, in dem ein Umschlag steckte.

»Fröhliche Weihnachten, mein Schatz. Ich hoffe, wir bringen deinen Abend nicht ganz durcheinander. Aber wir haben es ohne dich nicht länger ausgehalten. Du fehlst zu Hause unendlich.« Thaleas Lippen bebten erneut, und ihre Kinder, die sie noch immer fest umklammerten, gaben ihre Mutter frei, die auf ihren Mann zutrat und diesen fest umarmte.

»Ihr habt mir auch so sehr gefehlt. Ihr macht euch keine Vorstellung. Dass ihr hier seid, ist das schönste Geschenk. Danke!« Dann weinte sie. Tränen voller Freude, aber auch Tränen der Erleichterung, dass sie sich wieder so nah waren und es sich für sie offenbar so gut anfühlte, ihren Mann zu umarmen.

»Ihr macht mich fertig«, gestand ich. »Wie gut, dass wir viel zu viel zu essen bestellt haben und noch ein Zimmer frei ist. Kommt mal rein und lasst die Kälte draußen. Jetzt ist Zeit für gemütliche Weihnachten.«

»Schade, ihr kommt zu spät«, begrüßte Leo mit theatralischer Stimme die Kinder, die ihn irritiert anschauten. »Der Weihnachtsmann ist schon wieder weg!« Mit einem entsetzten Blick starrte er die Kinder an, die daraufhin grinsten. Natürlich glaubten sie längst nicht mehr an den Weihnachtsmann, ließen sich dem kleinen Leo gegenüber aber nichts anmerken und hielten den Zauber aufrecht. Lutz legte die Arme um die Schultern seiner Kinder. »Was für ein Glück, dass der Weihnachtsmann mir draußen noch schnell alles für euch mitgegeben hat und ihr hier nun auch eure Geschenke auspacken könnt«, erklärte er, und die Kinder blinzelten, stürzten auf die Tasche zu und waren innerhalb weniger Sekunden zwischen »Oh!«, »Wow!«, »Mega!« und »Cool!« ganz in deren Inhalt versunken. Ein anerkennender und liebevoller Blick ging zu seiner Frau. Lutz wirkte ebenso gespannt, was sich in den Geschenken befand.

»Du bist einfach die Beste. Schau, wie sie sich freuen«, erkannte er, und Thalea legte ihren Kopf an seine Seite. »Wir haben gepackt, ohne dich zu nerven, an alles gedacht, was wichtig war, und hier vor Ort musst du nicht kochen oder aufräumen. Außerdem keine nervige Verwandtschaft, die am Ende eh nur undankbar ist. Alles ganz entspannt und nur fürs Wohlfühlen pur, mein Schatz.« Er zog den Umschlag aus dem Blumenstrauß hervor, während ich Thalea die Blumen abnahm und in eine Vase stellte. »Und das ist ein Gutschein für einen Tag Wellness für uns zwei.« Lutz grinste stolz, und auch Thalea musste schmunzeln und nahm den Gutschein an sich. Als sie ihn aufklappte, schaute sie mich überrascht an. »Im Dünenwind? Na, was für ein Zufall.«

Ich lachte. »Das klingt nach einem Weihnachtsfest, das keine Wünsche offenlässt.« Ich freute mich mit meiner Freundin und hoffte, dass diese kleine Auszeit den beiden als Paar guttun würde.

Glücklich sah ich mich in der Runde unserer Gäste um und erkannte, wie gut es allen ging. Alle waren satt und zufrieden, mit Getränken und Geschenken versorgt und in Gespräche vertieft.

Das war genau der richtige Zeitpunkt, um Severin mein Geburtstagsgeschenk zu überreichen, entschied ich.

»Severin, ich habe für dich eine kleine Geburtstagsüberraschung«, erklärte ich und erntete einen erstaunten Blick.

»Ich habe mit meiner Mutter abgesprochen, dass ich mit dir und Paulchen ein paar Tage nach Dänemark fahre, wo wir die vielen zauberhaften Läden dort besuchen können, uns inspirieren und es uns ein paar Tage gut gehen lassen können mit leckerem Essen, Spaziergängen und ganz viel Zeit nur für uns. Das wohl wertvollste Geschenk, das man einem Menschen machen kann. Gemeinsame Zeit.«

Ein Strahlen breitete sich auf seinem Gesicht aus.

»Wow! Wie stark. Ich freue mich riesig. Danke, Clara. Zeit mit dir ist wirklich das wertvollste Geschenk. Aber kannst du denn hier weg?«

»Du weißt ja, dass wir leider sehr mauen Wochen entgegenblicken. Die aktuellen Gäste werden bald abreisen und dann ist nur noch Heide da. Die findet sich hier bestens allein zurecht und hat spontan eine ihrer Freundinnen nach Sylt eingeladen. Die beiden werden sich mehr oder weniger selbst versorgen, aber wenn du mich fragst, werden sie eher meine Mutter mit allem versorgen und ihr im Laden Gesellschaft leisten.«

»Ich bin begeistert und kann unseren kleinen Trip kaum erwarten«, erklärte Severin und umarmte mich. »Danke, Clara.« Ich schmiegte mich an ihn und atmete seine Wärme und seinen Duft. Sanft gab er mir einen Kuss auf die Stirn.

»Und ich kann es nicht erwarten, mit dir allein zu sein«, raunte er mir zu, und seine Worte jagten eine Gänsehaut über meinen Körper, die mich kribbelnd wohlig schaudern ließ.

Er drehte mich in seinem Arm, und ich lehnte den Kopf an seine Schulter, während ich das rege Treiben zufriedener Gäste bestaunte. Mit einem Mal fühlte ich etwas Kühles an meinem Hals, begleitet von einem zarten Kribbeln. Ich griff danach und spürte, dass Severin mir eine Kette umgelegt hatte. Sie besaß einen kleinen, mit funkelnden Steinen besetzten Anhänger, der die Form des außergewöhnlichen Schlüssels unserer Schublade hatte. »Ein Symbol dafür, dass ich von nun an zu jeder Zeit für dich da bin, wenn du Sorgen hast. Ganz egal, ob du reden oder sie stillschweigend verbrennen willst.«

»Das ist eine wunderschöne Geste, Severin. Danke!«

Wir küssten uns, und in unserem Kuss lag so viel Dankbarkeit und Gefühl füreinander, dass mir ganz warm ums Herz wurde.

»Was meinst du, ist jetzt die richtige Zeit für das Weihnachtsgeschenk für deine Mutter?«, fragte Severin und zwinkerte mir zu. Freudig nickte ich, und Severin erhob sich.

»Alma, deine Tochter und ich sind der Meinung, dass vor allem du dir endlich mal wieder ein Weihnachtsgeschenk verdient hast.«

Diese winkte ab, und ich entdeckte einen zarten Rotschimmer auf ihren Wangen. »Ach, hör auf! Warum das denn? Ihr alle, dass ihr hier seid, das ist mein Geschenk.«

»Ja, das ist wirklich ein wunderbares Geschenk, aber wir glauben, dass wir etwas gefunden haben, das all das hier noch besser machen kann.« Er schaute mich an, und ich nickte bestätigend, während ich nervös mit den Fingern rang.

Ich konnte kaum abwarten, wie meine Mutter reagieren würde, wenn er das Lied anstimmen würde, welches mein Vater immer so gerne am Klavier gespielt hatte. Ich hatte mich an den Titel erinnert, und Severin hatte die Zeit, in der meine Mutter Erledigungen machte, hin und wieder genutzt, das Lied am Klavier einzustudieren. Als er sich jetzt den Hocker zurechtrückte und den Deckel über der Tastatur aufklappte, zog eine Gänsehaut über meinen Körper, und sofort klopfte mein Herz ein wenig schneller. Meine Mutter schlug die Hände vors Gesicht. Sie ahnte, was gleich passieren würde. Dann schaute sie vorsichtig über ihre Fingerspitzen zu mir. Ich lächelte und folgte ihrem Blick zu dem Platz, der immer für meinen Vater leer blieb. Sanft legte ich einen Arm um sie.

Severin spielte die ersten Töne, sofort standen mir Tränen in den Augen. Keine von uns sagte ein Wort. Wir ließen einfach den Moment auf uns wirken und die weihnachtliche Stimmung von uns Besitz ergreifen. Tränen rollten über unsere Wangen, während wir den Klängen lauschten, die Severin dem seit dem Tod meines Vaters verstummten Klavier entlockte.

Es war berührend und magisch, passte so gut zur Atmosphäre im Raum, auf die jeder der Anwesenden sich voller Dankbarkeit einließ.

Jeder Einzelne ließ sich von den schönen Gefühlen treiben, die die Melodie in den Raum zauberte und mit unseren Wünschen an das neue Jahr und die Zukunft weit über das Haus hinweg durch die Dünen trug und dort zu Plänen formte. Vorbei am kleinen Futterhaus vorm Fenster der Pension, wo das Eichhörnchen Fridolin gerade sein Festmahl knusperte.

Epilog

Die Feuerschale vom Stockbrot-Backen stand noch auf dem Hof des Meerglück. Ich hatte mir mit Severin gemeinsam überlegt, dass wir diese Gelegenheit nutzen wollten, um unsere Sorgen und Ängste dort zu verbrennen und in den Wind zu schicken. So, wie mein Papa und ich es immer getan hatten.

Noch am Tag unserer Abreise nach Dänemark trugen wir beide unsere Zettel zusammen, die wir dann feierlich in die Schale legten.

»Wollen wir uns gegenseitig verraten, was draufsteht, oder nicht?«

»Lass sie uns gegenseitig vorlesen, bevor wir sie anzünden, oder was meinst du?«, schlug ich vor, und Severin nickte.

»Fangen wir mit deinen Sorgen an, Clara.«

»Enttäuscht zu werden«, begann Severin, indem er einen meiner Zettel auseinanderfaltete. Mit einem energischen Schwung wanderte die Notiz in die Flammen. »Davor brauchst du nie wieder Angst zu haben«, versprach er mir.

»Dass ich die neuen Herausforderungen im Job nicht schaffe«, war der nächste. »Ich bin für dich da. Gemeinsam schaffen wir das«, erklärte Severin und schickte den Zettel dem anderen hinterher.

»Dass wir uns inmitten des Berufslebens hier verlieren.« Severin schaute mich einen Moment lang an. »Das ist sicher eine Sorge, die alle Paare teilen, die beruflich gemeinsame Sache machen. Lass uns da beide achtgeben, dann schaffen wir das.« Ich nickte.

»Dann bist du dran«, forderte ich ihn mit ausgestreckter Hand auf, mir seinen Zettel zu reichen. Er gab mir einen Zettel, auf dem er exakt dieselbe Sorge notiert hatte, die ich zuletzt vorgelesen hatte. Als ich die zweite Sorge las, schnürte sich mir kurz der Hals zu.

»Angst, dieses unfassbar warme Gefühl von Familie wieder zu verlieren.«

»Mach dir keine Sorgen. Wir sind und bleiben nun eine Familie«, versprach ich ihm und legte seinen Zettel in das Feuer.

Dann kramte ich in meiner Tasche. Dort hatte ich noch die Zettel, die ich in der Geheimniskramlade gefunden hatte. »Auch die will ich nun endlich verbrennen«, erklärte ich.

Ich las sie nicht noch einmal, wusste genau, was auf welchem von ihnen stand, und warf sie alle gemeinsam in die Flammen. Andächtig schauten wir in die züngelnde Glut. Severin strich mir zärtlich über die Wange und gab mir einen Kuss.

In diesem Moment spürte ich ein so unfassbares Glücksgefühl, dass ich meinte, ich schwebe dem zarten Qualm hinterher in den Himmel, wo ich meinen Vater voller Stolz und Dankbarkeit sah, und alle Sorgen waren weiter entfernt denn je.

Sie hatten sich in Luft aufgelöst.

Danksagung

Danke an den Ullstein Verlag, der meinen Geschichten ein Zuhause gibt. Danke an das Team für das Vertrauen, die Wertschätzung, den Blick für Ideen und das Denken in Möglichkeiten. Es ist so wertvoll für mich, Teil der Ullstein-Familie sein zu dürfen.

Ein besonderer Dank geht auch diesmal an Christiane Branscheid. Mit viel Engagement, einem großen Herz für die Inselliebe und einem feinen Gespür für das geschriebene Wort hast du gemeinsam mit dem Ullstein-Team aus meinem Manuskript ein Buch gezaubert. Danke für die tolle, wertschätzende und bereichernde Zusammenarbeit.

Danke an meine Familie. Ihr seid meine Herzensmenschen.

Danke dafür, dass ihr immer an mich glaubt.

Danke an meinen lieben Mann für dein unendliches Verständnis für meine Schreibleidenschaft und deine Unterstützung in all meinen Plänen. Deine Art, dich mit mir zu freuen, tut so gut. Danke, dass es für mich die große Liebe gibt.

Danke an meine wundervollen Kinder. Ihr zeigt mir jeden Tag, dass ein Traum gelebt werden kann, wenn man dem Kurs seines

Herzens folgt. So geht Glück. Ihr seid mein Ein und Alles und meine Welt.

Danke an meine Eltern – für das gute Gefühl, dass ihr mein Heimathafen seid und immer an mich glaubt. Ihr habt mir gezeigt, die Segel zu setzen, egal welcher Wind mir begegnet. Ihr gebt mir Wurzeln und Flügel. Ihr seid die Besten!

Danke für jede Umarmung und dafür, dass ihr immer da seid.

Danke an meine Schwester. Du gehst mit mir auf jede Reise, bist mit grenzenlosem Optimismus an meiner Seite, setzt mit mir die Segel und steuerst immer gen Sonnenschein. Danke für jedes Gespräch, jeden Spaziergang, die Zeit mit unseren Kindern, deine Umarmungen, unser Lachen und unsere unersetzliche Seelenverwandtschaft. Danke, dass du mehr als meine beste Freundin und zu jeder Zeit für mich da bist.

Danke an meinen Schwager für all die kulinarischen Ausflüge – sowohl in der eigenen Küche in der Heimat als auch auf Sylt. Die gemeinsamen Reisen als große Familie sind eine einmalige Zeit und eine so wertvolle Inspiration für meine Romane. Wir haben besondere Orte toller Gastronomie und überragender Gastfreundschaft kennenlernen dürfen, was jedes Mal großartig und sehr inspirierend war. Ich freue mich auf die nächsten Urlaube und all die Zeit mit euch.

Danke an die weltbeste Schwiegermama. Du fehlst so sehr. Ich hätte so gerne noch unendlich viele Bücher von mir mit dir besprochen und werde es im Herzen weiter tun. Dein Stolz und deine Freude über meine Bücher waren mit die wertvollsten Komplimente für mich und werden mich für immer begleiten und motivieren.

Ich trage sie in meinem Herzen und bin unendlich dankbar dafür, dass es dich für mich gab und immer auch weiter geben wird.

Danke an meine liebe Omi, die die Liebe zum Schreiben fest in meinem Herzen verankert hat und die bestimmt stolz wäre, dass ich ihren Traum lebe.

Ihre Kreativität, ihre Fantasie und ihre Liebe zum geschriebenen Wort sind Basis meines Schreibens, und ich bin unendlich dankbar dafür.

Danke an meine lieben Freunde. Euer Interesse an meinen Geschichten, eure Freude und unsere Zeit sind tägliche Inspiration für mich. Ich weiß das sehr zu schätzen.

Danke an all die großartigen Menschen hinter den Instagram-Accounts, die mich mit ihren wundervollen Bildern, Storys und Beiträgen täglich mit nach Sylt nehmen – jede kleine Gedankenreise auf meine Herzensinsel tut so gut und ist Inspiration für mich.

Und dann geht mein Dank an euch, meine lieben Leser. Danke für das Wertvollste – eure Zeit –, die ihr euch für meine Bücher, jedes Wort und jeden Gedanken dazu nehmt. Ihr seid Motivation, Antrieb, meine »Traumverwirklicher« und meine größten Kritiker. Dass ihr mir schreibt, wenn euch meine Bücher gefallen und meine Geschichten euch berühren, ist ein großes Geschenk für mich.

Eure Julia Rogasch

Wenn ihr keine Neuigkeiten verpassen wollt, findet ihr hier alles zu meinen Büchern.

Ich freue mich auf euch!

https://www.ullstein-buchverlage.de/nc/autoren/autor-detailansicht/name/julia-rogasch.html

https://forever.ullstein.de/autor/julia-rogasch/

Hier findest du mich bei Facebook:

https://www.facebook.com/juliarogaschautorin/

und hier bei Instagram:

https://www.instagram.com/juliarogasch/

Zu meiner Homepage geht es hier entlang:

http://julia-rogasch.com/

Leseprobe

Sommerliebe im kleinen Eisladen am Meer

Der salzige Duft des Meeres und das süße Versprechen frischer Eiskreationen: Als Luisa tieftraurig wenige Wochen nach einem verwirrend schönen und bewegenden Wochenende auf der Nordseeinsel nach Sylt reist, ahnt sie noch nicht, was dort auf sie wartet. Nach dem überraschenden Tod ihrer geliebten Patentante Ellen erben sie und Finn – Luisas Jugendliebe und gleichzeitig der Mann, der ihr einst das Herz brach – gemeinsam Ellens zauberhaften Eisladen am Meer. Zwischen cremigem Vanilleeis und kleinen Renovierungsarbeiten kommen längst vergessen geglaubte Gefühle wieder hoch. Doch Finn trägt ein dunkles Geheimnis mit sich, das ihn seit Jahren von der Insel fernhält und nun zwischen ihm und Luisa steht. Kann Luisa ihm nach all den Jahren vertrauen und den Mut finden, ihrem Herzen zu folgen?

Ab dem 26.03.2026 überall, wo es Bücher gibt.

Kapitel 1

Luisa

Erleichtert hievte ich meinen Koffer aus dem Zug, als sich in Westerland endlich die Türen geöffnet hatten und die ersten Passagiere ausgestiegen waren. Die Sonne schien von einem wolkenleeren Himmel. Mich empfing ein leichter Wind, der nach der stickigen Überfahrt besonders gut tat. Einen Moment schloss ich die Augen und sog die salzige Luft tief ein. Möwengeschrei erklang über mir, und sofort fühlte ich mich wieder zu Hause.

»Lischen«, hörte ich es plötzlich rufen, und mein Blick ging über die wuselige Menschenmenge, die sich Richtung Bahnhof schob. Ellen wedelte mit ihrem Strohhut. Den trug sie, seit ich denken konnte, in verschiedenen Designs. Mal klassisch mit dunkelblauem oder beigefarbenem Band, mal ausgefallen. Heute säumten kleine bunte Pompons in Pastellfarben die rosafarben eingefasste Krempe des Hutes. Ellen passte wunderbar in einen Eisladen.

»Elli, du Liebe«, rief ich und breitete die Arme aus. Wir umarmten uns, und ich nahm ihren süßen Duft nach Vanille und Kirsche wahr.

»Wie schön, dass du endlich da bist«, sagte Ellen. »Da hat sich die Deutsche Bahn ja wieder einmal von ihrer besten Seite gezeigt«, stellte sie mit einem theatralischen Augenrollen fest.

Ich winkte ab. »Nun bin ich ja da. Jede strapaziöse Minute

lohnt sich in dem Moment, in dem man hier ankommt. Ich freue mich so sehr auf die Zeit mit dir, Ellen.«

»Und ich mich erst.« Sie lachte. Ellen strich mir über den Rücken und nebeneinander gingen wir in Richtung des Bahnhofsgebäudes. Wie ein unsichtbarer Nebel waberte die Frage um mich herum, ob Finn auch Teil dieses Aufenthalts sein würde.

»Lust auf einen kleinen Mittagssnack? Du hast doch bestimmt länger schon nichts gegessen, oder?«

»Auf jeden Fall!«

»Dann lass uns doch erst mal in unser Lieblingslokal hier gehen, oder? Da ist um diese Zeit immer ein Platz frei. Und für uns sowieso.«

Wenig später saßen wir jeweils vor einem Caesar Salad und einer Rhabarbersaftschorle und plauderten über die letzten Wochen und das, was wir uns für meine Zeit hier auf Sylt so vorgenommen hatten. Kurz bevor das Dessert kam – Ellen und ich hatten uns jeweils eine kleine Pralinenauswahl bestellt –, klingelte Ellens Handy. Ohne dass ich sehen konnte, wer anrief, hatte ich einen Verdacht. Ellens Blick, mit dem sie mich unsicher einen Hauch zu lange anschaute, verriet, dass der Anruf auch etwas mit mir zu tun haben musste.

Sie nahm ab, und da bestätigte sich mein Gefühl: »Moin. Wie schön. Na, dann wirst du ja auch in ein paar Stunden hier sein, min Jung.«

»Min Jung«, sagte ich leise zu mir selbst und presste die Lippen aufeinander, ohne zu hören, was Ellen weiterhin noch sagte. So nannte sie ihn immer. Sie sprach mit Finn.

Sie hörte noch zu, was er ihr zu erzählen hatte, dann lächelte sie entschuldigend in meine Richtung und legte mit einem kurzen Gruß auf.

»Warum hast du mir nicht gesagt, dass er kommt?«, fragte ich und konnte das Beben in meiner Stimme nicht unterdrücken.

»Liebes, weil du sonst nicht angereist wärst, hab ich recht?«

»Und wenn? Meinst du nicht, dass ich auch direkt wieder abreisen kann?«

Ellen zuckte bei meinen harschen Worten ein wenig zusammen. »Das würdest du tun?« Ihr Blick war so traurig, dass ich nach ihrer Hand griff. Ich strich sanft darüber und ließ sie wieder los.

»Natürlich nicht«, log ich, denn in diesem Moment war mir tatsächlich danach, den nächsten Zug wieder Richtung Hannover zu nehmen. »Weiß er denn, dass ich hier bin?«

Ellen knabberte nervös an ihrer Unterlippe. »Nee«, gestand sie und senkte den Blick.

»Aha.« Verunsichert nahm ich den Teller mit dem Dessert entgegen, der mir soeben gereicht wurde. Mit einem drückenden Gefühl im Bauch schob ich die Pralinen auf dem kunstvoll mit Schokoladensoße verzierten Teller hin und her.

»Ich hoffe, dass dieser Schuss nicht nach hinten losgeht, Ellen«, gab ich zu und hob nachdenklich die Augenbrauen.

»Das wird er nicht, Liebes. Glaub mir, ich weiß, was ich tue. Vertrau mir da, mein Schatz.«

»Es fällt mir in dem Fall ein bisschen schwer, das muss ich zugeben.«

»Ich weiß vielleicht nicht alles, was da damals zwischen euch los war. Geht mich auch nichts an. Aber ich weiß, was ihr all die Jahre aneinander hattet. Und so was wirft man nicht einfach weg und tut so, als sei da nie was gewesen.«

»Ellen«, setzte ich an, da unterbrach sie mich aber schon.

»Ich verstehe, dass du sauer auf mich bist. Aber du weißt, ich würde niemals etwas tun, was nicht gut für dich wäre.«

Ich schwieg und bereute in diesem Moment, Ellen nie die

ganze Geschichte erzählt zu haben. Dass Finn mit meinen Gefühlen gespielt hatte, mich hatte fallen lassen, als die vielen anderen Frauen und die Partys interessanter wurden, und dass er meine Sorge um ihn milde belächelt hatte. Dass er weggelaufen war vor dem, was wir hätten haben können. Aber ich wusste, dass Ellen Finn wie ihren eigenen Sohn liebte, und ich wollte sie nicht verletzen. Schließlich würde das zwischen Finn und mir nichts besser machen, zwischen den beiden aber möglicherweise so manches schlechter.

Also schwieg ich, lächelte Ellen an und angelte mir eine weitere Praline.

Einige Stunden später saßen Ellen und ich auf der kleinen Terrasse vor Ellens reetgedecktem Haus, um von dort den Blick über die Dünen schweifen zu lassen. Da hörten wir Motorengeräusche, die sich annäherten.

»Na, das klingt doch, als sei Finn im Anmarsch«, frohlockte Ellen und trat die kleine Treppe, die von Sylter-Rosen-Hecken gesäumt war, hinunter und lief auf den tiefschwarzen Porsche zu, der in diesem Moment in die Auffahrt einbog.

»Elli«, hörte ich seine markante Stimme rufen, während ich noch einen Moment auf der Terrasse blieb und versuchte, meinen aufgebrachten Herzschlag durch tiefe Atmung zu beruhigen.

»Finn, mein Großer. Wie schön, dass du angekommen bist«, antwortete Ellen.

Dann sprachen sie leiser, sodass ich es nicht hören konnte. Ich war mir sicher, dass Ellen ihn darauf vorbereitete, dass ich auch da war.

Dass er nicht direkt wieder einstieg und der Motor nicht mit lautem Röhren angelassen wurde, wertete ich als gutes Zeichen. Mein Puls schnellte jedoch erst recht in die Höhe.

Ellen bog zuerst um die Ecke. Ihr Blick lag beruhigend auf mir, und sie nickte kaum wahrnehmbar. Dann tauchte Finn hinter meiner kleinen Patentante auf.

Groß, die hellen Haare vom Fahrtwind zerzaust, mit dem mir noch immer so vertrauten lässigen Gang kam Finn auf mich zu. Den Schalk in den gletscherklaren, blauen Augen, den ich viele Jahre so geschätzt hatte, hatte er nicht verloren. Doch im Moment überwog die Überraschung darin.

Für wenige Sekunden jedenfalls verschlug es Finn die Sprache. So gut, dass ich das bemerkte, kannte ich ihn jedenfalls noch.

»Was für eine Überraschung«, sagte ich und lächelte matt. Ich spürte förmlich, wie wenig authentisch erfreut meine Begrüßung rüberkam.

»Das kann man wohl sagen«, erwiderte Finn und blieb unsicher vor mir stehen. Anscheinend wusste er nicht, wie er mich begrüßen sollte. Eine Umarmung war nicht mehr angemessen, ein Handschlag fühlte sich vollkommen affig an. Wir blieben also mit ein wenig Abstand voreinander stehen und starrten uns unbeholfen an.

»Ich bringe schnell meine Tasche hoch«, erklärte Finn schließlich und schob sich, für meinen Geschmack einen Hauch zu nah, an mir vorbei durch die Terrassentür ins Wohnzimmer, nahm die Treppe mit wenigen Schritten und war verschwunden.

Bereits ein paar Sekunden später hörten wir seine rumpelnden Schritte wieder näher kommen.

»Das hast du noch, Ellen?«, hörte ich ihn sagen. Überraschung lag in seiner Stimme, und ich wandte mich verwirrt zu ihm um, um zu sehen, wovon er sprach.

Ellen, die gerade im Begriff war, auf die Terrasse zu treten, reckte sich, um den Gegenstand zu sehen, den er meinte. Finn hielt einen Rahmen in der Hand. Als er ihn umdrehte, um ihn Ellen zu zeigen, erkannte ich sofort, um was es sich dabei handelte.

»Du hast ihn gerahmt? Unseren *Plan vom Glück?*«, fragte ich Ellen verblüfft, und auch ich war gerührt von dieser Entdeckung.

Ellen lächelte bestätigend und nickte sanft. »Oh, ja. Wie könnte ich einen Plan vom Glück entsorgen? Das war schließlich ein wichtiges Dokument.«

Finn grinste breit und drehte den Rahmen wieder zu sich, sodass ich das, was auf der anderen Seite geschrieben stand, nicht sehen konnte.

»Erinnerst du dich noch an unsere Punkte, Lu?«, fragte Finn, und in seinem Blick lag ein herausforderndes Funkeln.

»Selbstverständlich«, entgegnete ich und stieß Luft aus. Mein Puls beschleunigte sich, weil sich mein Kopf unter seinem Blick einen Moment lang wie leer gefegt anfühlte. Immer noch hatte er diesen Effekt auf mich. Doch unser Plan vom Glück war tief in mir verankert und sofort wieder abrufbereit.

»Wir wohnen auf Sylt«, begann ich leise aufzuzählen und verwendete dabei genau den Wortlaut, den wir notiert hatten. »Lu arbeitet bei Ellen, und Finn in einem Restaurant«, fuhr ich fort. »Und: Wir kaufen Pelle das Nachbarhaus ab und wohnen in Ellens Nähe«, schloss ich mit einem schiefen Lächeln.

Finn schürzte anerkennend die Lippen. »Nicht schlecht«, sagte er. »Also dein Erinnerungsvermögen jedenfalls. Was unsere Umsetzung angeht ...«, setzte er an, brach dann aber ab.

»Na, kann ja noch werden, min Jung«, sagte Ellen trocken und grinste uns aufmunternd an. »Kann ja alles noch werden.«